徐风 —— 著

江南器物志

A Chronicle of Jiangnan Artifacts

译林出版社

图书在版编目（CIP）数据

江南器物志 / 徐风著. -- 南京 : 译林出版社, 2025. 7. -- ISBN 978-7-5753-0772-7

Ⅰ. K87

中国国家版本馆 CIP 数据核字第 2025VM8935 号

江南器物志　徐风／著

责任编辑	张　黎
装帧设计	周伟伟
责任校对	梅　娟
责任印制	董　虎

出版发行	译林出版社
地　　址	南京市湖南路 1 号 A 楼
邮　　箱	yilin@yilin.com
网　　址	www.yilin.com
市场热线	025-86633278
排　　版	南京新华丰制版有限公司
印　　刷	苏州市越洋印刷有限公司
开　　本	880 毫米×1240 毫米　1/32
印　　张	11
版　　次	2025 年 7 月第 1 版
印　　次	2025 年 7 月第 1 次印刷
书　　号	ISBN 978-7-5753-0772-7
定　　价	79.00 元

版权所有·侵权必究

译林版图书若有印装错误可向出版社调换。质量热线：025-83658316

目录

序　篇　一部慢戏　001

第一篇　龙骨水车　019

第二篇　瓦片翻身记　047

第三篇　得乂楼　083

第四篇　一品当朝锅　113

第五篇　合欢桌　147

第六篇　邛竹鸠杖　179

第七篇　夜明珠　213

第八篇　雀桥仙　243

第九篇　龙凤呈祥　277

第十篇　扫地成僧　307

跋　篇　器物有灵光　341

参考书目　345

序篇 | 一部慢戏

说一个地方像一张荷叶浮在水面上，似乎多少有点矫情。然后，懂点风水的人说了，水太多的地方，不聚气，发点小财可以，但大财富都被水冲走了。

说的是器隐古镇。它坐落在太湖西岸。原住民们喜欢说这里最江南，日子慢吞吞，挣钱哗啦啦。口音不硬不软，菜肴不甜不咸，做事不急不躁。人情通透、世故练达，都似水磨粉团子，一口粘住牙，糯里带点韧。米酒甜兮兮的，饭菜热络络的。酒足饭饱站在玉带桥上，看潮头起起落落，观云头聚聚散散。适意加惬意，人生夫复何求。

最终人们确信，说到底，这里最紧要的东西，还就是水。

江南水多，并不稀罕。器隐镇却不一样，山与水，它都占了，南山距此仅二十余里。这分明是器隐镇的筋骨，也是天赐的屏障。诸峰逶迤，说来说去，皆是浙江天目山的余脉。北面平原兼水道，过无锡，经苏州，到上海。就像一个人，经络打通了，浑身就舒泰了。

旱路当然是好。但古时车马喧嚣，累人筋骨。易碎物品，尤其瓶瓶罐罐，还是要走水路稳当。有闲的时光，这里的人还是愿意窝在船上，听水声，看浮云，摇摇曳曳，适适意意。临街的河面不甚宽，水还是蛮清亮的。进出的人们，都靠摆渡，彼时世间最宽阔的路，都是水路——常见的一种小划子船，两头尖翘，一丈余长，宽三尺，无篷有坐，舱板油亮，可容六七人。船头一支篙，船尾一把橹，来回操弄仅一条汉子，称艄公。渡口有歇脚的茅棚，榆木条凳扎实，岁久已然包浆。熟人陌客，一样凉热。凳子尚未坐热，船便来了。艄公吆喝，俨然长调，转着弯响亮。古人说同船摆渡，要修一百年。上得船来，艄公搭话，柔绵里带点硬，冷热是刚刚好。本地方言嘎啦嘣脆，热热络络，如熏风过耳。若遇上劈头阵雨，艄公扳起底舱木板，草织蓑衣，竹编笠帽，都是自家手作，尽可各取所需。船靠岸，挥挥手，没人跟你收钱，古往今来，义渡陶然，方圆百里尽知。只见那艄公返身，一篙戳进河里，人腾起，空中跃过，那船便又箭一般离岸而去。

后来有了桥，街巷脸面焕然，筋骨阔达。小划子船渐渐不上台面，退场却也不甘，平头百姓靠它出行，浮水胜过鸭子。后来流行一种镇江客船，是富商和有头面的人坐的。头阔五尺，长三丈余，前后分为四舱。中舱可容宾客五六人，置桌凳、笔床、酒枪、茶器、盆玩，以轻小为贵。前舱可容家仆或丫鬟二三人。后舱用木板隔出一个小巷，便于出入。其间安置一榻，一小几。小橱柜上，还可摆放一木板，书卷、笔砚、镇纸之类，吟诗作画之外，对酒当歌，搓点小麻将，红袖添香，都无不可。这样的船，消受实惠，场面上又好看。有身份的官人商贾，喜欢上这一口，就连未中举的穷秀才，难得有此消遣，也欲罢不能。船上飘然欲仙，河巷里悠悠荡荡，沿街景致，百姓烟火，尽在眼底收着。篷船两侧的棚盖，还设置可移动的暗窗，船里可观岸上，岸上却看不到舱内。自有一份别样的快活。

如此噱头，看得人心里痒痒。若将时光拽回百年余前，并选择一个雨后初晴的天气，坐一条乌篷船，顺着河道，去器隐镇悠游，会不会是一件惬意的事呢？

说话间船就来了。若是真要穿越到从前，上船之前，先换口气吧。古代的空气太干净，今人不太适应，第一口吸进去，差点要打趔趄。时光也走得慢，一路上，见不到急急忙忙的人。器隐镇自然也是一部慢戏，闻不见急急风的招军号，倒是笃笃悠悠的丝弦调充盈入耳。

入镇的河道，仿佛划分街巷的界线，弯弯曲曲，像好看的水蛇腰线。两岸白墙黑瓦，高低错落。拐进大人巷，河道宽些，吃水也深，扑面的气场有些迥异。早先此间居住的都是大人物。早先叫"蒋尚书巷"，巷内居住着周、蒋、潘、任四大望族。首辅、尚书、巡抚、御史、通判、道台……如同过江之鲫。宅邸前门朝街，后门临河，清灰大墙门。船靠河埠，一抬脚，或过一架小桥，或上几级石阶，便到了家门口。门前都有竖旗的石墩和楣杆。所谓楣杆，是古代科举中取得功名的象征。此物有木楣与石楣两种。木楣杆通常由两块石板固定；而石楣杆则是大理石凿成的方形圆锥状石柱。楣杆上雕刻着盘龙图案，文科功名的楣杆上端，通常凿成笔尖状，武科则为戟或兽头状，楣杆上还会刻上"某人某年中试第几名"。

整条巷子特别安静，你来来回回走，听不到一点声音。就连从墙内探出头来的树枝和花朵，也都是静声屏气，操练过一般。

器隐镇有徐阁老，河水便贵三分。他在大人巷住过吗？历史无记载。但是，他却是大人巷乃至器隐镇的魂魄所系。早年他住在镇边溪隐村，少小成名入仕，一生伺候过四个皇帝，官至内阁首辅，俗称宰相，他却只把它当作一只糊口的饭碗。

老爷子活得累，脸面上山水不露，那是城府。替皇上打工，须勤勉，须思过，须修身；懈怠却是一日也不敢有的。在京城，他并无宅邸，吃住打包，都在办公的府邸。后来上了年纪，老眼生翳，腿脚打颤，跪皇帝也跪不动了，就想告老还乡。江南器隐镇，是他血地，叶落总要归根。皇帝准了，顺手赐了一座牌坊，还题了字。器隐镇太小，哪里扛得住，整个江南都颤得不行，说皇恩浩荡，那是轻飘话了。最终，牌坊落地，还是建在进镇的入口。一抬头，"四朝元老"四个大字，让这里的人，随了河水，身价都有些见涨。

回望阁老一生，就是让大家膜拜的。他沉浮宦海，身外之物看得淡薄。晚年效法范文正公，置办义渡之外，又出义田分予族里乡邻耕种。如遇灾荒，减租免征。田产所得，辟为塾学专用。凡徐氏子弟与镇上贫家学童，学费全免。此举一出，塾馆爆满。田舍郎洗净腿脚泥巴，晴耕雨读蔚为风气。每逢乡试县考，草根男儿踊跃，咸鱼翻身的故事，赶考路上俯拾皆是。

阁老晚年，也玩些老物件。他眼睛不好，出门不是很便当。但老爷子经过手的东西，无论贵贱，街面上的人就跟着效仿。器隐镇玩古成风，与阁老，应该是搭不上界，但是，一条古玩街，名叫百搭巷，就这么悄悄起来了。

阁老偶尔也上街，家丁陪着，不坐轿子，小碎步迈着，百搭巷他不去，到伙头巷，冷不丁在某家苍蝇小店门口停下，吃碗豆腐花，杀杀馋。他吃过的饼，就叫阁老饼，生意自然好。那家"苍蝇"铺子，后来就变得牛大。

大人巷里，还有个周延儒呢。早先，他家老宅在器隐镇的鸡笼巷里。鸡笼巷里俱是寒门，但亦不乏世代书香人家。周家祖上做过官。但到延儒父亲这一脉，家道中落，充其量一介寒儒，于镇上蒙馆任教，维持生计。他母亲也识字，知书达理。平时做做女红，挣点油盐钱，贴补家用。周延儒自小生性刁钻顽皮，但读书过目不忘，说话行事机敏过人。万历四十一年的科考榜上，周延儒连中两元，被皇帝钦点为"第一甲第一名"，时年仅 21 岁。此后延儒两度入阁，官拜首辅，可谓年少得志，春风扑面。皇帝心里喜欢，特赐其在家乡建造"会元状元坊"，当地人称相国牌坊。

自周延儒做官，其父母在鸡笼巷就住不下去了。起先他们不肯搬到大人巷，那座从天而降的宅邸，又大又高，原先是官府的别院，专门用来招待过路的朝官。周家的人死活不肯造次。可是，当地的命官说，二位长辈若不肯成全，不但砸我们饭碗，我们恐连脑袋也保不住呢。说罢就跪下，死活不肯起来。

周父自然也不教蒙馆了。各种应酬，突然铺天盖地。他能写一笔说得过去的孙过庭，之前给人写春联，几文钱一对，随便挑，白送的就更多了。突然间，字贵起来，挡也挡不住。一副五言对联，市面上卖到10两银子。周延儒少时念书用的一方砚台，歙州老料，莲花状，缺了一角，背面有周父刻的一个字：儒。此砚流到市面上，居然值30两银子。仿周父的赝品，也在江湖上流转。周老先生三天两头被人请去鉴定，字真假无所谓，给的红包都是厚的。周父本分人，见到这么多钱，心里害怕，不肯收，还当面给人难堪。酒倒是来的，平生就馋这么一口，喜喝花雕，烧酒不行。于是器隐镇花雕酒涨价，送花雕酒的人，就要排队。周父一副瘦骨嶙嶙的衣架子，轿子抬来抬去，天天酒肉穿肠而过，怎么撑得住？竟一病不起。周母倒是勤快，女红还做着，那就是玩玩，消遣的意思了。街坊都来巴结她，她随便绣个什么荷包，被人捧得不行，一根鸡毛都上了天。

　　周延儒后来交了背运。锦衣卫的人告他欺君罔上，像一堵众人推的墙，他说倒就倒了。周延儒被革职回乡，大门不出二门不迈。周父的字，行情竟如鹞子般栽落下来，人见着，如同躲避瘟疫一般。明史的笔墨厉害，将周延儒定位为"奸臣"。皇帝最后的恩赐，竟是一段白绫。周延儒跪地领旨，末了还得谢主隆恩，挥毫写下一首平仄和韵脚都中规中矩的五言绝句，交代完后事，从容自裁。

　　好在老家器隐镇的河水还是清的，牌坊也没塌下来。周家祠堂不乏后人，"歧耕堂"里，子孙读书依然晨钟暮鼓。大人巷是早不住了，一个灰蒙蒙的早晨，周家人又搬回到鸡笼巷。这条巷子其实蛮好，都是乡里乡亲，每一块青石板都能哈出热气，周延儒少年勤奋好学的故事，在器隐镇，还是温情俱在，口口相传。

　　大人巷末尾於家，亦颇可记叙。於千鹤老先生乃本地大儒，江湖夜雨，桃李春风，文昌宫里一把交椅坐得稳稳，号称一代宗师。他孙子於慎行，进士做官，两袖清风。壮年急流勇退，本可颐养天年。却因为无意中送给上峰一根邛竹鸠杖，弄拙成巧，命运反转。此间还有一位寒士汤效祖，凿壁偷光，修成正果。从鸡笼巷搬到大人巷，瓦片翻身，闹出许多笑话。他倒是初心不改，修得善终。其背后有高堂汤氏训诫，一把戒尺，连接着一张破竹床，传下世代佳话。

　　河道拐了一个弯，百果巷在眼前了。巷子比大人巷逼仄一些。巷名的由来并不是此间栽了百种以上的果树，而是巷子里都是炒卖各种果子吃食的店铺。俗人道，世间千苦百忙，还不都为一张嘴。船靠近了，各种香味成群结队，飞蛾般扑上船来，间夹着熟悉的炒果声音，炒白果的，炒核桃的，炒栗子的，炒瓜子的……好吃的东西太多，人生来却只有一张嘴。海吃胡吃，就把嘴巴吃麻木了。椒盐花生、鱿鱼豆瓣、爆玉米、笋脯豆、爆炒米、麻叶子、五香豆、寸金糖、陈皮瓜子、梅子核桃。都是合着江南人的口味，专吊那一味心火的。其中，炒货大王陆其生家的椒盐五香豆和十三香花生，是此间吃客们的最爱。多大的官到这里，都会被这两样东西拖住威严的脚步。只愁你不尝，不愁你不淌。淌什么？自然是口水。官人跟平头百姓，其实都一样。能把口水憋住，那是功力。陆家炒货，原是小本生意，一把铜锅铲，祖上传下，竟是翻云覆雨，吊人口水，可称一绝。陆家子孙，都吃炒货饭。世世代代到今天，陆家的炒锅换了上百口，但据说铜锅铲还是那一把，三斤八两重，铮亮透黄。各种口味的秘方，仍然传男不传女。这个世界，应该有点秘密，才有意思。

船头拐进百工巷，隐隐地有喧闹之声贴着河面，荡漾而来。引车卖浆，手艺百行。这里的人，凭手艺吃饭，嘴也不笨。做手艺的人，命在手上，嘴也是吃饭行当。譬如打铁，抡锤的人不吆喝，手就没劲。掌器的人，要有回应，高一声，低一声，与窗外的桨声灯影很搭。沿街的店铺都倒映在水里，人声与水波，都是一体的脉息。刘德利铁器铺、韩搭脚铜器店、毛杏妹竹器店、许坤生箍桶铺、史巧伢裁缝店、郭小福银器店、冯元芳瓷器店、马和生刀具店、杨晓渡皮革店、温阿姨伞店、邹元祥木器店、徐福来玉器店……聚集在这条巷子里。讨生活的，匠人居多，计有：木匠、锯匠、瓦匠、铁匠、石匠、篾匠、油漆匠、秤匠、船工匠、箍桶匠、铜匠、锡匠、鼓匠、纸匠、琉璃匠、皮匠、竹匠、捏塑匠、阉猪匠等。此间有个厉害角色，是一个入赘的外来女婿，名叫邹元祥。此人手艺好，嘴笨，性情似木讷。但你看他那双手，表情奇诡，倨傲得很。一个手艺了得的木匠，天地不惧，就怕老婆扈三娘。这个婆娘有多厉害？器隐镇上有个唱春艺人沈小兔，编了春调来嘲谑她，小曲穿街走巷，一时满城风雨。末了，隐情故事穿帮，路人无不动容。沈小兔心疼，后来又编了一曲，苦且悲，闻者清泪两行。

过了长生桥的桥洞，就到车水巷了。此地古贤有云：一夫不耕，天下受其饥，一女不织，天下受其寒。车水巷的民居低矮一些，门楣自然就窄小。巷尾连接郊外农田，眼界就开阔起来。德元桥畔，便是空旷田地与晒场。说车水巷人丁与烟火兴旺，倒是不假。接生婆们小脚颠颠，多半往这里跑，私下里都说，车水巷的女人真会生啊，床头翻个身，一个伢伲（儿子）就落地了。也有人说，女人生不生，吃紧看男人。车水巷的男人多半五大三粗，都是卖力气的角色。一根房梁在巷子里拖着走，大气不喘、脚下生风。他们的祖上，或陕西，或河南，或山东，都是逃难来的。窝头米饭搭着吃，南腔北调凑合着说。三代过后，便都是本地人了。种稻米的庄稼汉，阳气足；抬轿子、扛大包、做脚班的苦力，筋骨硬。聚居于此的，大抵是镇郊的农户、杂工、小贩，农忙莳田，农闲做点小生意，倒也有点小乐惠。此巷有条汉子名叫郑龙大，原先做过木匠，也认得些字。后来就一心一意种田了，农民都听他的。此人力气了得，堪比倒拔杨柳的鲁提辖。可他并不是粗坯，不但农活精工，还懂农事、农谚之类，张口就来：清明晒得杨柳枯，十只粪缸九只浮。又譬如：雨打纸钱头，麻麦不见收；雨打墓钱头，今年好种田。有田地的主儿见到郑龙大，三分敬重，七分服帖，断不了要上门讨教。他倒是畅快，但有请教，如竹筒倒豆，十粒五双。郑龙大独绝的手艺，是做龙骨水车。他属龙，做下的龙骨水车，如龙显灵，车水轻便，水力足。他还会做各种农具，吊水的辘轳、耙田的耖、汲水的戽斗，还有连枷、刮车、秧马之类，都是古人传下的农田器物。大凡田头地头，谁家有使不上劲的农具，他走过来摆弄几下，用起来，就像自己又长出一双手。

　　假如您愿意去车水巷看看，您还会听到李豆花与合欢桌的故事，世上男女，情合方欢。合欢桌分开一半，故事就来敲门。坚守与执拗的女人，花心与不靠谱的男人，即便合起来，日子会圆润吗？人，毕竟不是桌子。幸亏女人还能卖豆花。江南温润又激荡的风水里，女人多情含蓄，男人也合该坚韧担当。那一张从岁月深处走来的合欢桌，朝朝暮暮，不知换了多少个主人，它如今还好吗？

一脚跨进百搭巷，小心钱袋来遭殃。这是器隐镇的一句古话，如今不作数了。百搭巷在状元桥的北面。船到这里，靠岸的河埠特别多。其实，是店铺多。有的店家伙计，就在河埠上招徕客人。所谓百搭，就是什么都可以插一脚、搭一把，本地语汇里，带着些许贬义。后来，住这巷子的人，就把百搭巷改名百发巷。不过，名字这东西，叫顺口了，要改也难。人们还是习惯称百搭巷。早先百搭巷里，多的是古玩店和当铺。徽州帮、宁波帮、松江帮，都在这里占了地盘。所谓古玩，常人眼里多半是些破烂，名头说出来，倒是吓煞人。汉武帝的铜镜，王羲之的字，武则天的扇子，宋徽宗的砚台，苏东坡的手卷，唐伯虎的中堂。只怕你想不到，没有你买不到。有的店铺阴气逼人，橱柜里都是古坟淘来的老物件。刀币、铜鼎、陶罐、玉牌、金蝉，还有什么南北朝的佛头，隋炀帝的金腰带。据传嘉靖末年，严嵩被抄家，一件稀世之宝流到了器隐镇，居然是温酒的龙卵壶——此壶以龙卵制成，金镶玉箍，壶身镶嵌猫眼和夜明珠。龙卵，谁见过？您信，就是真的；您不信，就走开，别败兴。百搭街的生意，三年不开张，开张吃三年，这是常事。古玩店的老板娘们，个个都有双下巴，手镯子沉甸甸的。

百搭巷里有个人物，徽州人，名叫袁心舟。此人是宏泰当铺的大掌柜，生了一双会看老物件的鹰眼。但凡当铺里的伙计，看东西都厉害，但也有看走眼的时候。老袁一般不给人看东西，倒不是伤神，而是容易伤人。他不肯说假话，但说人家的东西不对，终究会得罪人。一张皱巴脸，噗嗤一笑，那就完了，肯定是假货。在特定的场合，老袁得憋着，端着，哪敢随便笑。一个民间人物，表情这么贵，也算不易了。他的器物鉴定故事，一直在那些老街巷里流传。回老家后很多年，本地人还怀念他，把他做进一本书里。

也说那百搭巷里，有几种行当，似乎不需要什么本钱，就费点唾沫星子。一是讼师，二是麻衣神相。所谓讼师，其实是一份令人艳羡的职业，一般人却只能望其项背。譬如早先有个何百通，原本就是衙门里罢闲的吏典，混一口白饭吃。他字好，一笔瘦金书，字透纸背。平常替人写状纸，捏词遣句之类，易如反掌。但凡有冤屈、无处摆平之事，他就会挑唆，动不动上京告御状，在什么地方拦道喊冤、什么节骨眼上击登闻鼓，烂熟于心。衙门遇到何百通这样的人，头大且疼，也不能把他怎么样，反而要巴结他。何百通有一只笔筒，象牙雕刻，据说很稀罕。里面只插两支毛笔，一支羊毫，大些；一支狼毫，细些。都有来路出处。这只笔筒和两支毛笔，就是他的饭碗，一头系在他的一张嘴上，一头系在肇事告状者的裤腰带上。他出场费有点高，跟客户谈话，都是收费的，一支香点完，白银一两，不打折。不过，器隐镇上，若无人起事，天下一太平，他就得喝西北风。话说回来，器隐镇上，若无何百通这样的人，鲜汤也会寡味。

麻衣神相就不必说了。百搭巷里有些算命佬，连个摊位都没有，就靠两条腿，沿街走巷吆喝卖艺。人各有命，只有天知道。但凡人活着，总想知道自己有多大造化，没铜钱的想银子，没家室的想女人。这里的大佬郭天生，自称郭瞎子，但熟人说他眼睛不怎么瞎，走路跌跌撞撞，那也是一种妖娆，要别人都让着他。他倒是巴不得你撞他一跤，从此就到你家吃饭睡觉了。平日里一根龙头杖，乌黑锃亮，据说是某深山中一根被雷劈的老藤，少说也有几百年了。又说是山中某仙家修炼时，失手遗留在人间的，也不是随随便便就让谁捡着，都是冥冥中的安排，要不你去捡一根试试？

他坐船，周边都是陌生人，他两眼空茫，却能一一报出每人的身份：或手艺人，或商号掌柜，或教书先生，或青衣戏子，或丹青妙手。有人给他编了一首顺口溜：

掰掰手掌看命，云里雾里说相。
察身世时吊心火，嚼白嘴中窥家当。
锣鼓听声套心情，凶吉前程由他定。
你若相信跟他走，囊中银子必掏尽。

话有点难听。不过相信郭瞎子的人还是蛮多的。但凡一个地方，总要有个把郭瞎子这样的人，将未知变成可知，然后有所指望，这烟火日子才周全。

这就说到了一件器物：罗盘。

郭瞎子出门必带罗盘。器隐镇的人相信风水。选屋址、选商铺、选坟地，都是人生大事。俗话说，三年寻龙，十年点穴。周边方圆几十里，大凡龙脉旺盛的好地块，都在郭瞎子心里装着，他的一双腿，就是这样跑瘸的。兜里的罗盘，看上去黑不溜秋，他用它勘察地形地貌，有如神助。那罗盘到底是个什么东西，乾隆朝有个餐霞道人说过：罗经乃堪舆之指南。堪为天，舆为地。郭瞎子有句话，常常挂在嘴上：那块地，我堪舆已久，来龙去脉，祸福凶吉，一目了然。有一天酒喝高了，手脚不太利索。有人把他寸步不离的罗盘拿出来，问怎么看风水。他舌头有点大，脑子是清醒的：罗盘共分七层，一层天池，二层后天八卦，三层正针，四层十二地支，五层缝针，六层天星，七层中针。各位懂吗？众人面面相觑。

人们最怕郭瞎子说四个字：地下有人。他常常会突然冒出这么一句，然后拔腿就走。人们挖地三尺，居然挖到一副枯骨。郭瞎子怎么会看到地下有人的呢？不知道。

说起来也是，经历了那么多朝代，生生死死，哪块土地下面没有人呢？

但郭瞎子坚称，器隐自有活龙地。那种地当然金贵，住人旺命，开店旺铺，做坟旺子孙。郭瞎子这个人，百搭巷里还是有口碑的。他晚景有点凄凉，那罗盘也失传了，兜兜转转，被城隍庙柴仓屋的罗饭桶在垃圾里捡到，当时也属拍案惊奇。

百搭巷里，还有一种如今已然消失的行当：打行。就是专替人出气、报复、伤人的行当。器隐镇没有武馆、镖局之类的营生，开打行，名声听上去不好。最早的打行,名字叫真功行馆。谁家有什么危难,需要什么护卫,它都可以接盘。场面上,也教人练几套防身的拳术。若你想打一个人,私下直说,要打多重,打伤还是打残,价格是不一样的,若是往死里打,看你出多少银子,当场打死肯定不行。任什么朝代,杀人抵命、天经地义。彼时打行老板史金川,大高个儿,门板一样魁梧,原籍山东,自称是梁山泊好汉九纹龙史进的后裔。他有一根狼牙棒,乌金木,实沉,两头用青铜皮紧箍,金贵不说,也邪气。这棒子在史某人手上,抵得上一家店铺,一帮人吃用,都指着它。本地人大多怕事,狼牙棒面前,都想大事化小、小事化了。不过,有一回,狼牙棒漏了气,出了一点纰漏,就像半夜里,老房子突然塌了。

　　船行至伙头巷了。从古到今,这就是条"吃"巷。各种吃喝,小到苍蝇馆子麦田居,大到两层四开间的新隆园菜馆,挨挨挤挤,好不热闹。大吃货马生隆,一张馋嘴,吃就吃吧,偏要开饭店,差点送掉小命,幸亏他老婆崔玉儿,原先唱曲,是个角儿。街坊们夸她旺夫命,老公趴下了,她怀里插把剪刀,场面上长袖善舞,暗自里双泪长流。新隆园菜馆居然被她盘活,如同火中取栗。后来新隆园如何收场,马生隆过得怎样,此是后话。

　　鸿顺面馆也是百年老店,三开间,有三鲜面、虾仁面、鳝丝面、大肉面、鸭饺面、大肠面、什锦面。尤以鸭饺面撑台面,方圆百里,堪称一绝。咸阿兴汤包店,自泰兴迁徙到此,汤汁鲜,人缘好,生意也好。接下来还有杨记猪婆肉店。猪婆自然是母猪,产崽超过十窝后，猪婆因无膘且肉质粗糙、腥味重而被主人丢弃。伙头巷里杨姓人家，主人名杨盘大，善研制各种调料，加入肉中，反复沸煮。火到猪婆肉烂时，尚未出锅便有一种奇香溢出，吊人口水。尤其那猪婆肉皮，沙沙的耐嚼，特有筋道，其口感，本地人称韧结结。江湖段子说，乾隆爷当年南巡，路过器隐镇，船入伙巷水道，却行不动了。奇异的香味有如屏障，叫船进退两难，只能慢慢靠岸。天子上岸，微服探访杨家猪婆肉店，切三两肉，沽一壶酒，竟喝得日月同辉。自从乾隆爷尝过猪婆肉，杨家就把那一锅肉汤做引子，每天添一碗老汤，加进新鲜的肉锅里。这个段子听上去老套且俗气，但吃过猪婆肉的那些嘴巴都在传，仿佛都跟皇恩有了牵扯。

器隐镇有东大街、西大街、南大街。说是大街，一个炮仗，横穿两条街巷呢。所谓三街通九巷，只是一个约数。曲里拐弯、纵横交错，除了大人巷、学前巷，还有清风巷，团月巷、螺丝巷、雪昇巷、棋盘巷、鸡笼巷、乌衣巷，有的是大巷分出来的小巷，有的生来就是细肠子一根。无论大巷小巷，遍地古风盎然，人情温煦，酒菜好吃，器物名件，八方汇聚，更在江南拔得头筹。

威风大人巷，体面学前巷；
做煞车水巷，吃煞伙头巷；
快活百搭巷，劳命百工巷；
瓦片翻身鸡笼巷，时来运转乌衣巷。
城隍庙里香火盛，罗饭桶垃圾扫得忙。

……

这首残缺不全的民谣，如今也是"非遗"了。

雪昇巷里的夜明珠故事，至今光彩熠熠；城隍庙的罗饭桶传说，让人扼腕不已；雀桥下的许郎中救人恩德，记叙昨夜朗月；得义楼钱逢时与毛无忌的惺惺相惜、知行恩义，让人感怀唏嘘。那些深巷里晃动的人影，幸与器物相依，人气手泽得以留存。史笔无载，却口碑有传。器物亦有深情，它会以招魂的方式，呼唤精灵的归来。让远遁的人们进入一个个神奇的瞬间。风度、雅量、气概，似君而又非君。最终那些器物，便成为人们精神的容器——优雅地孤独，悲切地怀古，忘情地狂欢，含蓄地回眸。想来所有的生命，都有一个共同的归宿，官人也好，细民亦罢，若无将精神融入器物，到头来都只是器物面前的匆匆过客。日新者，久而无穷。器上升为道，道即世俗，精义即为日常，轮回流转。

蓦然回首，器隐镇几百年来烟火赓续，戏文上唱的，口碑里传的，器物上留的，契阔谈䜩，旧恩难忘。其间有生者对逝者的安抚，也有彼此间的劝良行善，都只是人间万状的冰山一角。自古至今，凡事皆有是非曲直。民间野史诳语多多，却也有公允史语、人心向背。器物脚下流淌的文明，温暖着平头百姓的寻常日子。这器隐镇的世世代代，若无文字来留住一些片羽吉光，一旦星移斗转、沧桑变迁，那些器物的存在，便因缺乏故事的支撑，断了口碑，或将走向湮没。

器有骨格，物有灵性，有心人经年推敲，知道文字的寿命比人长，得空记录下来，集腋成裘，蔚为大观。好在器隐镇三街九巷，烟火繁盛。你要什么朝代，什么故事，仿佛药铺里的抽屉，伸手打开，应有尽有。有的是盲盒，诡异隐秘，可是写成书，却也贻笑大方。古往今来，俱是中了寒客，不中暑客。此间俗话，也是依据。

　　如此，便托江南之名，借器物说世。世人或后人或可回眸一瞥，拈花一笑。

第一篇

龙骨水车

康熙二十八年正月，正值壮年的康熙皇帝第二次微服南巡。

去苏州、杭州，器隐镇是绕不过的。野史的笔墨有些得意，说皇帝偏不去大人巷，也没去伙头巷，而是拐进了车水巷，这里有蒸腾的烟火气，皇帝闻了很舒服。旮旯里随意摆放的各种农具，也让他觉得新鲜。一个衣衫单薄的农人，正在摆弄他的龙骨水车。皇帝问，此乃何物？农人正忙着，头也没抬，吆喝了一声：搭把手，把边上那根木条递给我！皇帝便当了他一小会儿小工，递这递那的，还夸赞他手艺不赖。后来皇帝知道了，这叫龙骨水车。心里高兴，问，一年能做几部水车？答，两年做三部。皇帝又问，何不多雇几个人，做得快些呢？答：做水车容易，做龙骨难。龙骨做不好，水车就转不动。所以呢，慢就是快。皇帝听了忒高兴，或许他想起了宫中收藏的一幅画，《耕织图》。是南宋绍兴年间画家楼璹画的，天子三推，皇后亲蚕，男耕女织，稼穑和谐。任何一个帝皇都喜欢扶犁亲耕的场面，因为土地和上天对他一样重要。

这个故事记载在一本《器隐民间故事集》里。口述者是郑量才，时年81岁，故事里做龙骨水车的，是他家老祖宗郑龙大，作为郑家第N代孙，他的故事听起来天衣无缝。但是，相对严谨的《器隐镇志》却没有将其收录。不过"农事"一章对当年郑龙大做龙骨水车，以及其他农具，却有一些简略的介绍。

但凡野史故事，难免会有一些夸张。本地的执笔者还算有敬畏之心，并没有像志怪小说那样信马由缰。郑龙大这个名字，时常出现在器隐镇的文史资料里。一个古代的老农，为什么大家放不下他？

说郑龙大，先得说说彼时农人的地位。

《器隐镇志》里这样写道：

单是在明代末年，器隐镇已然有一万余人口，号称太湖西岸第一大镇。其中商贩521户，2086人；农人283户，1136人。到清代嘉庆年间，由农民转成小商贩的有276人……新中国成立后，原来的小商贩又变回农民的，有221人。

一万多人，一天要吃多少粮食，最早的283户农民里，能有多少壮劳力种粮种菜？在遥远的古代，要统计这些细枝末节，当属苛求。按器隐镇明代以来的布局，但凡农户，都在水车巷里居住，这条巷子有点长，后来还在不断沿河岸延伸——有些亦农亦商的户头，农忙趴在田里，农闲穿街走巷，倒腾点生意贴补家用，也在这里安居了，应了当地的一句俗语：绸不搭布，穷不搭富。但真正的种田户就那么多，他们一年能种多少亩庄稼，靠他们，能喂得饱这上万张嘴吗？

结论当然是否定的。器隐镇民俗馆倒是保存了一些残缺不全的古文献，但它们并不能向我们提供翔实的记载。好在，有一本不搭界的闲书，《食在宋朝》，在介绍南宋临安市民的日常生活时，对当时每人每天所需口粮，做了相对精确的估量。其中有一个数字是两升，按宋末元初文人方回《古今考》中"人家常食百合斗，一餐人五合可也"的说法，五合为半升，三餐为一升半，加上酿酒、养殖等耗费，每人每天两升口粮，应该是维持正常生活的最低标准。

从器隐镇到临安，古时快船一夜加半昼就到了，两地都属江南。这里的意思是，把临安百姓的口粮标准挪到器隐镇来，应该大差不差。

按此计算，一万余人口，每天消耗的粮食，应该在两万三千升以上。

器隐镇的车水巷里，总共住着不到三百户种田人家。即便每家出两个劳动力，也凑不齐六百个种田人。按他们耕种农田的面积，无论如何也填不饱全镇一万多人的一日三餐。

都以为江南是朝廷的粮仓。可是，一则古文献告诉我们，雍正皇帝在1723年曾经说过这样一段话：

浙江及江南苏松等府，地窄人稠，即丰收之年亦皆仰食于湖广、江西等处。

(《上谕内阁》,元年十月二十六日)

幸亏有漕运。是的,正是漕运,得以将各地的粮食周转调剂。大家的口粮虽然不是政府配给,却是由政府运输的。普通老百姓当然要花钱买米,官员和官员家属,则享受免费供应。

也就是说,仅靠水车巷里那些种田人,根本就填不饱器隐全镇人的肚子。但是,他们的存在提供了一种依据,让"谁知盘中餐,粒粒皆辛苦"成为家喻户晓级别的口头禅。

郑龙大后来才知道,当时帮他"搭把手"的那个面白羸弱、淡眉重耳的男子,就是当朝皇上。这个造化太大,但他并没有吓到尿裤子。在车水巷里,他依旧快快活活地忙碌——天子也是人嘛!有啥稀奇的?这话是私下里在田埂上说的。

康熙年间一个江南农人的地位,可能并不比今天的差。按照"士农工商"的排序,当时农民的排位,仅次于文人。大大方方地排在手艺人和商人前面,一点都不寒碜。郑龙大在器隐镇受尊敬的程度,并不低于我们今天的所谓"种田大户"甚至"劳动模范"。

他熟谙一年二十四个节气中的一切农耕细节,如果我们采用抽签的方式,来考查郑龙大对农事的掌握,对农谚的熟悉,对农具庖丁解牛式领会的程度,那么,徐徐向我们展开的,应该是一幅带有古代人间烟火气息的《耕织图》长卷。

不妨,先从正月开始吧。

以郑龙大祖辈农家的身世，他应该只是个目不识丁的庄稼汉。但他命好，早年父亲在当地有声望的郭乡绅家中做长工，该家族所有的孩子，都在郭家祠堂读书，塾师是从苏州请来的，年俸30两银子。郭乡绅此人有执念，他特别见不得不识字的孩子，大凡村上旁姓的孩子，只要愿意，都可以去郭家祠堂旁听，譬如郑龙大，因为常在父亲身边，便也去祠堂里蹭课。几年下来，居然也背得《三字经》《弟子规》之类。肚里有点墨水的人，总是不太一样。他只要站到田埂上，必定是口吐莲花、妙语连珠的。比如农谚，比如歇后语，又比如对农事的解析。正月十五闹完元宵，按照郑龙大的规矩，正月十六日，最懒的农人也得下田了。正月里，地下的阳气开始升腾，所有的麦地必须细锄一遍。等于给一个睡了一冬懒觉的人松松筋骨。此时的农谚在他口中，就如呼吸空气一样吐纳自如。

正月罱坑好种田，锄头尖上白米甜。

什么意思？罱坑就是旧年把青草沤在坑里用泥巴盖住，让它发酵成肥料。开了春，得把泥巴扒开，将肥料撒到田里了，然后，你得给麦地松土。怎么锄？他自己先干开了，用的是那种两头尖尖的麦锄，两腿摆成弓箭步，挥锄起落，一垄一垄，细细匀匀，像用一把梳子，梳理着还在冬眠的土地。郑龙大锄过的地，像毯子一样平展，阳光下的泥土，闪烁着黑油油的光泽。他的麦锄跟别人不太一样，两头尖出很多，中间的弧度，像弯月一样。锄头与锄把的角度，就像一个弯起来的胳臂一样。它不是直来直去的铁板,而是刀口轻薄,慢慢向后长出坡度,本地方言称"肉头",刀刃特别锋快,锄把的手感称绝,捏在手里,像是自己又长出一条胳膊一样来劲,用的是本地刚竹,黄皮壳,比毛竹细一圈,某些节疤用烟熏过,略略有些弧度。锄头挥舞下去,锄把在空中是有韧劲的,那是一种恰到好处的弹跳。

车水巷里的种田人,若是能请到郑龙大装一把锄头,那他就是个有福之人了。

此话怎讲?因为锄头是种田人用得最多的农具。在地里锄着锄着,锄头就脱把了,这样的情况经常发生,也有因为锄头柄装得不好,锄起地来费劲,别人锄一亩地,他只能锄六分地。

所以,装锄把跟选择锄头一样重要。郑龙大号称他装的锄头柄,可以用 30 年不脱把。

首先,锄把要选老刚竹,竹龄 5—8 年的最佳,年份少了太嫩,支撑不了旷日持久的农事;年份太大也不行,竹节容易开裂。刚竹取来之后要先放两年,晾在屋檐下,不用管它。自然收干后的刚竹,有一股子拗劲,需要用烟火熏一熏,把它的腰脊部分熏得略有点弧度。然后要取一段檀木,也要干燥两年以上的,檀木比较坚硬,抗得住时间和力度的磨损,但如果是新鲜的檀木,要放到烧砖的窑上烘干,否则,木质的收缩和变形,会成为锄头脱把的元凶。装锄把还有一个要素,就是一段厚实的帆布。如果一时取不到可以做船帆那样厚实的布料,用旧山袜的袜帮也行。有了这几样东西,是不是一把最牛的锄头就搞定了呢？否也。

郑龙大装锄把，厉害之处，就在选择锄头和锄把之间的角度上。他天天在田埂上转，对每个种田人锄地的手势、习惯基本上了如指掌。这里必须用到两个汉字：一个是"杀"，还有一个是"勾"。

所谓"杀"，就是敞，指的是锄头和锄把之间的角度太大，在田里锄不起土；至于"勾"，就是锄头和锄把之间的夹角太小，不能传递锄田人投入的力量，不小心还会锄到自己脚上。

郑龙大爱吹牛：他装的锄头，轻巧、省力、锄起来利落，抵得上多吃一碗干饭。

确实，郑氏版锄头用到最后，磨损的锄口像上了年纪老人的门牙，锄把也有开裂的迹象，但是，锄头与锄把的契合处没有半点松动。

器隐镇郊外的大片农田，郑龙大只占几十亩。但是，人们常常看到他像一个坐拥万亩庄园的大财主巡视自己的领土一样，在一眼看不到尽头的田塍转悠。农民们见了他，并不似臣民见了国王，而是像对自家的一个长辈，诸般恭敬，都是自发。

正月过了是二月，二月二，龙抬头，大仓满，小仓流。雨落万杆线，蝎子蜈蚣齐露头。这个节气里农民干点什么呢，整理农具啊。郑龙大会指点你，犁是最紧要的农具，你不能指望百工巷的农具店里那些现成的犁具拿来就能用。为什么呢？因为每个犁手的手感不一样，每头拉犁的牛，性情脾气也不一样。郑龙大喜欢给人画一些犁的图样，他只要把犁手的两只手摊开看一看，捏一捏，然后再把犁手家的耕牛拉出去走一圈，他就能把犁的图样画出来。一架犁，有策额、犁箭、犁辕、犁梢、犁评、犁建、犁底等部件。看起来，犁都差不多。但在郑龙大眼里，每一张犁，跟人和牛一样，都有各自的脾性和劲道。按他的图纸施工，做出来的犁，自然也就分张三李四，王五赵六，看上去脸是脸，鼻子是鼻子，但实际上，每一张犁都有千差万别。人跟牛不一样的是，除了脾性和劲道的差异，还有不一样的手感。

春生犁，柄短鼻子长；土根犁，柄粗鼻短；顺发犁，头小脖子长；福初犁，柄粗且长，鼻短且窄……每个人都有自己的相貌，犁也一样，相互之间是不可替代的。

人跟犁，用惯了就分不开了。若是让春生跟土根换张犁试试，那不成，别别扭扭干不成活了。

于是田埂上有了一句不太雅的话：宁换老婆不换犁。

二月二日，取枸杞菜煮汤沐浴，令人光泽，不老不病。这是当地的风俗。然后，趁一场新雨过后，栽种百合、胡麻、茨菇、甘蔗、枸杞、藕、芋头、豌豆、莴苣、韭菜、葫芦。这些农活，一日也不能耽误。

郑龙大要是见到一处没下种的地，他就会啰唣：只有懒人，没有懒地。

过了几天，他又来了，那块地上，新栽了莴苣和韭菜，他哼哼，冒出一句：地如婆娘，不种就荒。

然后就是三月了。种树开始了，江南地带，农民种得最多的还是柳树，剪根柳枝插地里，几天工夫就活了。然后就是泡桐、桑、杏、青梅、银杏、枣、石榴，禾苗青青的阡陌上，有郑龙大粗犷的嗓音在飘荡，农谚到了他嘴里，有时是顺口溜，有时是滩簧调：

　　檐头插柳青，农人休望晴；檐头插柳焦，农人好作娇。

　　什么意思呢？江南农户到了杨柳发芽的季节，都喜欢折一把柳枝插在屋檐下，一是用以比喻日子像青枝勃发，二是用来观测天气。柳枝一直发青，表明天气湿润，雨水肯定少不了，柳枝被晒干发枯了，表明天气晴朗，这一季一定会有个好收成。农民们可以发发嗲，作作乐了。

　　雨打纸钱头，麻麦不见收。雨打墓钱头，今年好种田。

　　——后人还真用笔记载下来了。几个朝代之后的《器隐镇志·农事篇》，刊登了几页如此之类的农谚民谣，但出处在哪，只能空白。即便它们当年曾经被存进好多种田人的脑子里，现在也没人知道它们的作者是谁。无情的时间，总是不动声色地删除那些原本应该让人们铭记的东西。

　　清明这一天，非常重要。午前晴，早蚕熟；午后晴，晚蚕熟——人们不得不信，郑龙大是有道理的。他怎么什么都懂，是老天派来帮助大家种田的吗？

说着说着四月来了，不用郑龙大说，上点年纪的种田人都知道的：二麦不怕神与鬼，只怕四月八夜雨。是的，在郑龙大看来，立夏之后，一滴雨水便损一粒麦谷。老法师观察到麦花夜吐，雨多花损，故麦粒浮秕。

这个季节里，郑龙大不怎么在田埂上转悠了。麦收时节就要到来。修农具，筑院墙，开沟渠，整屋漏，织蚕箔，都是忙不完的活计。晾了一冬的屋檐下的那些农具，都在嘀咕着自己的力不从心。麦镰，捃刀，拖耙，筛谷匾，榪枷，抄竿……麦收一开始，它们就要轮番上阵，主人若不及时修理或更换它们身上的某些部件，到关键时候它们就会撂挑子。我们今天除了麦镰，其他的农具都不认识了。比如捃刀，我们甚至都没有听说过，捃就是拾，捃刀就是拾麦刀。刃长可五寸，阔近二寸；上下以窍绳穿之，系于指腕，随手樵割。麦子地里通常是这样的，刚刚收割过后，田间茎穗狼藉，好些麦穗还留在倒残的麦秆上，捃刀挥舞之处，可以取其遗滞。古人比今人更爱惜粮食，那些散发着麦香的谷粒，都浸润过种田人的汗水啊。

至于拖耙，如今也见不到了。其实那就是搂麦的长耙。首列二十余齿，皆为铁质，木柄略短，按持柄人手臂长短而制。一场突如其来的风雨，麦田里茎穗交乱，东倒西伏。拖耙来了，这物件是郑龙大发明的吗？他很实在，说是从一本古书上看来的，然后他依葫芦画瓢。大家一听，肃然起敬。这地方的人，对书本多有膜拜。郑龙大还把书上的文字抄下来，给大家看，可惜，彼时识字的种田人确实不多，但书上的意思，都领会了：

以拖耙腰后搂之,仍手握镰柄,芟其遗余。所得秸穗,随拥积之。

(明·徐光启《农政全书》)

徐光启是谁,种田佬没人认识他。他们有郑龙大就可以了。此耙不可小觑,一日可得净麦十余斛。古时以五斗为斛,如此计量,颇为可观。

还有一件抄竿,就是扶麦的竹竿。这也是农具吗?在郑龙大看来,它和捃刀、拖耙一样,都是用来对付麦子倒伏的,这个季节,江南多风雨,田里一旦有积水,倒伏的麦子很容易被沤烂。一人执竿,自下而上抄起卧穗,竿举起时,则钐随铍之。钐,是古时所用的长柄大镰,铍是一种两面有刃的镰刀。也就是说,抄竿并不是光秃秃的一根细长竹竿,必要时,它的梢头上是绑着利器的。不听话的伏麦,只能用钐和铍这样的农具把它们勾起来。麦子站起来了,穗子才能呼吸空气、沐浴阳光,籽粒必然饱满如月。

试想一个睡了一夜好觉、精神饱满的农人,早晨起来后,踩着草丛尖尖上的露水,手里拿着一根抄竿,走在五月的田塍上,那种感觉不啻于一个将军持剑检阅他的部队。麦田守望者们走进云鬓纷乱的麦田的时候,扑面而来的清香几欲将他们击倒,此时可以来一点浪漫气,他们使用抄竿的过程,那种近乎小心翼翼的弯腰,那种像搀扶小孩一样的耐心,难道不是一种骨子里的浪漫吗?

桲枷。这个很多人熟悉。它的身世比较古老。春秋的时候,齐国人首先用梿枷打麦。在一个长木柄上安装一排竹条，集束成一块长方形的板子，当人把它高高举起，竹板会在空中转动，由此形成拍打的力量。用它来拍打麦穗，可以让麦粒脱落归仓。它工作的时候声响大，如果一个打谷场上有五个人在使用梿枷，那么就好比有一百人在持续鼓掌。乡村斗殴的时候，它会被人们选作进攻的武器——后来人们知道，老祖宗早就这么干了，北宋时，有一种兵器，叫"拂梿枷"，枷是用铁板制成，劈头打去，可以置敌于死地。不过到了南宋，火药成为战场的主打，梿枷便又退到百姓的打谷场上。

频繁的使用，让梿枷很容易损坏。它的灵动自如，主要靠娴熟的手感和匀称的用力，传递给竹板和木棍的衔接部分，这里的方言称"梿枷嘴"——要让它吃点油。其实它不是一张嘴的形状，而是一个连接木柄与竹板的机关钮钮。但是种田人称它为嘴，显然是把梿枷拟人化了。宁愿自己的菜碗里油少一点，也要让它吃饱——在麦收来到的季节。每家每户的"梿枷嘴"，都是油汪汪的。

梿枷嘴吃油多了，农人的肚里的油就少了。不过，梿枷是知恩报恩的，但凡嘴上油汪汪的梿枷，干活特别卖力。农人甩起梿枷，那个爽劲，比多吃了二两油还开心。在特定的忙碌季节，农人与梿枷真像一对骨肉兄弟。

筛谷匾。这个肯定也不是郑龙大设计的——至少是他的爷爷辈就有了。但是到了郑龙大手上，有颇多改良，这是可能的。所谓匾，当然是用细竹篾编织的，这个要去百工巷毛氏竹器店定制，但是，很多人愿意拿着郑龙大绘制的图纸去——关键是其网眼，不可太大，亦不可太小。郑龙大要的是刚刚好。他绘的图纸，把网眼的尺寸标得特别细，然后，匾做好了，浅口、圆整，网眼匀称。在上面撒一把麦子，旋转一圈，麦子呼啦啦地往下掉，一颗也不剩。如果到了打谷场上，种田人会用三根竹竿撑起一个三脚架，然后，竹匾边框上系上三根等分的绳子，分别吊到三脚架的顶上，经过梿枷鞭打后的麦粒，尚有一些没有脱离母体，它们被放进筛谷匾后，就开始随着旋转与晃荡，潇潇洒洒地降落到地上，很快形成一个金字塔般的麦粒堆。而剩在匾里的，除了麦秸秆，就是泥丸、石子。

麦收的日子里，几乎每一家农户的打麦场上，都会无数次出现金字塔般的麦粒堆，它会把农人的心撩拨得醉醺醺的。筛谷匾在他们的手里有规律地晃荡着，自有一种牵引的力量。在某个瞬间，人们会产生某种幻觉，脚边这个不断增高的金字塔，才是他们活命的依靠。此刻他们全然忘记了日出而作日落而歇的躬耕之苦，忘记了田塍上风里来雨里去的劳累。仿佛所有劳作，都是生命的必然。而金字塔的出现，都是因了这个筛谷匾的晃荡。它晃荡着，人们的心也欢快地晃荡起来。

五月的小碎步不声不响，总是跟着一场场细雨姗姗而来。初一落雨井泉浮，初二落雨井泉枯，初三落雨连太湖。这样的农谚已然不是郑龙大的专利，一般上年纪的种田人都会随口而来。夏至前，芒种后，江南进入黄梅雨季了。按郑龙大的经验，下雨无碍，不可打雷。为啥？梅里一声雷，半个黄梅倒过来。用我们今天的话说，他就是一个乡村首席气象发言人。吃自己的干饭,操众人的闲心——关键是,总有人来问,郑公公,明朝会落雨不?或者,郑伯伯,几天不见日头了,何时天放晴啊?郑龙大也会出错,他又不是神仙。即便是,也会有牙齿咬着自己舌头的时候。

比如,六月里一日,白昼广晴,傍晚天积密云,南风若絮。新麦刚刚登场,场头田塍,麦谷摊晒遍地。夜晚降临,偶有隐雷之声从天边滚过。这一夜,是否有雨?这么多的麦子,是继续摊在露天,还是抢收回家?疲乏的人们仰望老天,风起了,云头涌动着,变幻多端,它或许有一肚子的话要说,只是人们半天不得窥其堂奥。于是都来问郑龙大,他信口道,云头如鸡,有风无雨;隐雷如鼾,檐头焦干。人们放心回家睡觉了。不料子夜时分,起了东南阵风,势头很猛,树叶与秸秆在空中飞舞。天空不时闪过雷电。郑龙大的嗓门像决堤的洪水一样咆哮起来,他敲着一面锡锣,从车水巷的巷头敲到巷尾,让人们赶紧起来抢麦。有些人起来快,在暴雨到来之前,把大部分割下的麦子抢进了屋里,但是,太多的人睡得沉,根本听不到郑龙大的锡锣声和吼叫声。前后不到一袋烟的工夫,一场卸去了伪装的豪雨,死命倾泻而下。那雨点铜钱般大,甩在地里,一砸一个泥坑。太多的麦子就这样泡汤了。郑龙大嚎啕,突然在打谷场上跪下了,失声大哭的声音与夜空突然劈过的惊雷交杂在一起,沉重的雨幕被撕开一道巨大的裂缝。有那么一刻,他仰面朝天,双手在空中抱拳,这个定格凝固在很多人的记忆里,天地突然静寂,风歇,雨止,人们被郑龙大的长跪不起惊到了,这一年,他满九十岁了吧,很多人心目中，他就是个活菩萨啊。大家都涌上去搀扶他。但他死活不肯起来，两只手深深插进泥土里。于是众人都跪下了，脸上也分不清是雨水还是泪水。这个雨夜惊心动魄的农家人百年一跪，一直被车水巷的子孙们口口相传，后来以"口述史"的方式出现在当地的《器隐镇·口述历史》中。

车水巷的人们离不开郑龙大，在他活着的年代，这几乎是一定的。七月、八月，连续几十天星雨未下，稻田里开始皲裂了。如何把河里的水引到田里？郑龙大的龙骨水车威风凛凛地上阵了。

细观其结构，乃以木板为槽，尾部浸入水流中，两端分别有小轮轴，固定于堤岸的木架上，使用时，几个人同时发力，踩动拐木，带动木链旋转，装在木链上的刮板便能将水提升到田里。车水的汉子双手扶在栏杆上，身上脱得精赤，腰间只围着一块布，抑或前后用两张偌大的荷叶，用细麻绳穿一下，系在肚脐眼下。荷叶随风摇曳着，自有一份凉快。如此裸露，并无人异议，热煞人的天，说风凉话的人，你倒来试试！

郑龙大在装水车的时候一定要看地势的，水车的流水筒轮如何放置，要看岸与河的高低。轮高于岸，筒贮于槽，方为得法。他从一本古书上看来的，说的是取水之术有四种：一是刮，二乃过，三是盘，四为吸。单是刮，就有独刮、递刮之分，急流水中加逼脱，可刮上数丈；至于递刮，不论急缓，但有流水，以三轮递刮，可利水流出入。过，也有两种说法。一是全过，今之过山龙骨水车，必然要上水高于下水，才能搞定；若是上下地势平平，水则滞流不前。

还有就是二过，以人力节宜，随气呼吸，只要上流高于下流一二尺，水流便可激至百丈以上。这里的盘，是个活泛的字眼。凡有轮轴必须流水，过法不论行止，也得上流高于下水，盘法在流水，用水力，在止水，必须风及人畜之力。独吸法不论行止缓急，不拘泉池河井，不须风水人畜，只用机法，自然而上。但所取不能多，止可供饮，倘用溉田，必须多作，顾亦易办。

  这一段文字让人比较费解。它的出处，应该还是一个叫徐光启的明代人留下的那部农书。如果用摆渡的方法，把我们的目光和意绪翻越到郑龙大那个遥远的火勃勃、气咻咻、干得到处冒烟的季节，并且设想在一个封闭而信息淤塞的农耕社会里，一个胡子花白的老人，在萤火虫一样闪烁的油灯下揣摩着一段前人留下的文字，圣贤书上的每一个汉字，都是邃密夜空的星星，至少短暂地照亮了郑龙大，也照亮了后人的前额和瞳仁。然后我们看到，黎明到来前的乡村田野，那一座匍匐在河岸与水田相接之地的龙骨水车，多像郑龙大四仰八叉的身躯啊，他的干咳声常常在晌午和黄昏时分飘荡在田塍上空，他像一个游魂，更像无所不在的空气，车水巷里若是一天没有他的小碎步和干咳的声音，时光便会如滑牙的钟表齿轮，出现类似心律不齐的故障。

  以下这段文字，摘自《器隐镇志·口述历史》第 268 页：

  我爷爷小时候常听老人说，龙骨水车虽然是人做的，但其实是龙王下凡后留下的躯壳。每逢干旱的季节，农民们车水前，是要给龙骨水车进香的。我爷爷还说，为什么造水车的郑龙大老祖宗的名字里，带着一个"龙"字？他也是龙的子孙啊。

（口述者：郑龙宝，87岁）

过了90岁，郑龙大老爱说自己活不长了。

爱喝几口自己酿的米酒。那酒后劲大，入口是甜，一会儿让你迷迷糊糊，倒是不怎么上头，但很快把你身子喝软，喝趴下。

所以，喝了点米酒的郑龙大，跌跌撞撞在田埂上，已然是常态。

《郑氏家谱》称，龙大85岁尚能挑担，90岁下田插秧，如飞针走线。92岁时，大病过一场，一口榉木棺材，是十多年前做龙骨水车时，他用多余的木料，给自己置下的。说，今生做不动水车了，把老命都搭进去了。每年夏秋，都要让子孙把棺材抬出来，刷一遍桐油，都是他自己干，拿着一把漆帚，在棺材里爬出爬进，哼着小曲，特别有耐心。他有个老友刘裁缝，手艺绝好，唯独不会给自己做衣服，所以羡慕郑龙大，并不是开棺材铺的，却能给自己做一口舒适的棺材。别人走过，摸摸，看看，都称赞那口棺材威武、扎实且考究——里面还有若干"机关"，还有放烟筒、酒壶的搁台呢。虽然不是柏木檀木，但阴干了几十年的榉木，厚实又坚沉。郑龙大喜欢用手掌拍拍棺材盖，就像拍自己胸脯，说，家财万贯何用，长眠不过六尺。

说完，啊嚏——那个喷嚏打得好响，穿透了半条巷子。

有必要说一说车水巷与其他巷子的关系。种田人是要养猪的，不但养猪，还有鸡鸭鹅兔，还有牛羊，甚至拉车的驴子。叽叽喳喳、咯咯嘎嘎、昂灵昂灵……各种牲畜的声音满世界都是。而且，气味蛮重，这个一点办法没有。

臭是肯定的。平时还行，鸡犬之声相闻，彼此不相往来。但凡刮大风，各种牲畜的气味，汇合在一起，自西向东，往各条巷子游走，你闻也得闻，不想闻也得闻。

凭良心说，还真没有发生过什么龃龉。也没有人出来说过一句风凉话。

都知道，庄稼一枝花，全靠粪当家。这是其一。还有一个因素，郑龙大在啊。人活在世上，拼到最后就是拼寿命。别人都走了，你还在，那是你牛，你若还健在，那大家走路都得让着你。古代社会不会像我们今天这样评什么寿星，但一把白胡子的人，还天天下田，这在器隐镇，不若传奇，也是稀罕了。所以，无论郑龙大走进哪条巷子，大家都要给面子的。到他活过 95 岁，无论走到哪里，都是万众仰视的老寿星了。不过，很多人更喜欢等候一个时刻，就是夏天最热的时候，郑龙大晒棺材、油漆棺材的那几日，刮毒的日头下，但见他光着膀子，挥舞着那把秃了毛的油漆帚，围着那个庞大的物件团团直转。

是的。很多人就喜欢围着那口油汪汪的漆皮棺材看热闹。器隐镇上，还没有哪个人，像他这般百无禁忌，打理自己的棺材，像收拾自己的房间一样。

有一天，郑龙大躺在棺材里，半天没动静，把他的儿子孙子吓着了，凑近一看，棺材里鼾声如雷，汗水把棺材底都弄湿了。

那年夏收过后，病了一场的郑龙大，又挺过去了。说阎王跟他有仇，不肯收他，如同退货。这件事让他挺难为情的。

原本准备了200只饭碗，安徽宣城货，繁昌窑出品，拉坯的粗瓷，紫茄釉，黑乎乎的。碗底錾了一个福字。这是给自己送葬用的，现在只能悄悄地收起来。当地风俗，活过90岁的老人过世，就是白喜事了，来送葬的人，吃完豆腐饭，碗可以拿回家去，这样的碗，叫"发碗"。什么意思？盛过这顿豆腐饭的寿碗，见福得福，有福必发，故而称之。老人家会保佑所有摸过碗的人，所以这只碗拿回家，受人高看。一般都是由年纪最大的长辈，赐给家里最年幼的孩子。

田埂上又听到他的吆喝了。

清晨：早稻怕北风，晚稻怕南风。

晌午：麦要秀，南风摇；稻要秀，阵雨浇。

黄昏：重阳无雨一冬晴，立冬有雨一冬阴。

月落：两春夹一冬，无被暖烘烘。

拂晓：日头碰云障，晒煞老和尚。

鸡叫：太阳不见胭脂红，就算无雨也有风。

狗吠：天上只见一颗星，一夜无雨到天明。

不知不觉，就把自己活进每天的天气里，农活里，庄稼里了。

一天睡几个时辰？只有他自己知道。打盹，迷糊，走路时，甚至撒尿时，都能睡。

老东西,不成妖怪也成精啊。

此话是他的老友,百工巷的刘裁缝说的。

一个称老东西,一个叫老不死。几十年的交情了。纳凉的时候,坐在老竹床上,他们之间有一段对话,被后辈们听到了。

老东西啊,今天你吃啥?

老不死!我倒是想吃炒蚕豆,可嚼不动。你呢?

想吃花生米,倒是吃得动,可是拉起稀来,堵都堵不住。

我还想吃爆田鸡呢,塞牙。红烧肉呢,吃了也拉稀。

那怎么办呢?

天天吃豆腐,用臭咸水卤着,人都变成一块老豆腐了。

吃是真功,穿是威风。这两样咱们都挨不上了,活着也就是个棺材瓢子。

刘裁缝比郑龙大小几岁,也90出头了。

活着,也就那么点意思,天上地下,什么事都得来问。郑龙大说这句话,貌似心烦,其实是有成就感打底的。

说完,哈哈哈哈笑了。

郑龙大对"什么都来问"的解读是:您老可不能死,您要是死了,我们问谁去?

郑龙大拿自己没办法,他必须得活。活着这件事,于他,更多时候是烦恼。想吃什么吃不动,想睡个囫囵觉,也睡不着。

抬头看天,低头看庄稼,你以为容易吗?那都是种田人活命的依靠。将一条气若游丝的老命接通了天空与大地,就有了无限可供诠释的能量。仿佛这个世界把密码都交给他了，天知一半，地上全知。这不是一件开心的事，相反，什么神秘感、新鲜感都没有了，这生命其实就是苟延残喘——郑龙大生命的最后半年，基本上吃不进什么东西了，米酒也喝不动了。新米熬的粥汤，清香弥漫，还能喝半碗。这只碗，他总是用双手捧着。粗瓷，白釉，碗边是青花缠枝牡丹，碗底用双线勾勒着两个圆圈，圆圈的当中，简笔画着一只站立的猴。什么意思？步步封侯吗？这碗是明代成化年间景德镇产的，长辈传下来的，大概不是什么稀罕物，锔过两个钉了。但他极看重，就是这只碗，盛满了他一辈子的酸甜苦辣。他要把它带走，那口棺材里，留着一个放碗的位置，手一伸就够得着。

若不是那口致命的咳不出来的老痰，郑龙大还能活。那一天是个火烧天，田头通向河边的龙骨水车出了点故障，郑龙大颤颤巍巍，不用人扶，到了田间，精神头还是蛮好的。双手伸进水车里，鼓捣了一番，水车修好了，车水的汉子们光着膀子，边干活边唱山歌，把郑龙大也唱进去了：

弯背老公公，胡子翘松松
杀杀勿没血，烧烧满身红
仙口一张开，老天没他凶
站在田埂上，前世活祖宗

这是郑龙大听到的最后的车水山歌。前几句，应该是借儿歌的词吧，唱的是虾公公，放进滚水里，顿时满身通红了。这不就是郑龙大吗？活像一只弯背的大虾，他有满足感，刚说了两句农谚，迎面一阵风撞来，他趔趄了一下，喉咙头呛到了风。一口痰涌上来，就卡在喉咙口，彼时郑龙大突然瞪大了眼睛。他想到了什么，没有人知道，那口痰，其实是个小鬼，要把他带到一条路上去了。他晃晃悠悠，倒下去的时候闻到了泥土的醇香吧，因为他张大了嘴巴，半晌，含混地说出一句话：别拦我！

　　来给郑龙大送葬的人，把巷子都挤爆了。

　　自古以来。车水巷的种田人，还没有遇到这种情形。几乎各条巷子的人都来了。200只碗，哪里够呢？就是大人巷里的大人物，也想要一只郑龙大葬礼上的发碗，讨个好兆头。百工巷里的冯元芳瓷器店，雇了快船，从安徽宣城繁昌窑发货，500只碗呢，跟原先那200只，款式、大小一样。又连夜请刻瓷的师傅，在碗底凿福字。叮叮当当，百工巷里好热闹啊。当地风俗，来送葬的人都要吃豆腐饭。车水巷里搭长棚，从巷头一直搭到巷尾，这样的流水席，光是豆腐，就用了三十担，猪宰了八头，鸡鸭鹅羊不知其数。那几天镇上的厨师根本不够用，都是从别的镇叫来的，三街八巷的婆娘们，自告奋勇来打下手，多少年不见这样的光景了。吃完，人人手里拿着一只发碗，粗瓷，釉色深沉，碗底敦厚圆整，碗边细薄光润，没有什么花饰，倒是结实大气。碗底那个福字，绵绵肥肥。碗在手里端着，踏实，稳当，手感极好。

白喜事，相见欢。顺便说说，同样是一只吃饭的碗，不同身份的人，用的碗是不一样的，就以大人巷和车水巷而言，百工巷里开瓷器店的冯元芳老板知道，大人巷里的老人喜欢用一种诸葛碗，细白瓷，青花，最早见于北宋时期龙泉窑刻花器，明代以来，景德镇亦有烧制。此器敛口，弧腹，圈足，碗底与碗心呈双层夹空，底面有孔与空腹相通。一只碗为何搞这么复杂？有个典故出自《三国演义》：诸葛亮六出祁山，司马懿屡遭败绩，困守不出。诸葛亮修书遣使赠巾帼衣物，以羞辱之。据使者回报，司马懿阅札受礼，不愠不怒，却详细询问丞相饮食起居如何，还说，食少事烦，其能久乎？意思是诸葛亮军务太烦，进食太少，如此怎能活长久啊！

　　诸葛亮为了诱敌，就在对方来使刺探时，用双层碗进餐，明示食可盈碗，实仅上层有饭。后来遂称此碗为孔明碗，亦称诸葛碗。起先是用来作供器，到了清代，此碗翻新，碗体配之以青花缠枝牡丹，为场面上的饭碗之用。请客时，上了年纪的主人为了不让宾客难堪，自己用诸葛碗吃饭，满满堆尖，显示自己身体很棒。

　　而且，此碗有个好名字，碗捧在手上，仿佛自己也是诸葛了。

　　大人巷的女眷们呢，她们青睐的，是一款碗身较矮、浅腹、敞口，碗底心内凹，且底无足釉的卧足碗。

　　此碗轻盈巧丽，胎质白润，釉面细腻。碗外口边饰有青花弦纹两道，腹部绘有团花图案，以双勾方法绘制。其风格雅致曼妙，特别配兰花指，腕上若戴着个翡翠手环，那便是绝配。

　　大人巷里那些隐退的官人，在家吃饭倒是简朴，不喜欢花花草草的器物。有一种墩式碗，顾名思义，此碗外型敦实，极像树墩。一说早先由钵盂演变而来，始见于唐五代的越窑器。直口，深腹下垂，实足微凹，胎质较厚，造型稳重。这种碗拿在手里，就是扎实、妥当。

若是以往，车水巷的人办丧事，大人巷的人是不会出场的。郑龙大99岁喜丧，是器隐镇活得最长的寿星，这是其一；关键是其二，他见过康熙皇帝，天子恤民，还给他当了一会儿"小工"。这份"资历"，尤其让大人巷的人们刮目相看。其三，传说中的"发碗"，大家也还是很在乎的。也就是那一日，几乎没有商量，大人巷几乎每一家都派了代表，出现在葬礼上。无论长少，神态均肃穆，仪态亦得体，该鞠躬的鞠躬，该行礼的行礼，丧礼钱，据说随得也不菲。末了，每个人手里都拿着一只碗。其中深义，各有解读。

现在来说一说郑龙大的那口棺材。有目击者说，那简直就是郑龙大的一个小仓库！有稻种、麦种、豆种、芝麻、玉米、蓖麻。有压缩版的各种微型农具：钎、锄、耙、镰、凿、铲等。那不都是早年他给孙子们做的玩具吗？他想要干吗，一辈子庄稼没种够，还想到那边去开荒拓土？

那只锔过两个钉的粗瓷大碗，按嘱咐，人们把它放在郑龙大手一伸就够得着的地方。

半夜里守灵的子孙说，灯苗一闪，感觉他好像还伸手试了一试。

这个老东西，穿上寿衣还蛮威风的。这是老友刘裁缝的原话。他给郑龙大缝制的寿衣，堪称他有生以来的代表作，一个线头都没落下。遗憾的是，在参加完葬礼回到家，他就一病不起，三天后，驾鹤西去。临终前，一声老东西叫得喜庆：等等我，别走那么快！你还答应给我选棺材呢！

郑龙大一生先后娶过三个老婆，留下四个儿子，七个孙子，三个孙女，重孙有十几个，他自己都数不过来。风水先生说他命硬，女人活不过他。三个老婆中，最年轻的郑李氏28岁，郑苗氏35岁，最年长的郑王氏，年轻时能挑100斤，米粉团子一顿能吃12个，也没有活过60岁。

据郑龙大后人交代，老人家去世后，家人从他枕头下取出两本书，线装，边角残破，烟火和灯油的味道有点重。一本是《齐民要术》，明代马直卿刻本，很多地方已然字迹模糊；还有一本，是《农政全书》，明崇祯十二年，陈子龙私宅平露堂刊刻本。

平时也不怎么见他看书，说话从不咬文嚼字，但脏话也极少。他没有把它们带走，是要传给子孙吧。这两本旧书，郑氏后人代代相传，现存于器隐镇民俗博物馆，连同一具残破不全的龙骨水车。

那一度很牛的几百只发碗，后来却一只也没有公开露面过，它们去了哪里，都在谁手上，只有天知道。

第二篇

瓦片翻身记

这一天清晨，江南器隐镇童生汤效祖，从鸡笼巷河埠出发，登上了去金陵参加乡试的路程。

汤效祖的确切年龄，旁人不太清楚，但他看上去还蛮年轻的。汤家祖辈都在鸡笼巷住着。自从这条巷子里出了一个状元周延儒，那些穷家子弟，就都有了发奋读书、一鸣惊人的盼头。汤效祖参加过几次县试，后来考上童生，街坊们开始不敢小看他，称他相公了。童生有多稀罕？这么说吧，童生见了县太爷，是可以不下跪的。童生还有免除徭役的权利。换在别的地方，童生也是地方上的一个人物了，但器隐镇上士子多，状元举人，都有不少；童生之类，一抓就是一大把。汤效祖有了"廪膳生员"的名号后，每个月就能得到衙门发的伙食费了。碎银不多，每年十八两。若用来养家糊口，过平头百姓的日子，茶饭之类是不窘迫的。但到了汤效祖这里却不成——不是他娇贵，而是有人对他要求高。对一般人，汤效祖可以忽略不计，但这里的两个人对他至关重要，怎么说呢？人家要过的，是起码中等人以上的生活。器隐镇东面是苏州，南面是杭州，在江南地带算是个富裕之地。中等人的生活，在这里是有几个硬指标的：一是出门有轿子，二是住宅有院子，若不能在大人巷居住，至少也得在大人巷附近、与大人巷经脉相通的巷子里，譬如学前巷之类，有一套带宅院的楼房。三是家中有用人或丫鬟——此时汤效祖家只有老母，房子是祖上留下的，就是那种普通的平房，屋顶没有天窗，地面的青砖已然残破，有的踩上去，会发出比较难听的声音。他有娘子吗——订婚的女子是有的，名叫颜真玉，面容姣好，聪慧贤良，也能断文识字。其父颜文泰，监生。当时的监生有四类，生员入监称贡监，官家子弟入监称荫监，举人入监叫举监，捐资入监为例监。颜文泰属于例监。早年监生就可以直接做点小官，当然也要看运气。颜文泰早年在衙门做事，后来当了本地的县学教谕。这个职务，相当于今天的县中校长。要说地位，比一般人高出很多。除了脸面的风光，还有薪俸之外的实惠，比如生员私下进贡的束脩、贽敬之类。颜文泰这个人倒是不怎么贪，或者说，他财运并不太好。他任上的几个县太爷，都是士子出身，外地人，重名节，老是自己捐银子修建文庙。上行下效，他也只好跟着清苦，口中都要淡出鸟来。颜家祖上有些家底，在大人巷末梢，拐出去的一条小巷子——学前巷里，住着一套两进的宅子。这里住的大多是读书人，教蒙馆的，做塾师的，也有潦倒的文人，没有功名，但仗着祖上厉害，场面上别人还敬着三分。光吃祖宗当然不行，闲暇替人家代写家书、文案，吃茶时讲几句公道话，也是有酬谢的。长衫旧些，可还是长衫，读书人的格还在。本地民间尊重文化人，能在学前巷住得安稳，那也是准大人了。说颜文泰是汤效祖的恩师，倒也贴切。颜教谕很早就看好这个爱读书的门生，但他的女儿不能嫁给一个没有功名或功名太低的寒士。他的底线是举人——一直不予成婚，从场面上看，是碍于汤效祖的门第和实力，其实他没有那么势利。他认定男人都有惰性，一旦成婚，等于跌进了温柔乡，哪里还能三更青灯五更鸡呢？颜文泰这方面的心气比较高，"要价"也高，中了举人可以成婚，但歇火是不能够的——这里的方言，把半途而废的事都叫"歇火"。最终要弄个进士嘛，他认为准女婿兼门生汤效祖有这个实力——他愿意陪着吃苦，说是教谕，对于汤效祖而言，其实就是陪练，各种圈点，各种辅导，各种敲打，无一日不在替他添薪加火。而颜小姐的每一个良宵何尝不是寂寞的？如花似玉的她据说有沉鱼落雁之美，假如朝廷在江南选秀，那她胜出的机会一定很大。哪里还轮到一个酸唧唧的穷秀才呢。

一句话，颜家和汤家能在大人巷出入自如之日，就是汤效祖与颜真玉花好月圆之期。

有谁确切地知晓汤效祖的心思呢？人们只看到他寒窗苦读，一头扎进书堆里拔不出来的傻样子。他瘦，有人说他身如仙鹤，也有市井俗物，背地里讥诮他是"排骨汤"，有几次他甚至栽倒在街巷里，可能是风太大了。当时的他，脸面青紫，表情惨然，真是吓煞人哉。汤效祖是为了娶颜真玉为妻而奋斗吗？倒也是不确之辞。颜家对千金的管束很严，颜教谕根本就不让女儿跟汤效祖有单独接触的机会。当然，最严密的渔网，总有出现漏洞的时候，隔着两条街巷，汤效祖跟颜真玉卿卿我我的机会，也还是有的，或许汤效祖骨子里有自卑，该发力的时候，他总是缺那么临门一脚的力量。再有就是，颜真玉不但表面矜持，内心也架床叠屋。自小受父亲影响，她的小心脏空间很大，眼界自然就高。一个穷书生，功名有点低，囊中也羞涩，出手就有点小器。订婚时他倒是为自己买过几件不太像样的首饰，比如银镯子、耳环、璎珞之类，档次不是很高，她怀疑，那都是苏州文庙附近的地摊货。作为一个大男人，气总是差那么一口的。

汤效祖是呆头鹅吗？未必见得。颜真玉与他若即若离，还不是因为他没有出头嘛。他坚信，只要有了功名，女人和银子，包括屋子、轿子，都会有的，急什么呢？

作为一个"例捐"的老监生，颜文泰憋足了劲，把全部希望寄托在准女婿的此番出征上了。三年一次的乡试，俗称"秋闱"，颜文泰在汤效祖上路前，并未为他设酒践行，也没让女儿给他绣个荷包什么的。但他精心为这个学生兼准女婿准备了几样上路必用的器物。其心殷殷，让人感叹。

一是一盏折叠的油灯。鸡翅木质地，灯罩轻便，镶嵌玻璃，古朴且稳重，通体已然有一层黯然的包浆。底座略重，呈十字形；灯托刻有如意纹样。卯榫结构，严丝合缝；上下可以拆卸。灯罩长方形，灯座上有块暗槽的抽板，其中分两格，一格装火油，一格放一支蜡烛。万一油尽灯灭，荒山野地无油可充之时，备用蜡烛即可取而代之。

这盏可以折叠的油灯，应该很为汤效祖提气。它很轻便，易于收拾安放。它也表明一种档次，更表明一种身价。无论将其置于途中多么简陋的驿馆，哪怕是天老地荒的骡马小店，或是金陵古城某条旮旯巷子里的苍蝇寒舍，只要打开点燃它，灯光自会传递出一份雍容恬淡的气度。玻璃灯罩的和融光晕，会有一种归家的温煦。亲友家人的容颜，天涯咫尺，如团团对坐，一时暖意拂面，饥寒全无。子弟若不奋发，悬梁刺股，更待何时？

二是一把锋利的青云剑。半年前，颜文泰就到百工巷，找了铸剑最厉害的宛公寿师傅，比画着要打一把佩剑。不能太长，亦不能太短。要有英气，但不必有杀气。宛公寿师傅浙江天台人，三代铸剑出身。他拿出几件样品，都是时髦的文人佩剑，在当时的江南，那就是个文人的装饰品，就像今天的小青年爱显摆个新潮手机一样。颜文泰不满意。他的意思是，找一把摆摆样子的剑，那满巷子都是；但要打一把既有文气且又英挺逼人的剑，那是不易的。他认为剑跟人一样，贵在气质。他不喜欢描龙刻凤，剑身要干净，不要任何装饰。颜文泰还交给宛公寿师傅一张纸，上面写了一段话：

《拾遗记》曰：颛顼高阳氏有此剑，若四方有兵，此剑飞赴，若青云插翅，指其方，则克在匣中常如龙吟虎啸。

宛公寿师傅识字不多。颜文泰只能一句一句讲给他听。半天，宛师傅明白了，说他哪能铸得了这样的剑呢，还是另请高明——姑苏城里有他一位师父，传说能造干将莫邪之剑，人称江南剑王。颜文泰却不依，说宛师傅完全当得起此剑的铸造之能。不知道他们后来怎么说合的，反正宛师傅最后收了五两白银的定金。

五两白银呢。折换成当时的白米，大约是2.5石。颜文泰应该一辈子没有这么慷慨过。

宛公寿呢，毫无疑问，单以一把剑而言，他从没收过这么多银子，而且还只是定金。他倒是问了一句颜文泰，赶个考，又不是去比武，何至于这么大阵仗？

颜文泰说，防身与辟邪，都蛮紧要。

至于这把剑的最后价格，颜文泰和宛公寿说好了保密。但有一个细节是可以说说的，宛师傅收下定金的当晚，就坐了去苏州的快船，连夜找他的江南剑王师父去了。

关于此剑的铸造与后来的造化，先按下不表。

颜文泰送给准女婿上路赶考的第三件器物，是自己最心爱的一只砚台。这只砚台汤效祖有点熟悉，他多次去过颜文泰的书房，此砚就放在几案上，但没有怎么用过。砚石色泽深紫，椭圆形，手感温润，敲击声音清远。细看，砚身有光圈般的重晕，又如梅花鹿身上的隐隐斑纹。砚台周边，盘着一条卧龙，龙口还含着一颗细珠。颜文泰曾经讲过，这是一颗夜明珠，一到夜间，它就熠熠生光。汤效祖知道那是一只颜家祖传的宋砚，颜文泰很珍爱的宝物。但颜文泰交给他的时候，没有说它有多名贵，只是叮嘱他，砚台要每天清洗，清除了积存的墨汁，新的墨汁就光亮润泽，不过，砚边上若有久浸不上浮的斑驳墨迹，那叫墨锈，不可清除，否则让人笑话。他还给了汤效祖一袋莲蓬壳，用此物最易清洗污垢瘀滞，又不损伤砚台。

第四件器物，是一只竹编的考篮。长方形，有上下两屉，看上去像两卷合着的书。其中设有多格，用来安放考试用具和干粮之类。把手似提梁，中间还有一个铜制的半月形挂钩。考篮的边角用竹片包起，细藤箍缠，看上去雅致妥帖。这是颜教谕当年为自己准备的，可惜一场大病过后，他身亏力乏，仓促上阵，结果可想而知。后来屡试不第，也就断了念想。把这只考篮交给汤效祖的时候，他顺便就说了说它的来历。

器隐镇百工巷原先有个"毛家竹器"铺子，老板娘名叫毛杏妹，手极巧，大凡是竹器，无论方圆粗细，样样精通。她编织的凉席可以折叠，摸上去绸缎一般光洁。器隐镇上以及周边乡村，士子的考篮都是找她定制。她有一把细竹刀，极锋利，宽口。轻巧地捏在手上，手腕翻转，刀刃游弋，粗糙的竹条、竹片在她手里跳来晃去就变成了轻柔绵长的竹篾。毛杏妹手太巧，光说篮子，单是她会编织的，就有给人送饭的饭篮，给人送礼的礼篮，还有一种搭襻很长，专供吃茶佬上街吃茶的茶篮。更有一种带轮子的篮头，上面设计成一个网兜，类似我们今天的拉杆箱，那可是当时很时尚的一款。至于秀才赶考用的考篮，那是特别地讲究，长方形，四根柱子，稳稳笃笃，像一捆叠起的书卷，蛮有文气，做工精细，提着也轻便。做考篮的关键，篮身花纹要编成玲珑格眼，既透气，也不过于密实，以方便考场检查官透过格眼查验，是否夹带有违禁物品。

毛杏妹后来意外溺水身亡，是因为救她落水的儿子。那是一个黄梅落雨天，器隐镇的河水上涨，河里的鱼游上岸来，在河埠上蹦跳。毛杏妹的儿子玩水，被急流冲走了。毛杏妹扔下竹刀，扑通跳进水里，她不会浮水，奋力抓住儿子往河埠上推，自己却沉下去了。后来人们看到她的身体浮上来，人早没了。救人这种事，怎么让女人冲在前面呢？她男人外出做生意，在最要紧的几分钟里，并没有人看到她跳下河去。那把削竹如泥的竹刀，一时变成孤魂。后来她弟弟毛杏培接手，把竹器店开了下去，他自己不会做，无非雇几个帮手，都是大路货。生意是雪崩式冷落，人们从毛家竹器上再也找不到杏妹的手感了。

　　这只考篮深褐色，表面泛着暗光，竹篾细密圆润，浑身上下没有一个蛀眼，是用 10 年以上的老腊竹制成的。

　　自从毛杏妹殁了，本地士子赴考的考篮，就成为一种绝响般的遗存了。

　　颜教谕絮絮叨叨讲的故事，谁知道汤相公有没有听进去。但有一句话他是听进去了，就是无论考得如何，别的东西都可以丢弃，唯独这只考篮必须带回来，他的意思是，诗书继世长，他以后的外孙长大了，也要用这只考篮去承继文魁之路呢！

　　这几件器物能否给即将上路的汤书生平添一点底气和信心呢？这个还真不好讲。但有一点汤效祖清楚，准岳父已然不把他当成未来的女婿，而是当成儿子了。他必须死命一搏，向举人冲击，拿下这块牌牌。至于结局，他也猜到了，无论考得如何，回来他就得和颜真玉成亲，因为颜家这次也没有退路，女人比男人更耗不起，颜真玉应该有26岁了吧。

这一年器隐镇有三个书生赴金陵赶考。另两个考生都是富户人家，自己租了快船，由家人陪同，直接出太湖，沿着大运河去到金陵城。那样的费用很贵，也太张扬，万一名落孙山，回来见人是很难堪的。汤效祖没有办法不低调，除了囊中羞涩，还是怕考不上，回来不好交代。他是搭一个亲戚的顺风货船到溧阳，然后，沿着一条并不平坦的土路，去找那种骡载的驿车，逢山绕道，遇水过桥，一站一站到金陵。其间在路上要住两三夜。宛公寿师傅精心打造的那把青云剑，寒光耀目，英气逼人，剑口和剑尾都包了青铜皮，剑柄上镶着玉石片，一面是太极，一面是龙凤，还挂着一个蓬松的剑穗。装在一个鳄鱼皮做的剑鞘内，这个剑鞘，器隐镇没有人会做，宛师傅是请师父在苏州一并定制的。按照颜文泰叮嘱，无论何时，他都得剑不离身，晚上睡觉，就拿它当枕头。句容和天王寺一带，山丘多，时有强盗蟊贼出没，颜文泰嘱咐他更要小心。汤效祖并不精于剑术，一旦舞动起这把剑来，姿态可能还停留在幼时玩家家的水平。不过这把剑他很喜欢，起码壮胆，拿在手里，胆气平添，可以听到自己的血脉在周身奔流。

临行前，他那若即若离的未婚妻颜真玉，倒是跟在父亲的屁股后头，来河埠码头送他了。并不是想象中的含情脉脉，而是一以贯之的不冷不热。不过她倒也准备了一件礼物，一把樱木制作的梳子，半月形，手工雕版，看上去不似新器。颜真玉只说了一句：母亲传我的梳子，用了好多年了，你放在身边，读书困倦之时，用它梳头，可疏通经络，提神醒脑。

也就是说，她把最体己的家母传予的物件给他了，希望他能天天用它梳头。而它，何尝不是她的玉手的延伸呢？

最感人的一幕是，船离岸了，突然颜文泰在岸上大叫着什么，人颠颠地跟着船跑动起来。他手里挥舞着一本书。船重新靠岸时，他快步跳上船来，气喘吁吁地说，这本书一定要带上。

是一本边角破损的线装书《四书朱子本义汇参》。其实这本书汤效祖已经背得滚瓜烂熟了。

免不了又一番絮絮叨叨的叮嘱。总之，无论如何，这本书一定要天天背，夜夜温习。汤效祖此时是什么心情，尚不得知。但后来的考试结果表明，他幸亏没有把精力过分地投到这本书上，否则，他真有可能一头栽在金陵。没有经历过那种考试的人根本就不知道，所谓的"秋闱"，试题的形式既多且难，哪里是一两本书可以搞定的。比如，围绕经义及注释所出的问题，既偏又深，竟有50道之多；还有现场的口试，也需要清晰准确的表述和随机应变的能力。还有那种帖经，有如现代试卷的填空与默写，考官从经书中选取一页，摘取其中的一句或一行，印在试卷上，考生必须填写与之相关的上下段落。至于策问环节，根据考官提出的有关经义或政事的问题，考生要当场发表见解、提出对策。策问涉及的范围，野野豁豁的，经国天下，稼穑百姓，天文地理，无所不包。这个其实是最难的。

除此之外，还有诗赋、经义、八股文。汤效祖最擅长的就是写八股文。今天的人说到它，都带有严重的不屑。其实，那种文体有非常严密的逻辑程序，规定有破题、承题、起讲、入手、起股、中股、后股、束股等八个部分组成。八股文的题目，出自四书五经，而书写的内容绝不能超出其间。考生既要模拟大佬的口吻，又要传递圣贤的思想。很多考生过五关、斩六将，最后就栽在这八股文上。

谢天谢地，汤效祖这次金陵赴考之旅，可圈点之处多多。且不说一路上舟车劳顿有惊无险不改其志，甚至到了金陵城，连秦淮河边的旧院也没去瞅一瞅。所谓旧院，就是妓家丛聚之所，与贡院遥对，仅一河之隔。很多考生喜欢租秦淮河边的河房住下，一来与学宫、贡院相邻，温习功课之余，也可去旧院逛逛，哪怕喝杯花酒。这样的"减负"方式，想来一般考生都不会拒绝。但汤效祖却忍着没去。是他不解风情，还是怕玩物丧志？应该都不是。我们来看看他租的住处，或许可以猜到他的心思。金陵城有座鸡鸣山，山下有个关帝庙，庭院深深，香火极旺，据说远近闻名。一到江南乡试开考的季节，这里就变成了士子占卜烧香的热闹之地。汤效祖居然能在关帝庙隔壁的巷子里租得一间安静的居所。每日还管三餐，且非常便宜。他黎明即起，读一会儿书，便去关帝庙烧头香。大白天，很多考生慕名来找庙里的智开法师占卜，他却待在租屋里静心读书，基本不与他人接触。临考前一日，烧香祈祷完毕，正欲离去。智开法师叫住他，念念有词曰："施主此考必中无疑，只是名次略后。"汤效祖听罢，脸色平静如常，作揖而退。出门即狂奔，心中哭喊不止。回到租屋，复又平静而埋首攻读，一如平常。之后的九天六夜，汤效祖在贡院的号舍中经历了三场炼狱般的考试，褪了一层皮。两眼都凹进去了，可以放两个鸽子蛋。考完那天，估计是中了暑，浑身灼热且痉挛不止，头晕口干。他没有想到，颜教谕带着千金来看他了，颜教谕是何等人啊，其实他和女儿早就到了金陵城，他们怕他有压力，一直没有露面，其中也有暗中观察的意思。汤效祖远离尘嚣，专心备考，一副破釜沉舟的样子让父女俩很感动。此君这般努力，若考不中，也是天意了。回去成婚，生儿育女，安安稳稳过日子吧。

关于举人汤效祖，两百年后的《器隐镇志》，是这样记载的：

汤效祖，字少廉。器隐镇鸡笼巷人，少小勤学，家境贫寒。嘉庆二十三年戊寅恩科江南乡试第130名举人。为人洁清诚恪，外肃内温，后任缙云县丞，以公廉著声，吏民畏服。

汤效祖数十年寒窗终于修成正果。考上举人后，一场鹿鸣宴是免不了的。那是一顿地方官员宴请中举士子的乡宴酒会。金陵城的秦淮河边，佳丽如云笙歌燕舞，晕倒了诸多没有见识的书呆子阿木林，但汤效祖不是。这天夜晚，汤效祖领略了有生以来从未尝过的琼浆玉液，享受了天上人间恍如梦幻的诸般风情。过去他一直以为，未婚妻颜真玉，当是江南第一美女。也就是一场鹿鸣宴，也就是在秦淮河边盘桓了一个良宵，他恍然明白，天下太大，美女太多。好东西都是给上等人享受的，但一个人胃口再大，也只有一个肚皮。

吃太多,反而是难为肚皮。这个观点影响了汤举人的一生,无论到哪,他的吃相都不难看。

　　一场鹿鸣宴让汤举人真正找到了身价倍增的感觉。此后,回乡的场面如何风光且隆重,准岳父颜教谕如何激动且大言不惭,准娘子颜真玉如何一反矜持地投怀送抱,这些都可以合理想象而略去不叙。但贫寒子弟汤效祖也面临着一堆新的问题。这里帮他梳理一下,看看他如何应对和处理。

　　所谓举人,就是古时的候补官员。用我们今天的说法,汤效祖从发榜之刻起,就已经是国家的人了。但举人之上,还有进士呢,这才是帝国士子最高的名衔。也就是说,还有一场三年之后的"会试"在等待着汤效祖们。当然,假如有门道,举人就可以直接做官。这个道理朝野皆知,所以汤效祖回乡的那一日,器隐镇的鞭炮脱销,临河的河埠、街道全部站满了人,大小酒馆乃至苍蝇铺子几乎爆满,所有这些规格与场面,一点也不用稀罕。从器隐镇去金陵赶考的三个士子,另两个都名落孙山,回来当然是灰溜溜地悄没声息。汤效祖倒是想低调些,但人生的高光时刻来了,门板也挡不住的。从返程的坐船披红戴花,到靠岸的码头铺设红毯,上河埠时的鼓乐齐鸣,四人抬的轿子招摇过市,一切都按照游戏规则进行。至于鸡笼巷内慌乱成一片,这是谁也没有办法的事。这个举人如果出在大人巷,退一步,就算学前巷吧,大家会觉得顺理成章。可偏偏是鸡笼巷的又一张瓦片翻身了,等于让器隐古镇自周延儒之后,又重新洗了一把牌。这里有必要说一说汤效祖的家境,其实那是乏善可陈的。一个字,穷。家贫如洗的原因之一是祖上贫瘠,汤父早逝。母亲汤刘氏长期卧病在床,要吃药,要营养,要伺候。汤家有用人吗?当然没有。虽然有一个叫阿奇婶的半老女人,据说是汤刘氏的弟媳,在汤家照应,但家贫百事哀,汤效祖家里的屋顶有点漏,地砖凹陷,坑坑洼洼,连一张板凳都放不平,逢到下大雨,屋里像开河。诸般窘迫,说出来场面上真是难堪。

不过,也就短短几天,一切都改变了。

其一,住宅。从河埠上岸,汤效祖被塞进一顶四人抬的绿呢官轿里。在震耳欲聋的鞭炮声中他一时有点迷失方向。轿子,在江南器物里,属于重器。明代时,官轿的等级特别森严,三品以上的官员,在京城坐"四人抬",出京则坐"八人抬"。三品以下的官员,只能依此类推。但出了京城,就天高皇帝远,眼不见为净了。到了清代,虽然制度还是制度,但一个新科候补官员应该坐什么轿子,那上限与下限的空间还是蛮大的。约定成的底线是,你可以摆排场,但轿子的颜色不能混淆,等级不可僭越。颜文泰见过些世面,他可能觉得,准女婿登岸后的轿子,宁可撑死了往高里配,也不能低就。那顶绿呢官轿,是颜文泰花了三两银子租的,属于当时豪华版的配置,其内饰高贵而华丽。四面密封,用锦缎护饰,每一面都有一扇小窗,上面用精雕的象牙镶嵌成漂亮的窗格。座位是镶金的软椅,扶手上包着刻有花纹的银皮。旁边的茶几上放着果盘和茶具。这种轿子除了宽敞舒适,还有一个好处就是,轿内的人可以朝外张望,轿外的人却看不见里面是谁。

数百年后，汤效祖坐的轿子被陈列在器隐镇的器物博物馆里。它颓败的骨架和晦暗斑驳的内饰，已然失去了它当年的八面威风。人们在它面前驻足，基本呈现出无感的表情。也有冒失的愣头青，趁着工作人员不注意，会掀开轿帘坐上去找找感觉，用手机自拍一张大头照。没有人遥想当年，时光可以把一切都变成躯壳——但如果我们想重返当年的情景，不妨可以顺着这顶轿子的踪迹延伸开去。是的，在1818年秋天的一个下午，它承载着一个寒窗苦读终于一鸣惊人的新科举人，那种威仪是它给汤举人的，还是汤举人给它的？这么说吧，如果只是一具空轿子，它还有威风吗？说相互成全，那倒是彼此都能接受的话。好，现在它毅然拐过了鸡笼巷，轿头朝大人巷的方向而去。天晓得，前后不过几天，器隐镇的大人巷就对着一个贫贱出身的青年人低下它高贵的头颅。说来也怪，之前汤效祖走到这里，心头总有一种自卑的感觉。他从来没有想过，自己将来要成为这里某一宅子的主人。但是，他说来就来了。与鸡笼巷擦肩而过的那一刻，他心头是五味杂陈的。人生如棋更如梦，新搬的宅邸太大，太陌生，他久病的老娘住了一夜就说不习惯，要搬回鸡笼巷去。这房子是谁的，她反复问。他自己也问自己。当然暂时还不是他的，是衙门暂时安排给他住的。理由是什么？难道中了一个举人，朝廷就要"安排"一座宅邸吗？当然不是。但由于汤举人突然变成了国家的人，国家就必须对他的安全负责。据有关方面反映，汤举人原先的住宅是危房，年久失修。兹事体大，必须防范于未然。而"危房"之说，据说是颜教谕首先提出来的。他平时比较体察民情，对基层书生的生活状态了如指掌。此话一出，立竿见影。在所有的环节上没有遇到任何障碍。反正宅邸是现成的，里面所有的陈设一应俱全。用我们今天的说法，叫拎包入住。且说让汤举人入住的房子，名号"卿风堂"。南面临街巷，北面靠水，出门水陆两便，前有桥，四通八达；后有舟，从河埠可拾级上下。外墙高耸，内宇宏深；前后三进，厅房井然。院中遍植花卉树木，多为修竹古梅，柳倚荷池；其间玲珑假山，曲涧峭壁，古藤绕廊，环绕盘旋，精思之巧，一如迷楼。在富贵气中，又透现出几分草野气。

　　之前，这里是过路官员的驿馆。这样的房子，在江南一带，略为富庶的街镇都会有那么一两处。

　　汤举人能说不吗？他有忐忑之心，但绝无拒绝之意。读书没有让他读蠢。他知道这就是举人的生活。在不适应中尽快适应，才是当务之急。

　　紧接着，某富绅亲自登门，送来一串钥匙，其实也是一套宅院，比他现在住的更宽敞、更有档次。虽然不在大人巷，但其实更清静也更自在。都知道汤举人躬耕墨海，长期清苦，一直住在鸡笼巷的寒舍里，这是要巴结未来的权贵吗？完全不是。坊间几乎没有人反感，都觉得顺理成章。一个有实力的乡绅，在用貌似锦上添花的方式倡导一种价值观呢！眼红的人也不是没有，但你有本事也去考个举人进士呀，没人拦着你。你能考上，你就也是这个社会的精英了。好房子当然要给大人物住，要不怎么有大人巷。在器隐镇的人们看来，这个世界貌似不公平，其实自有公平的内核，那就是种瓜得瓜种豆得豆。如果你种了瓜，收获的是豆，只能说你的瓜缘未到，你得继续播种，直到结出又大又甜的瓜来。

问题在于，彼时想要转弯抹角送房子给汤举人住的，竟然还不是一个两个。器隐镇有那么多富绅吗？倒也不是。周边的街镇，比如铜峰古街、荆溪古镇、蜀山老街，都不过一水之隔、几箭之远，都来拜访汤举人了。他们并不是要汤举人搬离器隐镇，马屁哪能这样拍啊。他们只是婉转地建议，汤举人何妨在周边街镇，建立几套"别院"呢！古时的别院，外延很大，跟今天的"工作室"和"休闲空间"有点类似。汤举人应该换换气场，到别处去走走。您随便说点什么，就是言传身教；您顺便挥个毫，题个字，就是蓬荜生辉的传世墨宝呀。

彼时汤效祖滋生了一些脾气，谁扛得住天天像大熊猫一样被人围观呢。要做大人物了，总会有点心烦，那不是装的。各种切换，各种转圜，演化为攻心的焦虑，变成嘴唇上的火泡，嘴角的溃疡，说难受，倒不是装的。您以为，大人物是好做的呀，有时的难受，简直罄竹难书呢。现在我们来看汤举人，眉眼与举止，也不似之前那么温良了，但大家反而觉得正常，举人嘛，当然应该有举人的架式。看房子之类的事，怎么可以惊动到他呢？颜教谕出面倒是比较合适。他沉得住气，兴高采烈当然是有的，但绝无得意忘形。此时该做什么，不该做什么，他心里有数。这一天，他等了几十年。自己的未竟心愿，在准女婿兼门生身上实现了，这其实是他人生无与伦比的高光时刻，给准女婿选房子，不就是给自己选吗，因为房子也是他的千金住的，按照中国人的活法，人的后半辈子，都跟子女牵扯在一起，想掰开也难。

不过，有一件事，打乱了颜教谕的阵脚。据说汤举人刚入住卿风堂没几天。某晚深夜，平素病恹恹的汤母突然大叫大喊，她坚称自己梦到了先夫，他指着她的鼻子大骂，说她教子无方，还没做官就受贿，居然还心安理得住进不是自己的房子里。然后她说头疼，几乎是天崩地裂的感觉，她坚持要连夜搬回鸡笼巷，否则她宁愿跳河。汤举人是个孝子，只得照办。然后折腾了半夜，他们回到了自己的家。汤举人兴味索然，汤母却即刻呼呼大睡，直到东方既白。

但是，开弓没有回头箭，只要卿风堂列在汤举人名下，它就回不到它原来的模样——一具威武的囤积灰尘的躯壳。因为它的气场不一样了。

再来说说家具。虽然汤举人母子不在大人巷住了，但他名下的卿风堂门口，却每天都有响动。说白了，房子就像人的皮囊，家具才是肚肠。比如苏州人，就把家具说成是"屋肚肠"。原先汤家的家具，大抵是竹制品，竹床、竹椅、竹凳、竹橱、竹桌、竹榻、竹几、竹帘，就连书柜、笔架，也是竹子做的。为啥？骨子里还是因为便宜。文人原本是不酸的，但囊中羞涩，只能用清风峻节、虚怀若谷之类的文辞来砥砺自己。道理是不错，但你让他把竹器跟紫檀器放在一起选，他能选竹器吗？器隐镇往南几十里，就是浙江天目山的余脉，逶迤的丘陵山区，遍野都是竹子。一样东西太多了，就是稻草价。器隐镇百工巷里，有几家竹器行，顶有名的就是毛杏妹师傅。毛家竹器三代祖传，杏妹做的竹器，俗称毛竹。毛竹也是一种竹子的本名。她为救儿一命殉天，成为器隐镇上几乎所有人的伤痛。从此人们再也享受不到"毛竹"的韵味了。汤效祖家中的竹器家具，还是汤父在世时，从毛杏妹父亲手里定制的，那是一个顶级竹器师傅。用了很多年，结结实实，蛮灵光的，看上去有一种褪尽烟火的文气，一点也不寒酸。汤父名叫汤竹儒，并非文人秀才，只是器隐镇一名薪饷低微的地保兼文书。今天的人已然不知何谓"地保"了，这是古时江南街镇的一个小吏角色，或者说，是帝国最低级的衙门里一只清汤寡水的饭碗。清朝实行里甲制度，每个里（约五百户）划分为十个甲，由甲内的户长轮流担任地保，负责执行缉捕盗贼、打更守望等工作。汤地保虽然地位低微，倒是一肚皮的文墨，他特别喜欢竹器，不知道是不是自己名字里有个竹字的缘故。有两句古人的诗，常常挂在嘴上的：无肉使人瘦，无竹使人俗。可惜汤地保英年早逝，留下孤儿寡母，苦岁度日。家规倒是严的，儿子念书要是不用功，就要用竹鞭抽。长病的妻子看上去病恹恹，其实是个火爆脾气，管教儿子是很厉害的。丈夫喜欢竹器，连教训儿子的鞭子也是竹制的。这根竹鞭粗硕肥亮，是汤家的传家宝之一。且说汤举人刚搬进大人巷，百工巷鸿生家具行的邰老板就来登门了，卿风堂朱门紧闭，消息灵通人士指指鸡笼巷的方向，邰老板立刻转弯，几个伙计随后跟着，抬着两张官帽椅直扑鸡笼巷。这两张官帽椅，紫檀木的，式样真像一顶宋代的官帽，俗称"四出头"。实质就是那种靠背椅子的搭脑两端、左右扶手的前端出头，背板多为S型，多用一块整板制成。四出头,谐音就是仕出头。这种口彩,没有人不喜欢。乍看起来,椅子并不张扬,只感觉稳稳笃笃。但细细品赏,你会发现造型结构非常简洁,紫檀纹理清晰,做工精致,圆润柔和,所有的来路出处过渡自然,线条流畅优美。椅子坐上去,气韵便与人接通。神清气爽是必然,凡胎肉身顿时平添三分尊威,给人一种正襟危坐的君子之风。两椅之间,配了一张茶几,也是紫檀木的。其风格与官帽椅一致,线条大开大合,卯榫构件交代得干净利落。峰回路转,结构极其简洁,峻峭而平缓,宽阔的台面,纹理雅致清晰。邰老板没说这对官帽椅有什么好,只是强调没刷油漆。好家具的最大特点之一,就是不刷油漆,靠的是做工以及木料自身的肌理魅力。他顺便把油漆匠贬损了一通,说上等家具一刷油漆,就俗不可耐。然后还顺便表扬了一下汤家的旧竹器家具,说其实汤举人家里的竹器家具也蛮雅的,竹子是高雅的器物嘛,又是毛家铺子的手作,真的一点不比那些所谓的红木家具差。只是呢,如今紫气东来、万象更新,这套官帽椅,可以把气场打通,以后汤大人家里还不是高朋满座啊。若是县太爷来了,您让他老人家坐哪啊?

原来邰老板做了功课。汤家的堂屋里空空荡荡的,还就缺这么一套上档次的椅子茶几。官帽椅落了地,立马与人气衔接,某种程度上它通着人性,如果它有眉眼,貌似器宇轩昂的背后,也有势利的气团。但在这样的时刻,当然是忽略不计了。

凭良心讲,汤效祖坐在官帽椅上的感觉非常不错。一团升腾之气,正从他还没有发胖的身体下部慢慢上扬,四肢逐渐通透,气流走得欢快。同时他发现,在这对官帽椅面前,他与之相依了几十年的竹器家具,那些温暖的、手足般亲近的依存,突然变得寒酸而面目可憎。

事情就是这样。一切都像洪水一样不可阻挡。一对官帽椅就算是打前站的小吏吧,接踵而来的,是跟官帽椅带有互动链接的相应器物团队,比如床、榻、橱、柜、凳、几,它们闻风而至,好像得到了什么召唤。今天的读者看到这里会纳闷,古时中个举人,不就是今人得个博士吗,哪有那么多人来白送东西的?这个不一样,清代的权力机构,县以下就乏善可陈,一般情况下,一个地方,遇到什么事情,就是当地的举人出来说一句话,就摆平了。关键还在于,考上举人太难,器隐镇上,七八十岁的老童生不要太多,但举人不一样,考上了就是国家候补官员了。也不是所有的人都来巴结举人,而是这个地方上的人大体认为,器物是跟人走的,或者说,器物就是人的一部分。你只是个穷秀才,那你守着一堆竹器家具过日子,没啥不平的;你是举人了,就应该享受举人的待遇,因为那些上好的器物,一直在等候出山的那一天,投到一个好人家,是它们的造化,气场立马就不一样了。

那些日子里,汤举人的身心,经历着前所未有的潮汐般的冲击。有些东西,他也不是不知道,比如其时江南的时尚潮流,名士日常必备之十品:儒巾、襕衫、折扇、围屏、风领、酒盘、四方头巾、网巾、水火炉等。这些物品都是居室之中必要的陈设。但他为了求功名,一头钻进故纸堆,常常忽略了这些在他看来以后都会不请自来的东西。让他没有想到的是，蜂拥而来的物品，充斥着他日常生活的方方面面，他一时有点无所适从。比如，举人大袍，官府赐予的，出门就要穿上，极其宽大的身围和衣袖，套在身上，将他变成一根更加瘦弱的竹竿。明知如此，所有见到的人还是称颂不已。还有一个金晃晃的雀顶，出门也是要戴在头饰上的。当年他考上生员，朝廷也发了一个雀顶，不过那是镶银的质地，雀儿的翅膀没有打开；而举人的雀顶，十足鎏金，鸟儿已然有了丰富的表情，双翅是打开的。这也是帝国荣誉设计者的精心之作吧。民间的活动更不省心，比如各种牌匾、礼担、贺幛、楹联，有挑着的，有抬着的，有搬着的，有举着的，真正是应接不暇。

其实，此刻，岂止是汤效祖，就连准岳父颜文泰、未婚妻颜真玉，甚至久病的老娘汤刘氏，都被各种声浪包围起来。

先说颜文泰。他先是被各种邀约围堵。许多民间书院乃至宗祠私塾都来向他讨教"经验"，主题只有一个：举人是怎样炼成的？颜教谕的经验介绍比较务实，该读哪些圣贤书，如何像篦头发一样不放过任何一个题海的死角。人们尤其记住了他给汤举人赶考前准备的几样器物：可以折叠的油灯、特制的青云宝剑、家传宝砚以及不可能再有的毛杏妹手制考篮。一时间，百工巷里相关店铺忙碌起来，折叠的油灯貌似并不稀罕，王记杂货铺里可以定制，但人们发现，汤举人用过的那盏油灯非常精致，王记杂货铺赶制了几盏，感觉上似乎差了那么一口气。青云宝剑就要更难一些，虽然铁匠铺有好几家，但大家都知道，汤举人赶考的青云剑是宛公寿铺子里打造的，其锋利的程度，拿来二十余层毛边纸，一划全破——后来大家又知道，原来它还是宛师傅的师父，据说是造剑宗师干将的后人，苏州专诸巷里的铸剑高人打造而成。宛师傅此人有点古怪，他订单接得少，多半时间在苏州。要价也高得离谱，但货好，一口价，定金五两，全价八两白银哪！嫌贵吗？你爱买不买。因为有成功的先例，有些求功名仕途的学子，咬咬牙也就订了。

然后就是那只考篮。自从毛杏妹殁了，她的铺子就由弟弟毛杏培承继下来，招牌还是那个招牌，铺子还是那个铺子，竹器的品相却差了几垄地。慢慢地"毛竹"的名声也就败落了。不过最近，"毛竹"铺子的动静有点大——据说是毛杏妹的儿子接手了，这个少年才十五六岁，天生一手好才艺。他妈留下的竹刀，传到他的手上，仿佛有什么感应，特别听话。人们欣喜地发现，远去的毛杏妹又回来了，那种手感，像极了一种大家熟悉的语境，那就是"毛竹"。小毛憨厚、寡言，不知道的人以为他是个哑巴——他的命，是用母亲的命换来的。他弓着身子干活时，姿势很像母亲，一双手也像的；他难得一笑的时候，更像母亲——百工巷的街坊们都这么说。有一个场景颇可圈点，当人们拿着汤举人赶考的那只考篮来找到小毛，小伙子久久凝视，豆大的眼泪夺眶而出。然后，没过几天，一只用新竹编织的考篮，带着一股不可阻挡的锐气，出现在"毛竹"的店铺里。从气质上说，它承继了老考篮的特点：精细、圆润，而从做工上看，提梁略升高，篮底安了四只脚，显得高调了一些。书卷气依然浓的。多好的考篮啊，见篮如见故人！就是不赶考的人，也想收藏一只，放在家里看看，安放一些干货食物，也是好的。

至于颜教谕家传的名砚，堪称世上无双，是不可复制的。人们扑向百搭巷的古玩店，那些落满灰尘的古砚，眉眼不展，老气横秋。但背后都有着千回百转的故事，或许可以跟颜教谕的砚台有一番拼比。几乎每一家古玩店的库存古砚脱销，是器隐镇这个秋天的一个基本事实。

现在来说说颜家千金真玉小姐。自从准夫君中了举人，她常常夜不成寐。激动与兴奋之外，其实还有隐隐的担忧。准夫君一步登天，她突然有点够不着。虽然她多次幻想过那种场面，但是，以她对汤相公的直觉，她总是怀疑他是否有这个造化。汤相公读书读得有点呆，做什么事都束手束脚的，他俩的关系，就一直这样不冷不热，汤家清寒的氛围，和虽然病恹恹却清规戒律非常多的准婆婆，都让她内心里结下一些大大小小的疙瘩。

突然就变成了举人太太，虽然还有一个"准"字。但器隐镇上的女人们，以最迅速的行动，把这个字扒掉、踩在脚下了。什么准夫人，生米总要煮成熟饭，说不定早就是熟米饭了。大人巷里的女人，吃喝玩乐，都有固定的圈子、搭子，比如打麻将、游湖（一种江南常见的纸牌游戏），比如看戏、烧香。颜小姐家教严，打麻将她还不怎么会，那种通常是老年妇女玩的游湖纸牌，更是她所不屑的。平生她也就看看闲书，弹弹古琴。守着一房旧书旧家具，咸一天淡一天地过着。突然间，那些自来熟的女眷们来登门了，都是有身份的太太千金，看看她们头上的饰物吧，什么珠翠、闹蛾、玉梅、雪柳、菩提叶、灯球、销金合、蝉貂袖……与她们相比，颜小姐几乎就是一个另类，她喜欢素颜，头饰当然是有的，但极为简约，这里略去不提。我们想看一看的是，被蜂拥而至的礼物包围的时候，她倒是有哪些反应。

仿佛前世有约、陌路相逢，一些大户人家送来的物件，突然一下子涌到她的跟前，都试图跟她成为朋友或者伴侣。卿风堂，她也是有一把钥匙的，准夫君和准婆婆是暂时搬回鸡笼巷了，但是，卿风堂哪能关门大吉呢。新科举人的宅邸，当然需要有人打理，颜真玉小姐不知不觉就进到"主持工作"的语境之中。这份工作真的很繁重哎，幸亏她也算是好人家出身，从小到大，跟着父亲是见过一些世面的。那些各路人马送来的贺礼，被她迅速地分成"喜欢""特别喜欢""不太喜欢""嫌烦"等若干个等级。

颜小姐喜欢的物品，都有哪些呢？

首先是化妆品。不知哪家太太，给她送了一种叫"太真红玉膏"的护肤用品，匣子是扬州漆器，匣面上描着一只开屏的孔雀。打开，有淡淡的清香。送礼的人怕她不放心，还附着一张配方加用法：

轻粉，滑石，杏仁去皮，等分，研末，蒸过后入脑、麝香少许，以鸡子清调匀，洗面敷之，旬日后，色如红玉。

护肤品她喜欢。但这个东西她不敢轻易用。谁知道送她东西的是不是一个六七十岁的老夫人呢，她颜小姐的皮肤，可是清水出芙蓉呢。礼单被父亲收走了，她要好好问一问是谁送的，才好消受。

那个小巧的匣子蛮好看的。开屏的孔雀，美羽闪着金光，如同她的心情，正接受着艳阳的恩泽呢！

　　紫檀木的书桌，一高一矮，是放在相公书房里的。颜小姐是伴读添香的红袖，书桌于她也很紧要。鸡笼巷相公家的那些竹器家具，她当真是不喜欢，竹书桌有什么好，椅腿那么瘦骨伶仃，台面也是阔竹片铺的，年代久了，缝隙塞得进一根小指头。而且，在她看来，大凡烟火熏过的物件，看上去就有一种脏兮兮的感觉。

　　送紫檀木书桌的朋友，是在苏州开家具铺子的周老板，器隐镇百工巷的这一家"鑫利木器行"，只是苏州的分店。此人嘴大，出手也大方，他赠予的书桌，当然而且必须是世界上最好的器物，没有之一。在他看来，书桌的桌面要宽大，四周的镶边只需半寸左右，桌腿稍矮而细，如此规格，自然古朴脱俗。周老板还强调（其实是趁机给颜小姐做家具科普），桌面狭长而圆角等样式的，都不可用。上了油漆的尤其庸俗！

　　春凳。这个器物她见到过的。但是，眼前的这张春凳太漂亮了，跟她父母房间里的那张相比，简直就是小姐与丫鬟之比。

　　有一次母亲生病，父亲请了郎中来号脉。花白胡子的郎中就坐在春凳上。旁边搁一只药箱，是老藤编织的。说起来，那不就是一张宽大的凳子吗？一般的凳子，是放在客堂里，或者餐厅里的。唯独春凳，是搁在卧室里——夏天的时候，它会随着主人出现在夜晚的露天里。父亲告诉过她，最早的时候，它叫椿凳。顾名思义，是用结实的椿木做的。夏天乘凉蚊虫多，椿木发出的味道，能防蚊虫。这多好啊，躺在椿凳上看星星，又凉快，又避蚊虫，太惬意了。

后来椿凳又叫春凳了。为什么要拿掉一个木字呢？是因为它也可以是一张简易版的小床，而且还经常出现在春宫图里，与男欢女爱的房中秘事颇有瓜葛。于是它的材质变得更加考究。四条凳腿八字摆开，壮蛮蛮的，又不笨重。颜小姐的性启蒙知识来自一些禁书，都是父亲书房里的。偷看的感觉有一种紧张的快意。眼前的这张春凳，首先是扎实，做工特别精细。四角抽槽，凳面上雕龙画凤，凳心用老藤编织，细细密密，紧而不沉，是透气的。人或躺或坐，都是有弹性的，随便你浮想联翩吧——此处请允许颜小姐独自脸红一下。

颜小姐最喜欢的器物，应该是一张婀娜窈窕的梳妆台了。当然也是紫檀木的。明式家具最大特点就是简洁。每一根线条都干干净净，就像一个安静的君子，端坐在那里，发出均匀的呼吸。鹅蛋形的镜面，正巧做成了一面镶嵌着翡翠的宝蓝色铜镜。桌面的自然花纹如同涟漪般荡漾开去，两旁的抽屉，如同一只只紧闭的宝匣，缀着宝石的镶金拉手，熠熠生光，看上去既华贵，又脱俗。想来，她一个好端端的书香人家小组，不至于连一只梳妆台也没有吧。那倒不是。颜家还是有些底子的，但是，颜教谕骨子里，是那种老派的文人。家里的摆设，还是老而旧的风格，木料呢，是红木中档次略低的鸡翅木。时间久了，也出包浆的。在他看来，那才是悠久的本分，更是好人家的成色。这就委屈颜小姐了，她闺房里的梳妆台，还是娘当年的陪嫁品，抽屉都拉不上了。这张古典而时尚的梳妆台，点燃了她内心潜伏的一种欲望，她为了等这一天，额头都有了隐隐的皱纹呢！

　　接下来要说说汤母。长久以来，鸡笼巷里的很多人，待在一个误区里拔不出来，都认为汤母仅是一个不识字病恹恹的家庭妇女。错了，说实话，汤举人能有今天，跟汤母的家教和不可替代的慈母形象，有着很大的关系。

　　汤家贫寒，这个大家都知道。冬天，所有的河道都结了冰。汤家是不生取暖的火炉子的。唯一可以取暖的器物，就是一只叫"汤婆子"的圆铜器。它圆圆扁扁，紫铜色，蛮灵巧，传热极快，也易于保温。寒冷的夜晚，陪伴汤效祖攻读诸子百家的，就是这只汤婆子。百工巷里有家铜匠店，掌门人杨老九，是做汤婆子和铜脚炉的高手。最早的汤婆子，是给镇上一个叫刘三大的光棍做的。刘三大快四十岁了，穷，讨不了老婆。他跟杨老九沾亲带故，就托杨老九给他相亲。说，自己年纪大了，只想找个"捂脚头"的女子，能在一块过日子就行。相了几个女子，都嫌他穷。杨老九未能成人之美，心里歉疚，就用一块紫铜皮，一把榔头，敲敲打打若干天，敲出一个圆圆扁扁的器物，底部略凹，像女子的臀部。上圆饱满，如同丰乳；有一小颈，圆口，用以灌水，配以螺纹旋盖。杨老九说，用它，灌上热汤，一样捂脚头。至少被窝里不冷了。就叫它汤婆子吧。

　　说刘三大很开心，那是不切的。谁不想有个暖融融的女人陪伴呢！但汤婆子的到来，至少让他的冷被窝里热络络的了，捧在胸前，暖意只管往心里扎。其实，汤婆子这东西，人人都喜欢。杨老九的铜匠铺里，从夏天开始，就有人预订汤婆子，一到寒冬腊月，男人女人，老人小孩，都离不开这个圆圆扁扁的器物。

　　只有在所有的河道都结了冰的日子里，汤母才同意给夜里挑灯攻读诗书的儿子，泡一只汤婆子。她不是吝啬，而是励志。寒冷在汤家，如同一把戒尺。汤母有时甚至把窗子都打开，她不怕冷，怕的是儿子懈怠。陪同寒窗的器物，是一根汤父传下来的竹鞭，效祖是个爱读书的好孩子，但难免也有偷懒的时候，汤母虽然身体不好，但那根竹鞭到了她的手上，她就仿佛换了一个人，顿时力煞煞的。棒头上出孝子，筷头上出逆子。这是汤父在世时的一句口头禅。这根竹鞭是汤家祖传的，手柄铮亮，每一个闪烁着包浆的竹节，都记述着汤家子孙的成长历程。没承想，这根竹鞭的名声也不胫而走，它还因此有了一个美号，就叫"举人鞭"，器隐镇上所有望子成龙的人家，趋之如鹜地涌向百工巷，而几家竹器店的老板，都在把伙计们往山里赶，让他们按图索骥去山上寻找类似的竹鞭回来加工赶制。

　　现在汤母也有一个"官方身份"了，那就是孺人，也有人叫她汤太座。这是古代朝野对官员母亲的尊称。汤效祖虽然还没有官职，但一个新晋候补官员的各种变化，正在与日俱增。汤太座的身体长期欠安，这原本不是什么新闻，现在却不一样了。器隐镇一带的郎中们欲欲跃试，有上门号脉的，有献方的。但是他们相互之间有个共同说法，那就是汤太座脾气有点爆。她根本就不肯配合，连看舌苔、把手脉之类的起码活计，她也予以拒绝。之前街坊喜欢铺排她的吝啬，有一个细节几乎人人皆知，那就是她儿子订婚时，她送给准儿媳的礼物——竟然是一只针箍，而不是戒指。

　　传说中的那只针箍，是汤家几代相传的器物。是金的不假，但是一看那成色，就不是那种黄灿灿的赤足金。不就是一枚做针线时才用得着的顶针箍吗？她无非是想提醒没过门的准儿媳，以后嫁到汤家来，要会做针线活儿。居然，当时准儿媳汤小姐并无异议，爱面子的颜教谕也只当没事。颜家上下从无什么风言风语传到大家耳中。但是，器隐镇的民间价值观一致认为，汤母太酸，太小气。她手腕上不是还有一只老玉的镯子吗？为什么不撸下来给准儿媳？一枚针箍，亏她拿得出。现在人们回过神来了，那枚饱受诟病的针箍，其实有着特殊的意义。一种说法是，针箍上有无数小眼，俗称千眼，有辟邪的作用。你看颜小姐，这几年没病没灾，连个喷嚏都不打，而汤相公一口气就拿下了举人的牌牌。很多人对汤母的长期卧病重新进行了分析，说不定她是在暗中修行，运足了气给儿子儿媳祈福呢。她的这只针箍，突然身价百倍——百工巷里，有卖针箍的杂货店，银的，铜的，都有。但是，谁也不能确定，汤母送给准儿媳的针箍，是哪家店出品的。只是有一点可以肯定，指头上戴针箍而不是戒指，一时成为器隐镇女子的一种风尚。

　　汤母还有一个留给后辈的传说，颇有意思。她一直不肯搬到卿风堂住。老人家闹点脾气是可以的，毕竟，一个成功的儿子是她养育的，苦着憋着这么多年，多不容易啊。但是，场面上的事，还得按规矩来。比如，县太爷要来看望新科举人，顺带要给汤母送一块匾的。那块描金的匾，上书四个大字：德懿清芬。据说还是知县大人的亲笔呢。这事换在今天，当事人会把一条短视频发到朋友圈，自己狂晒之后还要请朋友们疯转。但是，两百年前的汤母却比较淡定。她不愿意在卿风堂接受县太爷的接见，坚称一走进那座太大的宅子，她就犯头疼病。汤举人在母亲大人面前长跪不起，央求高堂老母给儿子一个面子。好说歹说，老人家终于同意了，但附带了一个条件：她睡不惯别人的床，哪怕是皇后娘娘睡过的。也就是说，她那张睡了很多年的旧竹床，必须跟着她走。没有人知道这张旧竹床的确切年龄，但估计至少比汤举人的岁数要大一些。在人世间经历了很多个春夏秋冬的它，通体发红发光，包浆透亮。内行的人一看就知道，这是老腊竹，竹龄起码15年以上，然后阴干，即放在仓储的场所，通风收干而不暴晒，可能又是15年。这加起来30年的光阴，是一堆银子可以买走的吗？老竹床的特点就是通透爽气、弹性适度。虽然在床上翻身会发出一些声音，但在汤母听来，这些声音陪伴了她许多年，已然习惯并且非常悦耳。记得她第一夜住进卿风堂，睡的是一张雕花红木大床，床的四周围着绣了花卉的锦缎，满眼是牡丹芍药、才子佳人，晃眼。床太大，被褥太软，睡上去身体就陷下去，浑身的骨头酸疼。服侍她多年的弟妹说，这张床是宁波货，号称百工床。什么意思？就是制作这张床用了一百个工时。榫卯精密，做工极其精细而华丽。床身富丽堂皇，床柜考究舒适，围栏、床柱、牙板、都镂雕着龙凤呈祥的花纹，门罩上绣着蝴蝶、葡萄、寿桃、喜鹊，俗话说一世做人，半世在床。汤母只要是个正常人，一定会心生喜欢的。这么说着，倒是有点贬低汤母了。她其实并不是真心不喜欢，只是她觉得，这些都不是汤家的，她和儿子怎么就可以平白无故地享用呢？她也多少知道，考上举人就可以做官。三年清知县，十万雪花银，这话她也是听说过的。但是，她躺在这张奇大无比的豪华床上，仿佛身下就是一个陷阱。她一刻也待不住。

耳旁的风，吹得汤母晕晕乎乎，最后汤母勉强同意顾全大局。也就是说，在场面上，汤孺人必须有汤孺人的样子。不过她守住了最后的底线，她只肯睡老竹床。今天的人，会说老太太凡尔赛——其实是一种貌似低调的奢华。在当时的器隐镇，围绕这张旧竹床，曾经派生出各种解读——甚至，引发了百工巷里竹器店所有竹床的脱销。

怎么办呢？有人想出一个绝妙的主意。把汤母的那张旧竹床搁在金碧辉煌的床架上，让她始终觉得，无论周围的世界多么花哨晃眼，她依然睡在她的那个翻身时吱吱嘎嘎作响的安乐世界里。

汤母当然不会知道，大约两百年后，卿风堂已然改造为一个免费的微型公园，对游人开放。她的那张旧竹床、她传给儿媳的针箍和竹鞭以及儿子的竹考篮、汤婆子，早已成为一个励志的传说，被陈列在卿风堂一角的民生博物馆里。那张豪华的雕花大床，以及相应的华丽家具，却早就不知所终。随同这些器物一起出现在展馆的，还有儿子汤效祖的生员雀顶、举人雀顶饰物、被复制的举人大袍，以及赶考途中用来防身的青云宝剑。最牛的器物，居然是那盏可以折叠的油灯，它被拍成很大的照片，刊登在省报的收藏版上。配图的文字这样写道：

一灯荧荧，终生受用。举人汤效祖这盏赶考用的折叠油灯，据称是汤家传家之宝。汤效祖后来在浙江缙云为官，老母妻子随同。清廉刚正，政声颇佳。据称此灯一直伴随他到告老还乡。

至于竹鞭，据汤家后人称，此物常置于汤官人案头，如同戒尺。汤母临终前托予儿媳，代她一如既往鞭策效祖，做清官，做好人。这根竹鞭代代传承，直到如今。

第三篇

得义楼

平头百姓对于人生某些桥段的表述，喜欢用一些不那么优雅却形象生动的比喻，像早上皮包水，下午水包皮。听起来有点俗，但这两句话，记录了旧时器隐镇男人的快活指数。都知道，皮包水就是吃茶；水包皮，当然是焐混堂了。

自古至今，吃茶一直是件大事。本地旧志说，唐代开元年间，江南饮茶风气渐起，器隐镇南面紧靠浙江天目山余脉，大片的丘陵适宜种植茶叶。临街店铺专设一种鼓腹陶罐，宽口，盛茶卖之，不问道俗，投钱取饮。过路客人歇脚解乏，多以粗瓷大碗牛饮解渴，饮罢，口中生津而称快。这种店，最早叫茗铺，本地人叫茶摊、茶坊。

那么，器隐镇第一家茶馆是谁开的，叫什么名字？查本地旧志，语焉不详。只说，本地最早的茶坊，大抵在清代乾隆年间出现。这个说法野野豁豁，按理没有人会计较。但本镇伙头巷钱氏世家后代，却站出来发声，虽是轻描淡写，却言之凿凿。钱家先祖并非大户富豪，历代经商，买卖时大时小，通情达理却是家传，骨子里也有殷实不露的底气。他们搬出一套家谱，虽然残缺不全，但有一卷上清清楚楚写着：

清雍正十三年（1735，乙卯），先太祖钱逢时在本镇首开惠人茶寮，后改名得义茶楼，为本地历史上首家茶馆。先太祖为人豪爽，精茶艺、嗜古玩、擅茶器，喜与文士、艺人结交。曾收藏过天下紫砂第一名壶——供春壶。并与当时紫砂名手邵大亨、陈鸿寿等交好，多有往来。得义楼亦为当时江南文士小聚把盏之场所。

钱逢时这个名字太陌生，翻遍本地志书的"人物"篇，不见其名。或许，在雍正十三年前后的一段岁月里，钱某人及其得义楼，在当地是一个常在嘴边的话题。可是光阴这东西，有时也势利。许多当时热门的人与事，没多久，就被它不声不响地屏蔽了。志书通常只关注名臣、豪杰、孝贤、学士，记载的都是些忠义、治绩、理学、孝友、文苑、孝女之类的"典型"。钱逢时再怎么牛，也就是个开茶馆的商人，古时，士农工商，商人的地位一直偏低。近代以后，商人才开始显达，这个大家心里有数。

大凡持有"家谱"的人，骨子里会有一份底气。钱家后人并没有想到，之前记载宗族陈年烂芝麻的那些文字，突然在"非遗"的旗幡下，寻到了归属，极受重视。

于是，在一本紧锣密鼓编撰的器隐镇口述史里，钱家后人以家谱资料打底，采用一种鲜活的本地方言，不经意地翻腾出一群蓬头垢面的历史人物——让一本原先只是"私人编印"的小册子身价倍增，一时洛阳纸贵。

现在钱逢时抖落着历史的尘埃，缓缓走到前台来了。如果可以推演，那么，我们就能看到他站在雍正十三年初春一个早晨的阳光里，打了一个响亮的哈欠。这个哈欠的气场很足，你想，天天半夜三点就起床的人，能不打哈欠吗？开茶馆，就得闻鸡起舞，谁让器隐镇有那么一群半夜早起的老茶客呢？他们踏着稀薄的月光，嘴里哈着隔夜的热气，在奔赴得义楼喝一壶提神醒脑的早茶路上，步履应该是轻快的。常言道，人活一口气，到了这里，就变成了人活一壶茶。得义楼坐落在器隐镇伙头巷和鸡笼巷交叉的状元桥堍，三面环水，一面临街。旧时开茶馆，求的就是这种"水龙地"，面朝水、背靠水、脚踏水。老茶客们进到茶楼，熟门熟路，在早就固定的座位上坐下，此时伙计会飞快递过一把热毛巾，烫手的，香喷喷的。原本是一张睡意惺忪的隔夜面孔，在这把热毛巾的揩拂下，顿时毛孔发烫、血脉贲张。而弥漫着各种香气的早点，烧饼、春卷、馒头、桃酥、发糕，正在某个部位向四周散发它们的气息。龙井、云雾、梅片、毛尖等各式茶叶，也在静候着茶客们的召唤，随时伸展它们的拳脚。

得义楼的早晨，每天都是这样让人惬意。过往的茶客，场面上一样，其实是分档次的。楼上雅座，临河通风，错落分布，各有其主。连茶壶、杯碟都是固定的。钱逢时特别讲究吃茶的器具，雅座的专用茶壶，都是当时的紫砂名手所作，譬如学前巷的马典史，爱用明代徐友泉所作仿古盉型壶，泡明前的碧螺春；大人巷的陈员外，喜用晚明沈子澈所作葵花壶，泡铁观音；百果巷的炒货大王陆其生，专用邵大亨的掇只壶，泡阳羡红茶；百工巷的打船匠束连德，人称阿连德，喜欢来一壶熟饼普洱，酱油一样赤浓，此茶用名手杨彭年的一把天机壶泡，包浆铮亮；百搭巷吃讼师饭的何百通，人称刀笔何，也有人尊呼刀笔先生，此公吃茶讲究，用一把无名氏所作的阴阳壶，同时泡红茶绿茶，此壶有左右两扇，壶盖上有一小孔，手指一按，红茶出汤；手指一松，绿茶泉涌。此器新奇，一时很出风头。还有一位半仙，百搭巷的郭瞎子，算命佬，每天最早跨进茶楼的就是他。他常用的茶壶，居然是一把时大彬的朱泥扁梨壶，矮梨式，壶体温润精雅，泥性油亮，色泽红而不媚，意态可人。壶底落"乙卯仲冬时大彬制"款，字体清劲磊落。郭瞎子老江湖，此壶如命一般宝贝，别人绝不可上手。一根龙头杖，乌金木的；一只罗盘，老紫檀包了铜皮，暗光凿凿。壶，棒，罗盘，三样东西搁一起，气场爆棚，泡茶添水的店伙计，一颗心都提在手里。

百搭巷里的老茶客，还有一位打行老板史金川，五大三粗，长年一根狼牙棒，就是到得义楼吃茶也不离身。楼上雅座的人不怎么待见他，钱逢时对他却不敢怠慢。上楼拐弯处，正好放一张独桌，背后架一道屏风，貌似一个小雅间，也安静，也不孤单，对坐品茶那是最好。史某人喜欢这个位置，承上启下，等于通吃。他最爱的一把壶，看上去脏兮兮的，打开一看，却是有着几十年的茶垢，号称十万茶山一壶装。此壶名叫独龙壶，鼓腹，三弯嘴；壶钮上盘着一条龙，两只眼珠骨碌碌地转悠，活灵活现。壶底刻款：龙山道人，据说是个独来独往的江湖艺人所作。壶风诡异，与史金川的样貌倒是很搭。

雅座里的这些茶壶，是钱逢时的，还是茶客们带来的？

一般的茶馆，给茶客提供的茶具，俱是粗器，俗称"乡坯"。可是，得义楼不一样。楼下的散座，起先用白瓷盖杯、青边茶盅吃茶，后来一律改用紫砂壶、紫砂杯冲泡，实则，钱逢时自己好这一口，也是在引领一种饮茶风气。彼时用紫砂壶泡茶的人还不是很多，因为，紫砂壶这器物，文人参与了，就有点贵。他自己，平时喜欢拿一把时大彬的茶壶喝茶。时大彬何人？明代的制壶高手，供春之后的第一制壶牛人，随随便便将一柄"时壶"在手上把玩，比我们今天在乡村的道路上开一辆劳斯莱斯还牛。钱某人是在显摆吗？关键是在吊茶客们的心火。钱氏家谱上说，他跟各路紫砂名手多有交往。这也很贵，用钱家娘子的话讲，蛮费银子的啊——她常常抱怨，白花花的银子拿出去，换回一把黑乎乎的茶壶。不就吃壶茶吗？作孽！

于是我们知道，彼时名手茶壶价值已然不菲。钱逢时跟别人不太一样，茶壶这东西，不是用来藏的，而是拿来用的。别的器皿，越用越旧，唯独紫砂壶，越用越亮，要天天泡养才好。名头大的壶，品质感是养出来的，得义楼养茶壶，必须是器隐镇第一，这个没有商榷余地。所谓身价，就是这么来的。有的茶馆，喜欢用些歪瓜裂枣般的"乡坯"茶具来敷衍茶客，钱逢时很是不屑。得义楼提供的每一把茶壶，都有着钱逢时式的讲究与尊严。

开茶馆，光是壶好还不成。水，是太重要的因素。人们看到得义楼的门口，常常停着一头气定神闲的毛驴。它的背上总是驮着几只装满山泉水的大陶罐，上面插着几根鲜翠的竹枝。赶毛驴的阿三，隔天进一趟山，到金沙寺边上的晶宫潭装泉水。传说唐代的时候，此处泉水曾经贵为进贡皇上的"贡泉"，当然是沾了茶叶的光，一时名遍天下——你走进得义茶楼，当门一个大玄关，沿墙一字排列着几十只陶罐，里面都是金沙泉水。陶罐上刻了两个古隶大字：贡泉。与同行，这是显摆；与外行者，乃是"科普"，别以为开茶楼，只消把河水舀起来煮熟，放点茶叶末子装在壶里，就可以收钱了。

楼上雅座里的规矩是这样的，茶客可以自带茶壶，但茶楼不予保管；喝完茶，自己带走；若相中雅座里专配的名壶来吃茶，应根据茶壶名头大小以及时价交付押金，茶壶不可带走，由茶楼专人养护。开头，有的茶客喜欢自带茶壶，不过，很快就被钱逢时的茶壶压下去了。你想想，老是有人拿着一把好壶，在你面前晃来晃去，那是什么感觉？茶壶这东西，就怕攀比，茶客们坐一起，名头大的茶壶自带气场，茶客拿着它，就像骑在马上，而你呢，像个牵羊的。说话的中气都不一样。时间久了，茶壶被茶客养出包浆来了，就像一个跟你耳鬓厮磨的人，黏住了就放不下了。茶客婉转提出，此壶可否请钱老板割爱？多少银子，您开价！钱老板笑笑，伸出手，说，您剁我一根手指头吧！话说到这个份上，一点余地都没有，你还是继续当他的茶客吧，这会儿你突然发现，原来你每天半夜起早奔赴就是花了茶钱，贴上阳寿光阴、嘴皮囊袋，专门来给钱某人养壶的。或者说，你一直在替别人抚养孩子——茶壶这东西，跟人的关系有这么亲吗？

不是局中人，难解局中事。

说钱逢时是个狠角色，未必见得。得义楼，号称义字在先。钱逢时待人，一年四季春风扑面。他也讲点义气，喜欢在穷人堆里散点小钱。楼下散座，茶资低廉，等于白送。茶客大抵来自百工巷和鸡笼巷，瓦匠、木匠、箍桶匠居多，一边吃茶，一边谈论行情；也有讨生活的道士、鼓手、脚班，边吃茶，边等待机会。一壶粗茶，要吃到比河水还淡，屁股发烫发酸，才肯动身。钱逢时一样把他们伺候得很好。也有来揩油、吃白茶的角色，哪怕是个无赖，他也给面子。腰躬着，嘴上呵呵呵的。那种招牌式的笑容，大家都很受用。对特别铁的茶客，壶从来不卖，而是送。你若能将一把壶养出精神，养到惊艳，或者，你当真跟壶分不开了，变成一个壶痴了，他会成全你。放心吧，壶终归是你的了，银子一文不收，壶给你用，有一天你吃茶也吃不动了，这壶就归你了。

用一把壶拴住你。这话有点难听。滔滔人世，谁能拴住谁啊，能被一件器物牵心挂肚的人，证明他还有深情。

钱家后人的"口述史"里，特别提到了一个人和一把壶。他们认为，这个桥段对先祖钱逢时，对得义楼，乃至对当时的器隐镇，应该都很重要。

如此，继续推演的可能，便有了"口述史"的支撑。

那个拨开历史的烟尘向我们走来的人，蓬头垢面，气色颓败。背景是一个细雨蒙蒙的早晨。撑一把破雨伞的他，头巾与衣衫想必是湿的。只见他跌跌撞撞进了得义楼，直奔楼上雅座。不好意思，客满，没有散席。钱老板的招牌式微笑，还是带有暖意的。显然，他没法满足眼前这个落水鬼般的陌生客人的要求。一张得义茶楼临窗的雅座，在这个早春寒冷的清晨，含金量还是蛮高的。客满在得义楼，也是常态。钱老板的应急预案是，楼下的散席挤一挤，还略有松动，多安插一个不算肥的屁股是可能的，可否委屈先生，屈尊在楼下先吃壶茶，暖暖身子？

他们之间应该还有一些对话，此处从略。

根据"口述史"的重点描述，那个叫毛无忌的陌生客人，并没有说自己是哪里人，但他说话，有明显的苏州口音。说到自己身世，语气平和，仿佛是在说别人——无非是，祖上也是好人家，只因家道中落、变故多生，树倒猢狲散了，才落拓于此，饭可以不吃，茶却一日也不可少。说着就从背上的褡裢布袋里，取出一个棉布包袱，里外有两层，不紧不慢地打开。这个场景换在今天，一定是慢镜头，然后是钱老板眼神的特写，从疑惑、惶然，突然切换到惊讶，而且是加强版的惊讶。按理，钱老板一生阅壶无数，即便是时大彬所制天花板级别的茶壶，在他手上，不也就是泡一壶茶，托在掌上玩玩的吗？可是，钱老板见到这把壶，脑子里至少有几秒钟的空白，之后，估计还有一声轰然的巨响。

此壶乍看似老松树皮，呈深栗色，壶体凹凸不平，壶把似松根，整体浑然天成，如老衲打坐，气度不凡。

"这，不是传说中的供春壶吗？"钱逢时脱口道。

"钱老板好眼力，也是缘分中人啊。"来者说。

少顷，钱逢时换了一口大气，毕恭毕敬地说，"在下可以上上手吗？"

茶壶上手，在古玩收藏界的规矩里，象征着一种颇高的待遇。

壶托在手上，很轻，但其气场，宛若重器。壶底，供春二字若隐若现，却是骨力洞达。

轻轻放下，钱逢时额头已然有了一层汗珠。江湖上，假冒的供春壶太多，即便是高仿，他也是一眼就能看出的。但这一把壶，器宇轩昂，骨骼清奇，让人眼前一亮，并且，它能把人的心都提起来，仿佛站在你面前的，是一个前世的朋友。

叫毛无忌的客人，还是不急不忙，作个揖道，"在下饥渴难耐，可否先赏一壶茶吃？"

楼上雅座，当真是客满。但钱老板做事，从来都留有余地。就在二楼半的地方，原先堆放杂物的小阁楼，被布置成一个常人不知的雅间，屋顶开着一个老虎窗，四面都是木窗棂，一推开，全是河景。全套紫檀木家具，罗汉床上配着水烟筒、烟枪，茶台上除了紫砂茶具，还有古旧的银壶锡壶。橱柜里随意摆放的古玩，东墙上元代倪瓒的四条屏山水挂轴，都在散发出古雅幽静的气息。这个雅间好比是钱老板压箱底的宝贝，平时大抵关闭，门口的楼梯上方，还挂着一块"茶客止步"的牌子。

也就不到一壶茶的工夫。毛无忌已然端坐在雅间的一张宽大的太师椅上，有模有样地吃起茶来。自然，是用他自己带来的供春壶泡。茶叶，是钱逢时提供的毛尖。毛无忌闻了闻，说，好茶。伙计奉上一铫刚煮开的水，他抿了一口，说，煮过时了，太熟的水，会有一股老气。又说，这水是山泉水不假，但泡毛尖，还是梅蕊雪水，装在陶罐里伏过的那种，才是好的。

不知不觉，毛无忌登堂入室，像极了这里的主人。

伙计又送来与茶相配的早点，有刚出炉的芝麻萝卜丝烧饼，冒着热气的五香茶叶蛋，还有两块亮闪闪的水晶糕。

毛无忌虽然很饿，但吃相并不难看。甚至，吃烧饼的时候，连一颗芝麻都不掉落。吃茶时，拿壶洗碟的架势，非常老到；品茶时的姿态，堪称优雅。钱老板感觉，此人是有来历的。正如他衣衫破旧，但并不怎么邋遢。

现在要说到这把壶了。

供春，是明代一个壶手的名字，所制树瘿壶，世称供春壶。对于懂紫砂壶的人，这是一个惊世骇俗的名字。文人曾经把它捧到了天上，彼时社会，文人比今天牛很多，一件事情，文人说什么，就是什么。即便权贵，也不敢藐视——且听文人们是怎么说这把茶壶的。

明代张岱，名头很大。《琅嬛文集》是他写的书——对供春壶竟然五体投地：

古来名画，多不落款。此壶望而知为供春也，使大彬冒认，敢也不敢。

为了抬高供春，竟然不惜把时大彬踹了一脚。

此公还在《陶庵梦忆》中说供春壶"跻商彝周鼎之列而毫无愧色"。

这几句话，要让多少人睡不好觉啊。

还有苏州的一个大文人，文徵明的重孙文震亨，在《长物志》一书中，话说得更为独绝：

茶壶以砂者为上，盖既不夺香，又无熟汤气。供春最贵，第形不雅，亦无差小者……青花白地，诸俗式者，俱不可用。

青花白地，是指瓷器。彼时无论宫廷民间，以诸瓷器瀹茶，皆为雅事。可是，文某人一句话，就把它们掀翻了。

供春何许人也？此人原先是宜兴望族吴颐山的书僮，跟着主人在一个叫金沙寺的老庙里休养，无聊时捏了一把壶，完全是无心插柳。对于没成功的事，世人一般的说法，叫瞎白相。没承想，供春玩大了。先是把主人吓了一跳，然后，名声像滚雪球一样，挡也挡不住。以至有一天，主人不敢用他了，怕耽误他前程。让他走，也是一种成全。凭着一把壶，他就去闯荡江湖了。

普天之下，供春壶到底有多少把，只有天知道。趋之若鹜的壶痴们，日思夜想，都把能得到一把供春壶，作为光鲜人生的一个注脚。

可惜，供春很快就人间蒸发，如同夜空划过的彗星，短暂地刺痛了天穹，让人们差点睁不开眼，但迅即就消失了。没有前因后果，没有文字依据，就是那把随世飘零的壶，也不知所终。文人们只是感叹。后来的制壶名手时大彬、徐友泉，再怎么折腾，胸脯拍得发紫，也只敢谦称是供春的学生。据说，第一把树瘿壶问世之后，供春想再做几把，却怎么也找不到当初那种感觉了，续做之壶，总是差那么一口气。遂将续作全部砸碎。他还做过龙蛋、龙胆等壶，也就是个意思了。如此说来，那件神品级别的树瘿壶，世上只有一把。它后来到了谁手里，问老天，或许也语焉不详。

现在，它居然悄然出现在器隐镇的一间茶楼里。它到底是不是真品？毛无忌这个人，到底是什么来历？为什么他要来找钱逢时，所有这些，都是谜。

仿照我们时下的"情景演绎"，钱逢时和毛无忌应该有一场类似谈判的对话。毛无忌的要求，说高不高，说低不低。首先，此壶不卖，主权不让，此乃底线。但他愿意将壶寄放在得义楼，条件是，他每天来这里吃一壶好茶，当然是用供春壶泡。钱逢时必须提供吃茶的相关便利。其次，假若钱逢时保管此壶时不慎损坏，必须用整座得义茶楼来赔偿。最后，毛无忌什么时候不想在此吃茶了，要取走茶壶了，钱逢时不得以任何理由阻拦。

乍一听，基本属于霸王条款。没有人可以这样狮子大开口，钱逢时赔上茶水、茶点和雅室，还要将得义楼作押，去充当一把茶壶的临时保管员。换了别人，滚蛋去吧。

但钱逢时思虑再三，居然答应了。

当然，他也提出了几个要求：一，允诺毛无忌每天来得义楼免费吃茶，但时辰必须固定在清晨卯时，过时不候；二，毛无忌吃完茶，必须立马离开茶楼，茶壶交钱逢时保管，不得以任何理由推诿延误。三，假若毛无忌日后转让此壶，钱逢时有优先购买权。

从一个生意人角度考量，钱逢时的盘算堪称缜密。毛无忌不就是每天来得义楼雅间吃一壶茶吗，古时的卯时，就是今天的早上五点到七点。每天过了这个时辰，供春壶的主人就是他了。至于壶损坏了要用茶楼抵押，这个他不担心。别说是供春壶这样的稀世珍宝，就连一只普通的小碟子，他都没有摔破过。

他看重的是，得义楼能与供春壶结下缘分。这不是银子能搞定的事。

既然谈得拢，钱逢时和毛无忌之间，应该有一份契约吧。还必须找一个有分量的中间人实证画押。否则，是不作数的。

钱逢时思虑再三，请出了一位资深茶客兼当地大佬马典史，来见证他们之间的契约文书。马典史吃衙门饭，见多识广。典史这个官，虽然不上品级，但手下有一群差役，吆五喝六的，挺威风；他还管着县里的南狱呢。所谓南狱，就是大牢，因为它设在县衙大堂的西南面，故有此称。关键马典史好这一口，是一个超级壶痴。像供春壶这种事，你能瞒过马典史吗？万一别人知道了，他却并不知情，那就埋下了隐患，把马典史弄毛了，麻烦会很多。反过来，先让他知道，并请他来对外发布供春壶的消息，既是高抬，也带有间接的"官方出面"的味道。马典史嘴快且损，心也有点贪，但他是官员，没人敢把这当作是毛病。他知道的八卦太多，发布点民间新闻，张口就来。把他弄高兴了，他会口吐莲花江河滔滔，跟我们今天的直播有得一拼。彼时得义茶楼，已然是器隐镇消息发布的权威场地之一。实情是，马典史第一眼见到传说中的供春壶时，除了惊愕，就是迷瞪，然后还失语。壶上手之后，要放下就有点难。做中人当然好，拿红包不算，脸上也有光彩。但这一次，他连红包也不在乎了，只有一个要求，让他用供春壶泡一壶茶吃，就一壶。

此时钱逢时会不会有点担心呢？马典史的眼睛里，火苗烧得有点旺。按照常理，钱逢时根本就不应该让供春壶曝光于众，壶毕竟不是他的，私下里自己玩玩也就算了，万一遭人嫉恨，起了歹意，或有点什么闪失，不说搭上身家性命，至少得义楼就打水漂了。

或许钱逢时天生就是做大事的人。开一间小小的得义茶楼，真是委屈他了。世上没有不透风的墙，供春壶进了得义楼，各种消息就会插上翅膀。与其被动漏光，不如主动曝光，对马典史，他或许有一份自信，马某人若抡起一个拳头，钱逢时一定让他打在棉花上。

现在我们必须适应一下，得义楼每天卯时出现的一道景致。那个叫毛无忌的人，会大致准时地出现在得义楼门口。头戴旧方巾，衣衫近于褴褛，神情是冷峭的。他不怎么跟茶客们打招呼，目不斜视地，径直就上了楼梯。从他脚上一双沾满黄土的翘头履鞋来看，此人必定不住在本镇，有可能宿于南郊之外的丘陵山区，那里的山土，就是这种颜色。也就是说，赶上这一壶茶，毛无忌要走十几里的山路。

有人从门缝里看到，毛某人吃茶，一招一式还蛮讲究。茶、水、炉、器，都是钱老板为他专配的。他有时还自带茶叶，不多，用一只小巧的罐子装着，吃茶的行家知道，这叫茶仓。圆柱体，外表是紫光檀木，锡制内胆，手工锤纹盖。一经旋动起来，便会有一股淡淡的奇香，顺着气流，若有似无地，飘到二楼的雅座，引起一阵啰唣。他用炭火炉和锡壶煮水，还告诉钱逢时，用炭火煮的水比较温和、细滑、甜润，泡出的茶比较淳厚；而用锡壶来煮，传热比铜壶略慢一点，水质相对柔软，会保留山泉的清甜。"急火"烧开的水，太硬；对茶叶刺激大，汤色容易变黄。

钱逢时还是蛮受教的。他开茶馆，当然懂点茶与壶，但专注的还是生意。而毛无忌不一样，他吃茶时，眼神一片空茫，彼时眼前一头骆驼或一只老鼠走过，于他，都一样。这样的人，倒是少见。

金沙泉水，自然是好的，比惠山脚下的泉水刚烈一点，用锡壶装，文火煮，拗性子就拽回一些，变得刚刚好。汤初沸时，称为蟹眼；再沸，叫鱼眼；连珠一样沸腾，便是熟汤了——汤有功候，过生则嫩，过熟则老。金砂泉比之惠山泉，口感多了一重清凛，回甘的味道也略长几分。

这些，都是毛无忌吃茶时的金句。若记录下来，可否跟张岱、文震亨之类文人有得一拼？不知道。但钱逢时应该对文人有发自内心的敬重，毛无忌来吃茶，看得出他蛮有成就感，似乎毛无忌把得义楼的气韵给提上去了。

毛无忌吃茶,还自带一只茶碗。色泽绿里透黄,撇口,浅腹斜收,玉璧形底,里外满施青釉,看上去年代蛮久远了。果然,毛无忌说这是一只唐碗,越州窑出的。顺便他还把几种唐碗做了一番比较:邢州碗也蛮好的,但不如越州碗。如果说,邢瓷如白银,那么,越瓷便是美玉。邢瓷色白,会使茶汤看起来偏红;越碗色青,衬得茶汤碧绿。而岳州与婺州窑所出之碗,便要次一等级。

末了,补一句:此话是茶圣陆鸿渐所说,并非在下胡言。

有一回,他气咻咻,自己捧来一只豁了口的陶罐,里面晃荡着半罐盖着竹叶的泉水。他称这水比金砂泉水温和,地点在晶宫潭上方一百余丈,一个叫朝阳洞的旁边,有个观音庵,庵的后墙外,有一眼泉水洞,就青花海碗口大小,任你舀,哪怕一天一夜,终是舀不完。这泉水,原先一直在传说中,名叫一碗泉。文徵明当年在此山写生,曾在一次与门生的闲谈中提到此泉,甚赞。后来也有人专门进山去找,竟没有找到,那个尼姑庵早就颓败,只剩下一些瓦砾了。

将"一碗泉"的水,用文火煮开,然后,冲泡此泉附近的野山茶。毛无忌说,茶是认水的,水也认茶;用山下的泉水泡山上的茶,这才叫性情相投、情意契合。

钱逢时有幸分享了毛无忌奉上的一盏茶,入口淡然,似乎无味。再入口时,便有一缕太和之气,游弋于齿颊之间。

毛无忌道,好茶的标准是四个字:甘、重、滑、香。

钱逢时懂点茶,但对其中一字不解:重?

毛无忌道：重就是茶气的厚重，古贤曾经以"饱太和之气"来形容如此中和纯正的滋味。

所以，无味之味，乃是至味。

此人真乃茶博士。自吃过这盏茶，钱逢时对毛无忌的敬重，便与日俱增。不过，此时他应该有隐隐担心，怕日子久了，得义楼会供不住这样的大菩萨。

待吃饱了茶和茶点，毛无忌那原本晦暗的脸上，气色渐渐红润，额上一层汗珠，仿佛换了一个人样。他说，早晨起来，人好比一根木头，一张隔夜面孔，七窍都是淤塞的。这壶茶吃下去，把肚里的九溪十八涧都打通，整个人就浑身通透了。茶吃通，点心吃饱，一天就结束了，一直到断暗，连同漫漫长夜，除了润喉之需，他再也不吃任何东西。

然后，他洗壶，洗碗，晾干。把茶壶包起来，交给钱逢时，说，此壶由君保管，乃前世缘分，当无挂碍。

起初几日，茶壶递出去时，一脸惜意，依依不舍。但茶壶的交接，一如契约之规，含糊是没有的。钱逢时专门定制了一只老紫檀匣子，来装供春壶。据他自己说，自从此壶进门，枕头边就不是娘子了，即便起夜，也要将壶带在身边。难道还可以一手茶壶，一手夜壶吗，万一用错了，岂非笑话。把个娘子也笑煞，又气煞。钱逢时心头，却是春风荡漾的感觉。他只是有点自卑，这壶在毛无忌手里冲泡时，似有一股仙气，有眉有眼，有丰富的表情。到他手里，却是一阵阵的陌生与拘谨，他能感觉到，茶壶通体有一股骨子里的拗劲。不过，上手之后，他心跳加快是真的，捧着它，有时会团团直转，一时想不起自己是谁。

得义楼的茶客们，很快就知道了钱老板与毛无忌之间的桥段。每天卯时，楼梯口会有一些貌似无意张望的人们，在等待毛无忌那瘦鹤一样的身影经过。也有嘴健的茶客，希望通过钱逢时，跟毛无忌搭讪，均被婉言拒绝。

这期间，得义楼的生意愈加火爆，不光楼上雅座，就是楼下散席，也是一座难求，甚至有人不惜站着吃茶，或自带椅子，为的就是一睹毛无忌与供春壶的真容。

不知不觉，清明过去，谷雨来临。毛无忌每日风雨无阻，按时到得义楼吃茶。他前脚走，后脚就有茶客围拢来，争相观赏供春壶。钱逢时任凭众人啰唣，始终壶不离手。观赏时间，说好了，点一支香，燃完收壶，过时不候。

这期间，得义楼的客人猛增，简直是车水马龙。供春壶一时成为器隐镇的一个热门话题。钱逢时走到哪里，都有人戏称他"钱供春"，如此声势，让钱逢时有点扛不住。

来看热闹的人，有乡下上街卖菜的农民，也有鸡笼巷、车水巷的小商小贩，临时到茶楼来歇个脚、讨口茶的路人甲乙丙，用我们今天的话，统称"吃瓜群众"，这里且忽略不计。

来看茶壶的人，主要有以下三种：

第一类是文人。这个范围有点大。古代文人，大多在做官，不做官的文人也有较好的家世撑着，童生、监生之类的人物，也都是当地庠序的教谕或学博。大人巷里的退休官员，身价高的，一般不会到得义楼来吃茶。供春壶出现在得义楼，属于花边新闻，他们或许会找一个"顺便"的理由，来看个究竟，吃茶只是个幌子，其实是过一把眼瘾。

其中，会有一些重要且著名的文人，即便不是本地的，也会舟车劳顿地赶来，一睹供春壶的真容。钱老板展示此壶，每天只有一炷香的时间。他们只能在镇上的客栈住下，每日候场，乐此不疲。

其中，有一个名叫吴骞的文人，字槎客，号揆礼。此公浙江海宁人，贡生，也是嗜壶如命的秉性，在他之前，有个江阴人周高起，写过一部《阳羡茗壶系》，放在今天，只是一本不起眼的小册子。可在彼时，却引起一番响动——也就在一个文人茶客的小圈子里，当时写紫砂的文人少，他率先写了，自然是大哥，往后供紫砂壶的龛上，少不了要给他供一炷香。后来，吴某人跟着又写了一部《阳羡名陶录》，嫉妒的人以为，此类文字，就是给壶做得好的艺人，发一些表扬信。其实那些文字都是心有所得，用文火熬出来的。于是当然水涨船高，吴先生的名头似又大了一圈。钱氏后人的口述中，坚称此公乃得义楼常客，与先太祖逢时先生交情甚笃。按照字面理解，他若要来观赏供春壶，应该不受"一炷香"的时间限制，钱逢时还得管饭吧。假如吴先生是个喜欢呼朋引类的人，那么好哉，与紫砂壶有过亲密接触的文人，以及即将进入紫砂壶圈的文人，这时都会摆好一个合适的身段，到得义楼吃茶赏壶。然后，兴致勃发，手心痒痒；彼时心得，落到纸上，立马被一群壶痴追捧，传抄。相当于今天的微信朋友圈,你点赞,他打赏,大家在一起玩,蛮开心的。

第二类,是紫砂艺人。彼时很多做茶壶佬,都希望赶到得义楼"朝圣"一下供春壶,养养眼,顺便吃壶茶。紫砂界有个说法,手艺不是师父教的,而是用眼睛偷的。大凡手艺人,都有过目不忘的特点。好的茶壶,让他看一眼,就明白了,别人的壶好在哪里,自己要怎么改进。如此说来,供春壶在得义楼的现身,对那些以做壶为生的人,颇有"说法"的意味。

而钱氏后人的口述里,咬定不放的故人,除了吴骞,还有一个居然是邵大亨。

这个说法,没有人敢轻易肯定。邵大亨是何人?根据紫砂史上记载,此公乃清代嘉庆、道光年间人,是继供春、时大彬、陈鸣远之后的一代制壶圣手。

从年份上说,彼时钱逢时的胡子应该花白了。就算是邵大亨年少即成名,那也至少应该在20岁以后,钱逢时即便寿长,活100岁,也不太可能拖着老迈之躯来打理一间茶楼吧?

再者,邵大亨家住蜀山脚下的上袁村,离器隐镇约莫二十里地。像邵大亨这样的艺人,吃茶多选家近之地的小茶馆,不可能为了一壶茶,舟车劳顿地跑到器隐镇来。

关键是,邵大亨平时不怎么走动,亦不喜欢与文人结交,性情颇狷介。他喜欢独来独往,也从不与官员老板厮混。供春,他自然是佩服的,如果机缘巧合,他从上袁村赶到器隐镇来看一把传世名壶,也不是没有可能。但没有记录表明,他曾经做过供春壶——一般的艺人都是要仿制的，向一件伟大的作品致敬，那是必须的；能把供春壶做好，也是一个艺人在行业站住脚的根基。

邵大亨很牛。他的传世作品，像《鱼化龙》《仿鼓》《掇子》，可不是一件两件。从他的茶壶看，此人内心非常强大。但为什么钱家后人要把他拉进得义楼来说事？年份不符这样的低级错误，想必他们不会犯的，唯一的理由，或许"正史"把邵大亨的生卒年份搞错了？这个推断有点冒险——连县志以及吃紫砂掌故饭的文人也一起得罪，但不妨继续演绎下去，假如邵大亨某日真的来了，钱逢时怎么办？当然是礼如上宾，供春壶可以反复看。但按邵大亨的性格，他只消认真地看上一眼，就有可能接通壶上的某种玄机。一个壶手，总是会把自己的过人之处留在壶上最关键的地方，同时，他的毛病也会暴露无遗。壶手与壶手之间，是可以对话的，哪怕隔着几代，壶到眼前，鲜活的器物语言如同江河滔滔。读得懂的人，未必能接得住，而邵大亨，不但读懂，且能稳稳接住，还可以回应互动。

那么，邵大亨的传器，与供春壶有否共通之处呢？伟大的作品都是独特的，但肯定能找到彼此相通的地方。供春壶的沉雄大气，体现在邵大亨的仿鼓壶上，已然演变为一种若隐若无的绵绵浩气。也就是说，供春壶上尚未化开的东西，邵大亨替他化开了。邵大亨不需要仿制一把供春壶来向供春致敬，电光雷火般的一瞥，便实现了彼此对话，后者把供春壶上的清奇骨骼化为仿鼓壶上的元气血肉，真正做到了"骨肉停匀"，这并非没有可能。

如此说来，邵大亨来没来过得义楼不重要，与钱逢时是不是朋友也不重要，在哪里见过的供春壶，都不重要。

现在要说说第三类人，也就是彼时见过供春壶的在职官员，是什么反应。

马典史应该有点失眠了吧，肯定不是茶吃得太多，而是太惦记那把供春壶了。说他想把供春壶占为己有，或许有点言重。从典史的身份出发，他或许觉得，供春壶的安保环境，简直很差，万一此壶有个什么闪失，他作为当地的典史，是有重大责任而且很丢脸的。

按他以往做派，喜欢什么，不喜欢什么，直截了当地提出，从来不是什么问题。既然是一把传世之壶，凭钱逢时的能耐和实力，放在得义楼这样四面透风的破茶馆里，险象环生是肯定的。器隐镇放置供春壶最安全的地方在哪里呢，当然是马典史家里。但是，这个话说出去，所有人都会误解的。可他马典史，真的是为供春壶好啊。当他把这层意思，婉转地跟钱逢时说出来后，他发现钱逢时的一张弥陀佛的脸，顿时变形了，好像天都塌了下来。

马典史吃官饷，要确保一方百姓安生。每天卯时来得义楼吃茶的那厮，究竟是何方神圣？马典史派人查了一下，此人每日来回奔波于器隐镇和金沙寺之间，就为了吃一壶茶，何至于呢？金沙寺早年有些名气，唐代退休宰相陆希声，苏州人，曾经在此修身养性，后来被人们称为"陆相山房"。但此庙年久失修，香火几近断绝。夜晚野兽出没，人身安全断无保障。不到走投无路的人，何以在此庙栖身呢！

马典史后来有点心烦。弄一把茶壶玩玩，在他，还算一件事吗？

供春壶有啥了不起啊，如果不是一件事挡住了他，他可能就直接下手了。

　　事情很简单。本地知县许景吾，举人出身，浙江海盐人，都说他爱民如子、官声颇高。一日路过得义楼，马典史在旁多了一句话，许知县的轿子就停下了。跟马典史不一样，许知县不是壶痴，但他喜欢老百姓的烟火生活。知县出门，场面是大的，全副的执事，包括开道锣一、篮伞一、棍二、槊二、肃静牌二、青旗四、掌扇一。这不单是县太爷的阵仗，也是官署的场面。反正许知县是进了得义楼了，他是不是来接地气、考察民情的，不得而知。见县官，钱逢时是要跪的，包括那一众茶客。得义楼有什么可"巡视"的呀，赶紧把供春壶拿出来，给县太爷沏茶。那么，许知县吃得义楼的茶了吗，马典史的回答是否定的。你以为堂堂知县大人会随便吃民间的东西吗——哪怕是一口茶水，也不会造次。但是，许知县见到了供春壶，这是肯定的了。虽然不是壶痴，但许知县毕竟是出身江南的读书人，供春其人其壶其事，他还是知晓的。至少，供春壶让他感觉很养眼，一把传世名壶来到他的地盘上，引发了各方关注，成为一个时尚的话题，这对于营造太平盛世的环境，当然是有益无害的。一高兴，许知县发表了几句感言，话不多，分量很重。其中，最受用的当然是钱逢时，而最不受用甚至最难堪的，竟然是马典史。

　　马典史这个人，人缘一般般。或许，平时缉拿凶犯、掌管南狱钥匙的人，总会比较厉害，也容易得罪人。据闻，县太爷当着众人的面，叮嘱他要协助得义楼，保护好这把稀世珍壶。末了还说，过一段时间，常州的崔知府要来巡视本地，他会陪知府大人前来观赏此壶的。

也就是说，供春壶的安保级别，突然上升到由县级衙门负责的地步了。

按理，马典史接触供春壶的机会，应该是多了。但是，许知县一席话，等于给此壶画了一个圈，把他的个人空间一下子打没了，堂堂一个典史，反而成了供春壶的义务看管人。自从知县大人来过得义楼，马典史晦暗的气色一直挥之不去。得义楼的生意，倒是节节攀高，钱老板阔然鹅步、声如铜钟。直到有一天，大约是夏至过后吧，从得义楼传来一个消息，说那个每天卯时来得义楼吃茶的供春壶主人，突然没了踪影。

开始，大家没有当一回事。吃茶这件事，跟身体、心情、天气有关。偶尔不来，正常不过。但是，连续几天，供春壶主人都没有出现。这就引起茶客们的注意了。隔天去南山金沙寺晶宫潭取水的阿三，向钱逢时报告，之前有几次，他在晶宫潭旁边见过那个吃茶佬的身影，金沙寺的小和尚告诉他，此人就借宿在庙中地藏殿里，平时不搭讪，基本没有什么声响。可是，这几天，此人突然不见了。

钱逢时毕竟是开茶馆的。说到底，他是个明白人。

每天一炷香时间的供春壶观赏桥段，被取消了；派阿三，带人去金沙寺附近寻找毛无忌，声响与阵仗，都有点大；甚至报官，请马典史派手下差役协助寻找。

马典史很老到。他要钱逢时交出供春壶，理由很堂皇，他怕此壶有个什么闪失，在县太爷面前不好交代，还有一个理由，他可不想见到得义楼有什么血光之灾。

不过，马典史还是晚了一步。

没承想，在众目睽睽之下，钱逢时早已将供春壶转移到百搭巷里的福源柜坊了。

何谓柜坊？就是彼时民间专营钱币与贵重物品存放的保险机构，交了一笔保证金，单子上清清楚楚写着毛无忌的名字，他只是朋友托付的代管人，亲眼看着供春壶被放进柜坊的保险大柜，他才放心离去。

毛无忌消失了，钱逢时夜里反而能够睡安稳觉了。

此事只有一个人浑身不舒服，当然是马典史。这几日，他也不来得义楼吃茶了。

这个故事至少有三个结尾。

一，毛无忌有一天突然降临得义楼，他是来取壶的。瓦片翻身，毛家又发达起来，他可以重返锦衣玉食的生活了。由此，他与钱逢时成为莫逆之交，在得义楼的这段吃茶因缘，也成为器隐镇茶馆史上的一段佳话。

二，毛无忌生死不明。他的一位朋友，是个和尚或道士，某日悄悄来到得义楼，拿出了当时与钱逢时签署的契约，说毛无忌再也不会来吃茶了，他是来取壶的。其他的话，他一句也不肯多说。然后，验壶，鞠躬，走人。

三，毛无忌暴病身亡。临终前有遗言，他在得义楼吃茶的这段时光非常开心，他觉得钱老板是个君子，供春壶值得托付。不过，他其实只有此壶的一半产权，另一半的权利，就在来取壶的人手里，此人要价不会很高，最多，就是个意思吧。他建议钱老板与来人好好谈一谈。最后他说了一句话，人生契阔，知音难觅。从此阴阳两隔，见壶，便如同见人吧。

这个桥段有点煽情。钱逢时应该在这个语境里泪目不已。鸿运突然像一片云彩，无端降落到他头上，迅即，又被一块石头压在了心口，内中五味杂陈，难以言表。

天大的好事，为什么落到他身上？但是，当供春壶眼看要真有可能属于他的时候，他突然发现，自己根本就接不住它。

第一，有马典史在，他就没戏。开茶馆的人，见人三分笑，和气能生财。马典史早就觊觎此壶，他怎么可以跟官府的人过不去呢，但要把此壶拱手让给马典史，他觉得马某人也还不配。

第二，即便马典史放他一马，他也扛不住。因了这把供春壶，得义楼在器隐镇，已然是众矢之的，很多人的眼睛因此变红，甚至发绿了。这样的日子，并不是钱逢时想要的。

第三，左右为难的是，他已经习惯了每日与供春壶朝夕相处。如果说，开始的时候，茶壶的性子还有点拗，嫌他陌生；那么，几个月下来，茶壶已然跟他混熟、很认他了。如今此壶，跟亲生儿子一样，一旦茶壶真的离去，他的心境，说不上万劫不复，至少也是暗无天日。

留亦不是，舍亦不是，这可怎么才好！

想来想去，最好的结局是维持原状。

来接洽此壶的人，或是毛无忌的本家兄弟吧，面白修身，也是一副衣衫落拓的行状，气度里，却有着与毛无忌如出一辙的冷峭。钱逢时把福源柜坊的供春壶存放押单给他过目，白纸黑字，上面写着毛无忌的名字。然后，亲自带着来人，去了福源柜坊，将供春壶取出，放到来人面前。来人见到壶，一张冷面孔上，略见动容，感叹一声，竟一时无语。情义这东西，总是依附于衷肠，人一旦被打动，所有的事情，就不再是事情。

那么，原先的契约，还能延续下去吗？

按照来人的说法，当初毛无忌来吃茶时，已知大限将至，他只是想要为供春壶找个好人家。毛无忌走的时候，并无大憾，供春壶在得义楼，于他，是欣慰的。人生不尽然是凉薄，钱逢时的良善，得义楼的温煦，都让他宽心且放心。

来人的意思是，他这个哥哥，孤高寡众，平生从不求人。临终前托他将此事办好，他不可违逆。

竟没有跟他要一两银子。所谓的条件，就是仿照毛无忌，也想来得义楼吃茶。产权问题，暂且搁置一边。只是他或许做不到每天卯时前来吃茶，要么隔三岔五，甚至初一月半。在毛无忌曾经吃茶的地方坐一坐，发发呆，于他，是执念，也是享受了吧。他只是希望，届时能够享受毛无忌的待遇。说罢，取出一只茶碗，钱逢时一看，眼泪怎么也止不住，这茶碗，正是毛无忌吃茶时所用。

钱家后人比较倾向最后一个桥段。前两个，太过传奇，世上哪有这般巧合。其实，第三个结局又何尝不是呢？历史就是真真假假、假假真真。口述史再牛，也难保不带主观的水分。钱家后人能还原出供春壶后来的飘零身世吗？器物这东西，就是拿来被子孙挖祖坟、掘箱底、掏壁洞时用的——尽管钱家后人坚称，供春壶确实陪伴了钱氏祖先一段难忘的时光，成全并照亮了先太祖钱逢时的茶馆生涯，也给古老的器隐镇提了一口气。那么，之后，又之后，供春壶去了哪里呢？器物与江山一样，本无常主。民国十七年，亦即1928年，此壶悄悄出现在苏州文庙的冷摊上，不但蓬头垢面，还缺了壶盖，差点晃过了所有人的眼睛。幸好，被一个叫储南强的宜兴绅士发现，用一块银元买了回来。此后多番周折，壶盖一配再配，加上江湖博弈，各方争夺，储南强最后只好携壶躲进南山里。新中国成立后，储南强审时度势，将此壶捐献给了中国历史博物馆。这个光明的尾巴并非笔者杜撰，可以参见《中国宜兴陶瓷简明词典》第一百六十七页。

第四篇

一品当朝锅

一个地方，但凡有一样好吃的东西，再怎么远或偏僻，人也会赶着去。乐此不疲，就为两个字：杀馋。

　　从前，很多人到器隐镇，玩只是个噱头，最重要的事，就是去伙头巷，找一好吃的馆子，嘬上一顿再说。

　　假若在清末民初的器隐镇评选吃货大王，那得票率最高的，应该是伙头巷的马生隆了吧。

　　说马生隆，不能不说说他父亲马得飙。老马家祖上是阔的。有为官的，也有经商的。到老马手里，开始也还经营着几家店铺，但就像冰淇淋放到火堆上，化起来特别快——他倒是不嫖不赌，就是喜欢结交朋友，吃吃喝喝玩玩。此地歇后语道，贪吃如火烧。不过，光是招来一帮馋嘴佬，吃相再难看，也不至于几年工夫就把殷实的家产吃光。关键是，马得飙后来抽上大烟了，烟抽进去，骨头凸出来，很快就进入了拆东墙补西墙的桥段。幸好儿子马生隆长大了。

他倒是会理财,打得一手好算盘,算是把马家的盘子接住了。不过,小马哥也生了一张不肯将就的大嘴,一双爱跑动的细骨伶仃的鹭鸶腿。器隐镇上说到他,有这么几句顺口溜:穿衣要体面,吃饭要场面,看戏要独面,女人要粉面。

后来人们发现,这几句顺口溜有点刻薄,也不够公允。穿衣要体面,这句话本身没什么毛病。马生隆常年在场面上走动,一年四季,难道不应该衣冠楚楚吗?佛靠金装,人靠衣装。马生隆难得有一天衣着不那么讲究,背后就有人怀疑他失财了,你说做人难不难?至于吃饭要场面,这话要看怎么说。马生隆自小跟爹到处吃馆子,吃出了一身癖,把一张嘴也吃刁了,这个没办法。但是,他至少知道,在什么季节,什么才是最好吃的,什么菜要去哪里吃,和谁一起吃才有意思;更重要的是,他认为,一个好厨子做出了一道无与伦比的好菜肴,还须有一些匹配的餐具——比如各种精美的碟盘、碗盏、筷子、调羹来接住它,然后还得给它一个优雅舒适的环境:从墙上的字画,到背景的屏风,以及餐台、餐布、餐椅的格调,乃至香炉熏的什么香,几案上摆的什么花草,照明的烛台是什么式样,蜡烛的风格是否匹配,尊前上菜的店小二穿着、举止、谈吐是否得体,其中任何一个细节出了问题,都会让那道美味相应地黯然失色。看戏要独面,这明摆着是嫉妒他,把戏班子请到家里去唱了,人家有这个独面享受的实力,你就眼巴巴地酸去吧。其实,看戏这件事,跟吃饭一样,有时会带动之外的戏份。有个宁波来的娄老板,生意做得很大。在马家的家宴吃了一顿非常惬意的饭,兴致极高,就想点一出戏来看。马生隆果断地请来当地有名的越剧"的笃班"——其中有个名角叫崔巧儿,把个娄老板唱得是乐开了怀。一单大生意就这么成了,扩建马家在伙头巷开的"隆园"饭馆,由娄老板作为二股东来投资。老板还是马生隆来当,红利四六分成。隆园饭馆由此生意火爆,名气突突地上去,一度成为方圆几十里人气最旺的饭馆。

顺口溜的最后一句,女人要粉面。这话也酸溜溜的。古时社会,有点家底的女子出门,总要修个面、搽个粉的。马生隆娶老婆有点晚,跟菜肴一样,他爱挑剔。粉面算什么,他见得多。这一口,要心里喜欢,还真不容易。后来,他等到了,也是个角儿,当然不是那个崔巧儿,却也是崔巧儿的亲妹妹,叫崔玉儿,唱的是滩簧戏。流行于常州无锡一带,也叫常锡文戏。她旺夫,给马生隆撑了很多台面,此是后话。

先要说的是,隆园饭馆扩建的事。原先,那是马生隆从父亲手里接过一个小饭馆,蝇头小利的买卖。两间楼上楼下,厨子是本家的一个娘舅,几个伙计都是五服以内的亲戚。马生隆接手后,把包括厨子在内的所有人都辞退了,宣布歇业半年。彼时老马喉咙口还有一口气,骂他脑子进水了,他不理。先把隔壁邹余妹的茶水店盘下来,打通,加高,也是楼上楼下。宁波娄老板投资的银子一直没到,他就借了钱庄张连法的高利贷,三分的利息呢。然后呢,人不见了,几个月后才回来,满满的一条大船,都是木箱子、纸箱子。那天的河埠上,围观的街坊很多。只知道那些个箱子很吃重,脚夫班的伙计都说要加工钱。只见那马生隆，跑前忙后的，头发油腻腻，小脸有点白，人瘦了一壳。

后来人们都看到了。重新开张的隆园，把饭馆改成了新隆园菜馆。招牌是请苏州一个书画名家写的，一个字一两银子。这招牌一改，格局和味道，完全不一样了。

马家后人编撰的《马氏族谱》，对此事，是这样记载的：

光绪某年某月，先太祖父生隆公，字隐达，号毅轩。自小研习饮食文化而无意仕途。生性豪爽而广结善缘。三十而立，改良自家饭馆，将饭馆改为菜馆，一时革故鼎新，颇多周折。合股者宁波娄氏，因理念不合，中途撤资，分道扬镳。然生隆公依然独撑苦局，亏本经营。菜馆声名八方，食客蜂拥而至。菜馆终因负债甚巨、周转失灵而举步维艰……

这段文字有些问题。

马生隆与宁波娄氏因合作不睦，分道扬镳，这并不见怪。生意场上，独吃一只鸡，一点事没有，分吃一头牛，却要打架斗殴，死去活来是常事。既然娄某人撤资滚蛋了，马生隆仍然"独撑苦局"，而且"菜馆声名八方，食客蜂拥而至"，怎么会亏本经营，且"负债甚巨"呢？

根据马家后人的说法，当时马生隆跟合伙的娄老板有个协议。就是菜馆一旦开张，从上到下、从里到外，一切都得听他的。娄老板可以派一个人在此监督，但不能插手事务，到月底分红，拿钱就是。

娄老板看上去有点大大咧咧，允诺得爽快。但他派来的管家老尤，却是个爱挑剔的角色。一支小楷狼毫很勤快，每天都要记很多账，展开来看，有些却是菜馆每天的鸡毛蒜皮。后来散伙，老尤一气之下走人，重要的细软都带走了，也不知道是不是马虎，反正就是把这些"小账"都留下了。

字里行间，有着一个小商人口无遮拦的不满与焦虑：

搞七念三啊，娘希匹！原来厨房里各种厨具，基本可用，却被格只赤佬全部甩脱掉。白白三十两银子扔到河里厢。

光是炉子，就买了铁拖炉、拖炉、煤炉、水火炉、锡水火炉。还有炉子的通条，要买介多做啥？计有铁火筋、铁通条、粗通条、细通条、炉条。一共三十二根。

盛水或取水之器具：缸（其中分七石缸、太平缸、龙缸、水缸）、桶（又分提桶、矮桶）、瓢、罐、壶、斗、吊、铫。大小三十八只。

餐桌十八张，有八仙桌、四仙桌、大圆桌、中圆桌。与餐桌相配套的，是各种桌帏，也叫桌围。分别有青绢桌帏、红绢桌帏、红销金桌帏。

餐桌上的餐具和摆设，更是不得了。

以下省略。

根据这些文字，我们甚至可以还原一些当时的场景甚至对话。就说照明吧，之前，无非置几个大路货的灯笼、烛台，能照明就行。马生隆却不允，他认为用什么器物来照明，直接影响到餐饮人的情绪和胃口。

本地人跟宁波人吵架，那是很有意思的。本地方言接近常州，说话语速比苏州人要快一些，比无锡人要温和一些，但宁波话是以快制快，基本上是连珠炮，本地方言根本压不住。虽然大家都在吴语区，有些日常用的关键词，比如把钱说成"铜钿"，把睡觉说成"困高"，彼此是可以理会的。但也有一些让人一头雾水的单词发音，让双方大眼直瞪小眼——比如宁波人说"杜勒克"，是指扑克牌，而本地方言却叫"沙哈"。说玩，本地人叫"别相"，宁波人却叫"那乌"。所以，马生隆跟老尤之间的交涉乃至争论，基本是一锅夹生饭，成见淤积，遂成疙瘩，不欢而散便是当然。

老尤不无怨气地写道：

光是灯笼，花头精大咪！有砂灯笼、竹丝灯笼、铁丝灯笼、进提灯笼、金丝绒灯笼，油纸防雨灯笼。急煞宁（人），烛台计有：镶金、镶银、青铜、白锡、乌木等不下十八种。

碗盏之类，更是眼花缭乱：有镶金碗、银碗、黑陶碗、青花碗、白瓷碗、花碗、汤碗、面碗、点心碗；碟子计有：案酒碟、醋碟、酱油碟、果碟、姜丝碟、小菜碟、中菜碟等等，共计三百廿只。

上菜方盘，有大漆器方盘、曲竹盘、清河盘、枣木盘。三十六只。

盛菜器皿，花头精更大了。有一些，打从娘胎里出来就没见识过，比如有一套仿古的银质餐具，有尊鬲、雷纹豆、伯申宝彝、曲耳宝鼎、伯硕父鼎等。还有仿食料形状的器皿，如鱼形、鸭形、鹿头、寿桃、瓜形等。

不就是一个小菜馆吗？又不是给皇帝做饭菜，皇宫里也未必有这么讲究吧！

食盒，都蛮精致，有抬盒、果盒、拿盒、手盒、攒盒、捧盒。

就连扒拉饭菜的筷子，也有镶金、包银、乌木筋、象牙、玉石、阴沉木、鸡翅木、黄杨木。竹筷也有湘妃竹、天竺、楠竹。

昨天，实在憋不住，问马老板：不就是吃饭的筷子吗，搞这么多花头精，是吃筷子还是吃饭菜？

马老板答：菜肴再怎么好，筷子不灵光，味道全走光。

这个败家精！

写到这里，老尤估计血压有点升高。他骂了一句脏话。他的意思是，这样玩法太败家了，在器隐镇这样的小地方，开这么一个小饭馆，用得着这么铺张吗？

感觉是在把娄老板投资的白花花银子，往水里扔。

但是马老板不理他。

估计老尤在给娄老板的报告材料里，表达了他的忧虑之心。不过娄老板似乎比较大度，他嘱咐老尤，让他去折腾吧。

据说，新隆园菜馆最惊艳的餐具，有一个震耳欲聋的名字，叫"当朝一品锅"。顾名思义，应该就是我们今天吃的火锅吧。直径一尺二寸许，为四瓣桃圆形，每瓣镌刻一字，合起来就是"当朝一品"，器皿的装饰极为讲究，镶嵌有玉石、翡翠、玛瑙、珊瑚等。周边刻有各种花卉图案。说到这件宝贝，马生隆特别得意，牛皮哄哄地说，这是从北京城里一个贝勒爷手里转让过来的。原本是宫里用的餐具，绝对不准外流的。至于如何得来的过程，等于是一部传奇话本，心脏不太灵光的人，最好走开，吃不消是肯定的。他把它拿下了，很花了一笔银子不说，还得把脑袋拴在裤腰上。

有些细节是长脚板的。谁的嘴风一漏，消息满世界都是。器隐镇上的人都知道，马生隆要开一家"江南第一"的菜馆，本地根本没有对手，他要跟苏州的得月楼、无锡的三凤桥、常州的德泰恒，嘉兴的邹大鲜酒楼拼个高低呢！

于是，都等着开张。器隐镇上，但凡囊中有点宽余银子的食客，都在等这一天。大家掰着指头，算黄道吉日，过了一个，又过了一个，就是没有开张的准信。按照本地习俗，但凡酒楼饭馆开张，老板会先请当地的一帮大佬"试吃"一顿，顺便拉拉人气，拜拜码头。

忍不住的人，问马生隆。只回答三个字：等着吧。

终于等到了"试吃"的那一天。

一进门，都说晕。怎么了呢？是排场阔气吗？倒也不全是。灯烛荧煌、上下相照，那是自然有的。大热的天，进大门朱额绣帘，香气袭人，恍惚间一阵寒气逼人，一看呢，屏风是一座冰雪之山，上面雕刻着松柏和奇花异卉。手一摸，是画上去的，可是有凉感。宴席上也有冰雕，晶莹剔透，还直冒凉气，又琢以龙凤祥兽。这个真的是冰了，不知道马生隆是从哪弄来的。人坐在宴席上，凉气萦绕，暑热退了大半，上年纪的老叟，还担心着凉呢。马生隆跟大家打招呼，天太热，咱们先要有个凉快的心情，才能好好消受菜肴。

甫一坐定，抬头四壁，俱是倪云林、文徵明、董其昌等名家的字画，都不以为然，市面上假画多，无非仿作，装装门面，不值钱的。唯百工巷裱画店的冯成祥老板，闷声不语看了半晌，哎呀一声，说不得了，都是真迹啊！

众人面面相觑，竟没有一个称赞的。空气里，有一股酸味。

然后是餐桌、餐椅的摆设。敞亮的八仙桌居然一式的黑檀，做工精致，铺以团花锦绣的桌帏和椅披。餐具，是一式的扬州漆器碗，这个阵势，器隐镇之前任何一家饭馆，还真的没有过。彼时各人心里都在打鼓，鼓点却是不一样的。就连筷子抓在手里，感觉也较平时不同，象牙筷子浅刻侍女，婀娜窈窕，饰以彩绘，华贵富丽。筷子的分量也重一些，手感却极好。恍惚觉得，这般的重，衬得自己的分量也重了许多。

至于这一日的菜单，瞄一眼，心里都不免咯噔一下。古时吃开口饭的，嘴起码大一号。一点不吹牛，这个确实有点难。但是，牛皮绝不可以这样吹，你新隆园菜馆又不是皇宫，去哪里弄这么多闻所未闻的"八珍"呢？

很快，有人把部分菜单在"朋友圈"里晒出来——口口相传的嘴皮子功夫，比今天的微信速度也慢不了多少。

山八珍：驼峰、熊掌、猴脑、猩鼻、象拔、豹胎、犀尾、鹿筋。

海八珍：燕窝、鱼翅、大乌参、鱼肚、鱼骨、鲍鱼、海豹、狗鱼。

禽八珍：红燕、飞龙、鹌鹑、天鹅、鹧鸪、彩雀、斑鸠、红头鹰。

草八珍：猴头、银耳、驴窝菌、羊肚菌、花菇、黄花菜、云香信。

最让人眼馋的菜品，叫隆园一品四碟香，计有：燕窝炒熏鸡丝、口蘑炒鸭舌、珍鲍大黄鱼、芽韭炒鹿脯。

各种羹，眼花缭乱：百味羹、五软羹、三脆羹、群鲜羹、锦丝头羹、鲈脍莼羹。

顺便说说盛菜的碟子，有五彩碟、斗彩碟、青花釉里红碟。那色泽的搭配，真叫绝了。茄皮紫、玫瑰红、胭脂斑、鹦哥绿、葱翠青、海棠红……若您能不眼花，那不是您的本事，而是这些碟子太好看了，好看到不知不觉就夺了您的眼球。

吃饭的碗，用的是黄地粉彩五谷丰登缠枝葫芦碗，碗面上绘有五宝、谷穗、蜜蜂、灯笼，以谐音组成"五谷丰登"的图案。

都在窃窃私语：这碗很贵吧？

不会是赝品吧！

还是从大人巷来的客人沉稳一些。他们见的世面多，无论是品书画、尝美肴、赏美器，没有特别的惊诧，也没有太多的赞叹。

呵呵，嗯嗯，哦哦，哎哎。

基本就是这些叠词，一直维持到宴会结束。

内心是不是也有些泛酸，谁知道呢。

这天晚宴用的酒与酒器，亦夺人眼球。一式的玉器酒杯，晶莹剔透。酒倒进去，只觉得珠滚玉溢，酒香扑鼻。酒是山西老汾酒，用黑陶的太极樽装着，黄澄澄的颜色，恍如液体黄金。抿一口，一条热线直往喉咙口钻，箭头迅速穿过五脏六腑，周游全身。热乎乎、爽兮兮，飘然欲仙。

颠覆！颠覆！器隐镇餐饮史就在这天夜里，被一顿史无前例的豪餐彻底改写了。

正如预料的那样，"试吃"的宴会还没结束，马生隆的口袋里，已经接了不少订单，其中，有学前巷的崔教谕、百搭巷钱庄的何老板、大人巷里退休知府朱延年的儿子朱孝天，一连订了三桌。

有消息说，半个月内，没空余包厢了。有一些，是附近的蜀山镇、鹅洲镇的客人过来订的。甚至有食客提出，不用包厢，就在进门的玄关旁，临时搭一张桌子，他们不在乎。最不济，等翻台吧。别人吃的时候，我们在外边等。等到客人吃完，把桌子翻一下，桌布换一下，我们坐下重新开台行不？

马生隆居然婉拒。吃，是何等隆重的事，哪怕是新隆园的便餐，也要给到一个正餐一样的环境。任何一个踏进新隆园的人，都必须享受同样的礼遇。至于翻台，他也不主张。一桌饭吃过之后，空气已然不太干净了。此时再上一桌，味道必然打折扣的。

于是有人提出打包。把菜买回去在家里吃。

马生隆更不同意了。新隆园的菜品，必须装在新隆园的餐盘里，用新隆园的碗筷餐碟，最重要的是，必须待在新隆园的包厢里，享受着新隆园的餐桌餐椅。什么意思？他竟然说，包厢的环境，也是吃的一部分。无论字画、屏风、餐具、筷箸，乃至桌椅，都是"秀色可餐"的。所谓吃，一是用嘴，二是用眼睛，三是用心。从这些意义上说，从新隆园打包回去的菜，到家就已然打了一半折扣。

也太轻狂了吧。

感觉马生隆在调侃整个器隐镇。新隆园的很多菜肴，名字太高大上，不怕难为情地说，很多本地人根本没听说过。这还是马生隆吗？他想干吗？之前他老子开饭馆，他很少去光顾。此人嘴刁，经常说的一句话就是，在器隐镇上吃不饱。这句话看似平常，其实很恶毒，连他的老子，也被他骂进去了。他还有一句话，最好的饭馆，要不像饭馆，走进去闻不到饭馆的味道。

据说马生隆最闻不得的是猪大肠的味道。他喉咙浅，容易吐。可是伙头巷里的那些个苍蝇馆子，包括之前马生隆父亲的饭馆，哪一家不是多少有一点猪大肠味道呢！

因为本地人都爱吃猪大肠。有的人还就爱出锅时那一股子肠肛汤味，闻着是有点那个，吃起来却是肥嘟嘟、香喷喷的。

马生隆还有一个最——见不得胡乱盛菜的餐具。比如，一道清清爽爽的银鱼丝瓜炒鸡蛋，装在一只黑乎乎还缺了口的盘子里，或者，一道韭黄虾仁炒蛋清，装在一只敞口的灰瓦钵里端上来了，就像一个白小娘，包在一件破棉袄里。原本脆嫩的韭黄，早就沤黄，变得像大葱的味道，胃口顿时就没了，还直想吐呢。

红烧划水，必须装在鱼形的餐盘里，最好是青花瓷，水草型的图案，好像鱼还在清澈的水草湖里游弋。东坡肉，最好用蜀山窑场出的砂锅炖，颜色才会是正宗的琥珀色；五味鸡，要用紫砂汽锅清蒸，会蒸出草鸡的原香。醋白蟹，要用蟹型盘碟装，姜丝要跟针尖差不多粗细，蘸蟹的山西老醋里，要加福建蔗糖；吃蟹要用"蟹八件"，装在蟹壳型的小盆子里；五辣醋羊，不能用山西老陈醋，而是要用润州的新醋，出锅要用羊角盘子来盛。

这些话，都摘自马生隆语录。看上去他什么都懂。之前山水不露，是没有机会。一般人只知道他是个吃货，嘴馋，大手大脚。有时候，点了一桌菜，动了几筷子，就不吃了。撤的时候，会留下一两句话：

筷子该换换了，一股隔夜味道。

餐桌的围布，烟酒臭。

味道还行，塞牙，菜刀要磨磨了。

一道菜上来，眼睛一瞄，摇头叹气：一看这刀功，菜好吃不了。象征性地动一筷子，撤了吧，银子照付。

但凡饭馆的厨房，外人是不让进的。马生隆有异癖，在别人的饭店吃饭，总是千方百计拐到厨房里，看看厨师的案板、刀工，瞅一眼调味瓶。趁人不注意，还拿起来闻闻。

一般情况下，马生隆从别人饭馆的厨房里出来，就不想再吃了。

有一句口头禅，是这样的：老子要是开菜馆，敢把厨房比书房！

什么意思？一旦开餐，厨房里肯定是油烟高火、声浪沸腾，怎么可能像书房呢？

可是马生隆就有这么一个癖——不光闻不得油烟味，什么腥味、土味、酸味、隔夜味、潲水味，都闻不得。

这就说到新隆园的厨师了。邱师父，肥头大耳，站在那儿像一扇门板。据称是从杭州请来的，身价很是不菲，一个月多少银子，连老尤也不知道。马生隆用厨师，是需要考试的，给一把菜刀，一块案板，一条猪里脊肉。点一支香的时辰，让邱师傅切成块、段、条、丝、片、工、粒、茸、末、泥等形状。结果是，一点问题没有。

然后，切一块牛柳。不是胡乱切的，有直切、跳切、推切、拉切、滚刀切、转刀切、滚料切、推拉切、锯切、拍刀切、绸上切等刀法，要根据牛柳的纹理，来做最合理的肢解。

但见那邱师傅挥起菜刀，如张翼德入了长坂坡，一时飞刀走线，银光闪闪，不一会儿，一块牛柳不见了，肉丝细如毫发，肉丁圆润如珠，肉条根根笔直如火柴梗。

马生隆自己无刀功，但他见过最好的刀工是怎样的。据说，早年他的梦想，就是当一个好厨师。老马不允，古训说，"君子远庖厨"。可小马也搬出了古人的名言，老子曾说，治大国如烹小鲜。古代的厨师地位一直很高，有人把做宰相称为"和羹调鼎"。早年小马曾经私下拜过一个师父，常州人。教过他一点章法，知道一把菜刀，有片、排、披、斩等多种刀法。他当年半途而废，一是没有长性，吃不了苦，二是父亲老马激烈反对。马家好歹也还有些家产，还开着饭馆，马公子将来是要继承父业的，当厨子，一身油烟臭，怎么继承家业啊。

回到那天的"试吃"宴会现场。前前后后，冷菜热炒羹汤点心一共二十八道。层层叠叠，云山雾罩，一众人等好比跟着跋山涉水，最后一道清淡的靓汤上桌，终于皆大欢喜，大家都有一种从蓬莱仙境跌落人间的感觉。

有人冒出一句：这桌菜要多少银子？

看似平平常常一句话，其实是个疑问句，也是一个反诘句。至少有两层意思，一是提醒大家，器隐镇餐饮界约定俗成的最高标准是多少；之前去器隐镇上档次的餐馆请客吃饭，最贵的酒席，称"和菜"。张三李四，王五赵六，各人想吃的菜，和菜里应有尽有。分别是头菜全家福、糖醋鳜鱼、清蒸螃蟹、响油鳝糊、清炖甲鱼、醉鲜大虾、板栗煨鸡、红烧八宝鸭、河蚌咸肉腌笃鲜。冷菜有白斩鸡、酱牛肉、卤皮蛋、醋伴海蜇头、凉拌芹菜等。外加小笼蟹黄包、八宝甜锅饭等点心。这样的一桌饭菜，最高消费是三两二钱银子。

此话的第二层意思，就是在诘问，你如此铺张地搞这么大阵势，把东南西北但凡够得着的地方的美味佳肴都弄了来，到底想干什么？首先，你收多少钱，是大家能够消费得起的价格吗？其次，你这样做，无非想鹤立鸡群，实际上把之前大家确立的以"和菜"为至尊的标准搞乱了，这就给器隐镇的餐饮业带来了混乱。如果大家效仿，大量的外来货进埠，那本地的食材供应商怎么办？

比如说，每天清晨靠在伙头巷河埠的几十条渔船，以及百搭巷里卖山货干货海货的那些店铺。

还有一些不知真假的消息。比如，那天"试吃"的宴会后，有一位老先生回家鼻子出血了，有一位前官员也突然上火，牙疼了一夜，还有一位百搭巷里的风水先生，一张阔嘴吃四方的，半夜竟吐了一痰盂。

　　这些消息像一阵风吹过。老百姓关心的，是新隆园的价格和服务。那么多耳目一新，好吃又好看的菜肴，居然只比之前大家公认的"和菜"贵那么一点点——以"一品当朝"为龙头的十八道菜肴，只收两块银洋。

而当晚食客们私下的猜测，至少每桌会收三块银洋。

两块银洋，马生隆岂不是要亏本？

彼时一块银洋可以买多少东西？据长辈们回忆，一块银洋可以购买二十斤大米和八斤猪肉，余下的零碎钱还可以买三尺棉布、半斤白糖、两斤盐、两斤豆油。

也就是说，在马生隆这里吃一顿饭，可供一个三口富裕之家一个月的开销。

贵与不贵，看你怎么算，也要看是谁来吃。

怪只怪"试吃"的那晚，马生隆有点用力过猛，把好东西全都上了，有的人鼻子出血，有的人牙齿上火，有的人肠胃不适，那或许不是他们的错，而是他们的肠胃长期只接受"和菜"系列，发生的一次小小反叛与捣乱。

再来说说新隆园的服务。我们过去说到古代的酒馆服务员，统称"店小二"或"酒保"，基本都是男性。可是您一踏进新隆园的大门，迎面上来的却是一位美女。她给您鞠躬，然后递上一条热腾腾、香喷喷的毛巾。器隐镇虽然地处江南，与外界四通八达，但在风气上还是比较偏于持重。场面上的事，由不得女子来，除非这个女子特别厉害——女子做餐馆的接待与服务，新隆园无疑是首创。一时新鲜，争相目睹。一连几天，新隆园门口有点堵。那个给客人鞠躬递热毛巾的女子好体面啊。俊俏是北方人的说法，本地人喜欢叫体面或者好看。她的鞠躬蛮得体，不是随随便便，或者轻佻孟浪，连同笑容，像风拂杨柳，又如秋水盈盈，真切中绝无江湖风尘感。

有人说，光是这个鞠躬和笑容，还有一条香喷喷的热毛巾，就值一块银洋。

此女是谁？看她面容，颇像马生隆的老婆崔玉儿。一问，是崔玉儿的表妹招儿。15岁，已然出脱得亭亭玉立。也是唱戏出身，玉儿出嫁，她就也不唱戏了。她会在新隆园的包厢里唱堂会吗？所有的人都说不知道。

不过，器隐镇的一些民间"头面人物"，比如衙门的邵典史、文庙的郭教谕、钱庄的何老板，更关注的是新隆园的餐饮器具。如此的辉煌气派，相得益彰，是何人指点的？马生隆哪能一下子有这么大的能耐？而餐具的琳琅满目，珍稀罕见，更是让人匪夷所思。

不管如何，马生隆现在是个人物了。他从器隐镇上走过去，很多人争着跟他打招呼。去茶馆喝茶，最好的位置要给他留着。古往今来都是这样，一个人出了名，想低调也难。现如今订一桌新隆园的饭菜，是器隐镇很体面的一件事。伙头巷里，如此的一家独大，树大招风也不算什么了。无非一些人嫉妒，一些人啰唣，都是一风吹过。

不过马生隆好景不长。倒不是器隐镇上有哪个人要跟他过不去。而是他的二股东娄老板，突然就跟他翻脸了。

江湖之上，朋友翻脸乃常事。特别是合做生意的朋友，孩儿脸一样说变就变。娄老板虽然人在宁波，但新隆园菜馆的所有动静他都一清二楚。每天有多少客人他不管，他关心的是红利。按老尤的书面报告分析，这个菜馆应该是全世界最混账的，没有之一。为什么呢？生意太好，利润太差，差到吐血。按每天上上下下所有包厢客满的利润来算，最不济也应该赚 N 两银子，可是，新隆园最好的业绩是平账，亦即不亏不赚，而差不多三分之二的记录，都是亏本、亏本，还是亏本。

老尤的笔调里有着理所当然的忧心忡忡。他认为新隆园不赚钱甚至亏本，有以下几个原因：一是不计成本，过于强调食材的真、鲜、活，调运食材的人工和车马费用太高；二是餐标太便宜。明明是山珍海味的档次，卖的却是随茶便饭的价格；三是在餐具和包厢环境上投入的资金太多，动不动就跟京城、省城的豪华酒楼比，完全是一个败家子的做派；第四，老尤揣测，马生隆这样做，或许有什么背后的动机，他或是想捞什么资本，花钱买名气——这是一道附加题，没有什么真凭实据。但就是最后这几句话，惹怒了娄老板。他可以忍受亏本，有亏才有赚嘛！但他不能忍受拿他的心血银子，去满足包装在华丽外表下的个人私欲——说到底商人还是在商言商，只要不赚钱，就做不了长久朋友。娄老板这个人做事干脆利落，让一个认准了一条道狂奔的人回心转意，是不太可能的。他没时间耗下去。撤资，不干了。就这么简单。

问题在于，马生隆和娄老板的合作并没有非常具体的合同。当时在一起吃饭吃高兴了，扔下一笔银子，留下一个管家，就这样"合作"开始了。白纸黑字的协议书倒是有一个，可那是老尤后来补续的。条款不多，都带有某种偏向。老尤文笔厉害，文字都带倒钩子的，咬上了就拨不下来。协议书最大的亮点就是娄老板随时可以抽身而去，不用承担经营不善或不可预知原因造成亏损的任何责任，而他投资的银子必须按二分利息计算。马生隆当时正在兴头上，没有对这个协议书斟字酌句。他又爱面子，不想把事情闹大，不就是要撤资走人吗？行，可以。都是朋友，何必为了几个钱撕破脸面呢！

马生隆倒是爽快。但是账房告诉他，眼下除非把酒楼卖了，一时绝对拿不出娄老板的投资款来。娄老板逼得又急，怎么办呢？而且雪上加霜的是，百搭巷钱庄何老板也来找他了，四分息的高利贷，每个月都要还钱的。马生隆咬咬牙，把父亲名下的一家茶水店卖了，又偷偷把老马收藏的几件古物——一件宋代的鎏金乳钉纹银簋，一件明代的黄玉猴，还有一幅唐伯虎的仕女图、一个董其昌的扇面，反正都是老马压箱底的宝贝，卖给了百搭巷的宏泰当铺。人一急，钱也跟着急，羊肉只能当狗肉卖，拼拼凑凑，挖肉补疮，好歹把娄老板送走。马生隆面对着一堆账单，突然急火攻心，一口血冲上来，哗的一口喷到对面的柱子上。人不声不响地瘫软在地上。

这件事有点大。新隆园最近太牛，太火爆，订单排队，已经排到一周以后。娄老板在撤退时也没客气，放了一通厥词，好比给马生隆喷了一身洗不掉的黑漆。也有原本就嫉妒得像兔子眼睛一样的同行，各种苍蝇馆子，这个时候添油加醋，无异于趁火打劫。各种事情都来了，突然刚上的甜汤里浮着一只苍蝇，还有老鼠屎混进八宝饭什么的。都是小儿科级别的把戏，明眼人一看就知道。按理，器隐镇民风淳厚，餐饮业还不曾有过这样恶心的事。但是话又说回来，谁让你新隆园把别人逼得鸡飞狗跳、半夜里噩梦不断的呀。有权威的食客反映，近日新隆园的菜肴口味，要么寡淡、要么辛辣，原先的淡鲜入味、余香绕舌，说没就没了。怎么回事啊？先是传出厨师邱师父撂挑子，据说是工钱被拖欠了。然后说资金周转不灵，上气不接下气，很多食材只能降低档次。按理这不是马生隆的路数，若是真的，可见马生隆的钱袋漏风，尺寸已然不小。接着订单开始缩水，挤着插队的食客都不来了，账单却从各处飞来。谁也不知道，马生隆真敢欠账，从北面的常州、东面的苏州、南面的嘉兴，从碗碟、家具、餐具、食材甚至粮米、柴禾，都有欠账。

这个时候，一个女人站出来了。

《马氏族谱》对这个女人的评价是这样的：

……先太祖母马崔氏，贤淑干练，守贞德而持家有方。辅助先太祖父度厄苦修，至柔而刚。

马崔氏就是崔玉儿。嫁给马生隆后，她当然就变成了马崔氏。

古代的家谱一般不出现女人的名字，偶尔提及，也是跟着男人被捎带的。专门为其立一章节，几乎没有可能。您可别小看上述区区几行字，力气用得很重，这在古代，实属不易。

度厄苦修，至柔而刚，这八个字应该是上文的核心。事实上，马生隆病倒，其实就是趴下了，一度光鲜夺目的新隆园菜馆，突然像一艘汪洋中的破船，或者像案板上一块随时可能被剁碎的臀肉，一时乱作一团。关键时刻，马崔氏站出来了。据说她做的第一件事，就是安抚并且辞退厨师邱某，付清了他的工钱，还给了一笔遣散费，让他走人。邱某做得不好吗？不是的。马崔氏认为夫君的餐饮路线有问题，邱某只能做大菜，不屑烹小鲜。而器隐镇上的食客，即便是大人巷里的那些个吃货，哪能承受得了每天吃大餐啊？坊间有一首顺口溜是这样的：小鲜三六九，大鲜偶尔有，家中菜根香，越吃才越有。意思是日常生活中，杀杀小馋的"小鲜"，最多也只能隔三岔五地嚼一顿；大补之物的"大鲜"，更是只能偶尔为之。家中的青菜萝卜粗茶淡饭，才是日常岁久的传家之宝！

马崔氏虽然从小跟着父亲唱戏，游走四方，却是个过寻常日子的人。她知道人都爱吃一口新鲜的，但过日子的稻饭羹鱼，是老百姓活命的根本。与之匹配而滋生的口味，俱是老祖宗留下的。平常家里吃不到、做不好的东西，才上饭馆吃，此是常理；而饭馆里的菜肴，必定要做得比家里鲜美，而并非须用太奢侈的食材，来为难大多数囊中羞涩的平常百姓。

于是，马崔氏请了一位烧淮扬菜的师傅，姓修，此公扬州人氏，最拿手的菜是清汤狮子头。吃货们一听就明白,什么狮子头,不就是一团嫩肉加荸荠吗?哪家饭馆没有!这就都知道,新隆园改走大众路线了。什么炒三鲜、腌笃鲜、蟹粉干丝。马生隆能同意吗?此时他病在床上,翻个身还要人帮忙。债客踏门之时,是马崔氏的小身板去挡着的——他还能说什么呢?

新隆园还是马老板当家。这是马崔氏宣布的,她自己,不过是替夫君跑跑腿的。捣蛋的人天天都有,比如,想占她便宜,吃她豆腐的人,轻则饭吃到一半,要她进包厢给大家唱一曲。你若是不唱,他不付钱——就欺负你是个妇道人家。相公病在床上,酒店频频告急,马崔氏给大家唱一曲,有那么难吗?当然不是。她唱。她把周岁的女儿绑在背上,十字披挂的扎法,让人一看,有一种穆桂英出征的味道。她唱滩簧调,抑扬顿挫,唱的是《孟姜女哭长城》:

……
十月里来北风高,霜似剑来风似刀。
风刀霜剑盼留情,范郎衣单冻难熬。
……
十二月里雪茫茫,孟姜女城下哭断肠。
望求老爷抬贵手,放我过关见范郎。

唱戏的时候,她哪里还是马崔氏,分明是一个有情有义的孟姜女。或者,她就是那个大家久违了的崔玉儿。她入戏太深,悲悲戚戚、哀哀怨怨，身如弱柳，长泪双流，唱得食客们直抹眼泪，驮在她背上的孩子也在哭。想占便宜的人，灰着脸走人了。可也有不依不饶的人不肯买账，拍着桌子说，老子花钱是享乐的，不是来陪你抹眼泪的。马崔氏并不恼，给客人沏茶，递热毛巾。然后，唱了一曲《狸猫换太子》：

我有心见万岁把真情献上，怎奈我弱幼女难奉君王。
自幼儿进宫辞爹别娘，我一心禀忠厚侍奉君王。
又谁知遇刘后狐群狗党，造假象害太子诬陷娘娘。
我岂肯染污垢把良心昧丧，将一片忠义心付与汪洋。

或仰天长啸。或泪满双襟。自古人心都是肉做的。马崔氏至情至义，大家都看在眼里。她从小跑江湖，见多识广。知道什么时候该怎么用力，又能把持住自己。但凡有点良心的食客，再怎么为难她，到这个时候，也只能自找台阶下了。真要有歹毒之人，存心要拆台的角色，把马崔氏逼到墙角，别忘了她怀里还藏有一把磨得飞快的张小泉剪刀呢。

她不是用剪刀扎别人，而是扎自己。手势与角度完全是舞台效果。她把剪刀拔出来，先把自己手指头刺破，眉宇之间一股凛然。流血的手指在白墙上写下血书，字写得歪歪扭扭，却如戏文般铿锵有力。

逼奴死者，九泉不饶！

这把常常揣在怀里的剪刀，后来渐渐有了名气。街坊们都知道，这个小娘子是有兵气的。她脸上开成一朵花的时候，也是张小泉剪刀随时准备出刃的时候。

于是，拆东墙补西墙，兵来将挡水来土掩，便成了马崔氏的生活日常。连姐姐唱戏积攒的压箱底钱，都被她借到手了；娘家舅舅的两间旧房，是她帮着找到了一个好人家，卖了八十元银洋——然后舅舅借给她还了一笔火烧眉毛的高利贷款。反正，左手进右手出的银子在她手上飞快盘旋。你能看见一双绣花鞋踩着急匆匆的碎花步，奔走在器隐镇的大街小巷——新隆园菜馆在经历了短暂的混乱与冷清之后，迅速地恢复到人气涌动。原先的包厢根本不够用，很多人在等着翻台——之前马生隆不允的，马崔氏却一口说行！顺便说一句，楼下进门的地方，屏风被撤了，连同那幅冰天雪地的巨画。这样就把散座的地方给腾出来，增加了人气。也没有面带笑容的鞠躬和热毛巾了。招儿的新身份，是一个跟着修师傅打下手的厨娘。按理厨师这一行，就怕别人抢他饭碗，厨房是不让进的。但修师傅喜欢招儿，说她特别像他早夭的一个女儿。这就是缘分了。新隆园菜馆也有不变的地方，餐具、环境、口味，还是原来的样子。马崔氏说，这些都不能改，那是相公的命！而菜肴的档次，到底什么算是高，什么算是低，马崔氏与夫君的理念是有差别的。现在馆子在她手里了，当然是她说了算。

顺便抓过一份菜单。看看吧，都是家常菜。

阳羡头菜（原料：鱼圆、肉圆、开洋、海参、蹄筋、油发肉皮、水发蹄筋、木耳、笋片、青蒜。）

口味特点：醇香浓郁、口味清鲜、爽口不腻、配色鲜亮。

此菜以圆口鼓腹大元宝形宜兴砂锅装置，耐热保温，色泽和煦。内壁敷以深色釉水。诸鲜荟聚，各显其味。热气生腾之际上桌，乃以"全家福"之气势领衔宴席。

芙蓉银鱼（原料：取时令太湖三白——"白鱼、银鱼、白虾"之一，佐以蛋清。）

口味特点：色泽洁白、鲜气扑鼻、软嫩润滑、到口即化。

此菜起锅，即装入一只七寸青花缠枝芙蓉花形餐盘里，周边缀以香菜、枸杞子。清清白白翠翠红红。一如明眸美眉互不争妍，甚是美妙。

素珍元鼎（原料：雁来菌、竹荪蛋、小花菇、榆黄菇、鸡枞菌、乳牛肝菌、老母鸡。）

此菜乃慢火烹制。各种菌类取材时令阳羡山区。竹荪蛋非蛋，乃寄生于枯竹根部之隐花菌类。状如鸽蛋，寒性味甘，清火平躁。甚鲜嫩。

口味特点：菌嫩汤浓、诸鲜交织、口感清厚、回味隽永。

此菜盛于一只远古年代的"烹元鼎"中。仿周朝青铜器，宽口，圆鼓腹上有饕餮纹，如琢玉之精，有庄重古典之美。配之以仿青铜器调羹，黯肝色，呈手造之美。

肉酿黄雀（原料：野生黄雀 12 只——栖息于古阳羡北部水乡芦荡之中，秋天最为肥嫩、骨脆。黑猪里脊肉，毛豆子，黄酒。）

黄雀为本地特有之佳品，肉质肥嫩，骨可咀嚼，猪肉剁碎，塞进雀膛，周边缀以毛豆，以黄酒调制，回味无穷。有滋阴壮阳之功效。

口味特点：此雀骨骼细小，骨味胜肉，雀首尤佳，肥堪河豚，切细嚼慢品。

此菜宜文火清蒸，以竹笼蒸架为好。

装盘之巧：以青花荷叶菱形盘，鸟头齐聚，仿佛水天一色、九九归一，其中奥妙，食之方知。

雪菜竹鸡（原料：竹鸡非鸡，乃阳羡南部丘陵山区竹林中，一种奔跑极快，能短暂低空飞行之野禽。比土鸡略小，翅略长，锦羽华艳。取农家腌制雪菜。黄酒、蒜瓣、生姜若干。）

此菜特点乃肥嫩而生脆。有山野味，以雪菜吊鲜，谓：以土尅土，土土生鲜。食之最后，竹鸡尚存，雪菜全无。

盛菜器具，用梅子青瓷腰形盘。山野竹林之翠尽收眼底。

腻蟹糊（原料：滆湖清水螃蟹两只，一团一尖，团脐四两，尖脐 5 两。熟肥膘、油发肉皮、鸡蛋一个、木耳、熟鲜笋、淀粉、白胡椒少量。）

以鲜稻草将蟹脚扎紧，洗净。放入竹蒸架，隔水相蒸，佐以黄酒姜块，用大火蒸煮一刻钟。拆蟹取肉与黄。将熟肥膘煸炒，融入蟹肉蟹黄，炒出蟹油。

后续制法，乃新隆园菜馆独家秘籍。恕不发布。

口感：甜酸交融、微辣滑口、嫩香回甘、余味悠长。

此菜品须以蟹篓形瓷罐盛装，保温且储味。谓蟹中吃蟹、鲜中品鲜。

清炒地衣（原料：春夏之交，雨后之江南田野滋生一种藻类植物，谓地衣。形如黑木耳，紧贴草皮，汲取地气甘露。味平和，理气爽目。与鸡毛菜合炒、青绿乌亮。碧旺爽清。）

口感：入口脆爽、嫩滑淡鲜。

盛装此菜器具，以两节打通之毛竹，腹内磨空，底部以四根短竹枝向外做成"八字"撑脚。其修篁清馨、山野地气，尽收一筒。

此器具新鲜亮眼，食客纷纷赞叹。一问，乃百工巷毛家竹器店手笔。原来马崔氏与毛家沾点亲，论辈分，马崔氏要叫毛杏妹姨娘。马崔氏这段时间老往毛家竹器店跑，于是就有了以竹筒盛菜的器具。

马崔氏其实心亦很高。但她做事比夫君稳当一些。半空里飞来飞去的事，在她而言，都是戏上演演的，过日子要两只脚踏在地上，稳稳笃笃，才好走路。她心细，也见过世面，对自己在意之事，嘴上不说，内心断然不肯迁就。

有一段日子，马崔氏最难的事，竟是哄夫君吃药。当时马生隆病得不轻，几个郎中轮番上门，最后都被他轰走了。

马生隆到底得了什么病？几个郎中俱是语焉不详。"肺火郁积、邪气弥散"是郎中们比较一致的说法。至于下不了病床，马家后人认为，那是风湿性关节炎作祟。这个病有可能是老马家的遗传，《马家宗谱》多次提到家族后人与此病抗争的细节。

其中有一个情节蛮有意思：喝药。郎中们给马生隆开了几个方子，据说药性是连环的，好比木生火、火生土、土生金、金生水的道理。可是，天天喝苦水，马生隆哪里受得了。几日下来，就死活不肯喝了，还无端生火骂人。马崔氏倒是不恼，小碎步颠颠的，在夫君身边移动。她把夫君最喜欢的那套"当朝一品锅"取出来，把四种药汁分别装在四瓣桃圆形的分锅里。就像上菜一样，齐刷刷地端到马生隆面前。

可以想象，马某一见此锅，眼睛便顿时发亮。药气袅袅上升，他竟然眉头也不皱，端起一只分锅，欣赏着上面镶嵌的玉石、翡翠，少顷，竟将药汁一饮而尽。

还津津有味地擦了一下嘴角。

马崔氏突然明白过来。夫君的病根，就是他的癖。癖是他的命，也是他的病。马生隆只要见到那些精美罕有的器物，精神头说来就来了。马崔氏果断地把菜馆里那些最精美的器皿撤回一部分，比如，马生隆最喜欢的一套镶金碗，是从潮州买回来的；还有一套仿古的银质餐具，尊鬲、雷纹豆、伯申宝彝、曲耳宝鼎、伯硕父鼎等。马崔氏只要把药汤倒进这些器皿里，马生隆就肯喝了，他入戏很快，药汤喝完，还接着要——基本是喝酒的路数了。马崔氏没办法，郎中反复叮嘱的，说马老板身子太亏，酒事与房事都要戒。只能把酒壶藏起来，将烧开放凉的水兑进那些器皿里。

马生隆这辈子，做得最蠢的一件事，就是在老婆的腰上踢了一脚。这一脚，差点把这个家给踢没了，也差点把他自己的后半生给踢没了。《马氏族谱》上，当然不会记载此事。但是，这事当时动静并不小，因为它让挣扎中的新隆园菜馆，说没就没了。

马生隆平素不打老婆，夫妻间还是恩爱的。但他有少爷脾气，也有些男人的坏毛病。按道理，马崔氏救了菜馆又救了夫君，没有功劳也有苦劳，马生隆何故要踢出那么重重的一脚呢？

恩爱夫妻也会有口角。到底是马生隆贪酒，马崔氏不依；或是马生隆听到了什么风言风语，说马崔氏举止孟浪、有悖妇道，怒火中烧；还是马崔氏私藏金库、账目不清，久病的马生隆心中生疑？

都有可能。夫妻间的事，外人哪能讲得清楚。时间退回一百多年，男人打老婆，在许多人眼里还算个事吗？

反正，踢也就踢了。马崔氏伤得有点重。她不能去菜馆主事了。头两天，招儿还能应付，但菜馆明显是乱了方寸；接下来，问题开始滚雪球了。原先欠下的债，全靠马崔氏拆东墙补西墙倒腾，她一倒下，债主全涌到门上，这个阵势，把马家上上下下的人都怔住了。

马生隆或许在踢出那一脚的时候，立马就后悔了——这个家最危难的时候，是靠女人来支撑的。他后来的表现还算男人，菜馆的生死，他根本不管了，救老婆才是最重要的。据说他变卖了平生最喜欢的一件器物，一只金镶玉的螳螂，眼睛和尾巴会动，只消你咳嗽一声——是明代宫里的玩物。卖出去的时候，他哭出声来了。当铺的袁老板问他是否后悔了，他擦擦鼻子，说不后悔。今天卖给你，我只哭一日，若是不卖，我要哭一世。

卖宝贝，对于马生隆来说，不啻是奇耻大辱。但是他终究想明白了，是哭一天还是哭一世？这其中，其实还套着一个问题，这是一个值得珍爱一生的女人吗？

　　这个有癖的男人，居然还有深情。那只让他依依不舍的金镶玉螳螂，为他换到了一笔钱。他立马去了苏州，把医术高超的史郎中请上门来给马崔氏看病。他自己的病，却是再也不提。史郎中开的方子倒是不很贵，但有几味药，比较难找。其中是否有原配的蟋蟀之类，我们不得而知，但类似藏红花、冰山雪莲这样的药，本地乃至周边乡镇药房只有陈药，而史郎中坚持要用现采的鲜货煎汤——这如何是好？反正马生隆豁出去了，先是把新隆园菜馆卖了，但告示一出，三五日过去，居然无人接盘。马生隆急等钱用，又只能卖他的宝贝了。

　　讲明了，是救妻。这期间，马崔氏趁着夫君在外奔波，寻过一次短见。她不是怨恨夫君，而是不忍心夫君为了救她的命，撕肝裂肺地卖他那些宝贝。但她支撑着刚把一根绫带悬在梁上，就被表妹招儿发现了。《马氏族谱》当然也不会记录这样的事，但是对马生隆变卖12件心爱的器物，千里迢迢去西南藏地寻找冰山雪莲和藏红花，最终治好了马崔氏的病，却一点也不吝啬笔墨：

　　先太祖生隆公一生钟爱器物，乃器隐镇第一收藏大家。时年先太祖母马崔氏病危，生隆公不惜变卖体己宝物，共12件，除刀币、金簪、银碗之外，还有田黄、鸡血石乃至顶级翡翠。偕妻横跨六州八府，迢迢三千里遍寻良药，所到之处，闻者无不赞叹。

古时行走三千里可不简单。不知道腰间有伤的马崔氏，是怎么经受那山高水长的车马劳顿的。让人忽发奇想的是，滚滚黄尘的驿路上，有马生隆的陪伴和悉心照顾，对马崔氏来说，也许便是最好的一帖药。或许，苏州史郎中用的最好一味药，就是让这对欢喜冤家把身边的一切放下，来一场说走就走的旅行。

器隐镇的人们可不傻。史郎中这副药方，也太绝妙了吧——那只金镶玉的螳螂真立了大功。从躲债的角度说，还有什么托辞，比马生隆千里陪妻寻药治病更合适呢？这是其一。马生隆在颠簸的旅途中其实把自己的病也治好了，那些疙疙瘩瘩的心病，随着沿路的景致，随风吹了，这是其二。马生隆的心胸与眼界也为之打开，以他的性情，一路上还可以结交些朋友。至于器物的收藏，他能不能明白一个道理，还不好说。其实世间最珍贵的器物，在谁手上都一样，人生匆匆几十年，谁都是个临时保管员，如此而已。

反正，大半年之后，他们风尘仆仆地、光光鲜鲜地回来了。

新隆园菜馆当然翻篇了。但马生隆并不像别人想象的那么悲催。他后来开了一个馒头店——这应该是马崔氏的主意。马生隆不怎么露面。馒头店的生意，还算红火。鲜肉馒头、羊肉馒头、笋肉馒头、鱼肉馒头、虾肉馒头、雪菜馒头、细沙馒头、萝卜丝馒头……都很好吃，真心好吃！开始是口碑，后来，"马家馒头"成了器隐镇的一绝了。

马生隆后来过得还好吗？反正庸常的日子咸一阵、淡一阵的。那些亏欠的债务，如毒蛇，又如藤蔓。马生隆的馒头一时还填不满任性年代留下的窟窿。随着年岁增厚的,唯有他的脸皮。他还有癖吗?不知道。反正最艰难的时刻,很多心爱的器物已离他而去。只有一样东西,始终没有变卖,那就是当朝一品锅。逢年过节的时候,这口火锅会隆重地出现在马家的餐桌上,里面盛的,当然不可能是山珍海味了。但哪怕是清汤寡水,只消坐拥此锅,一份微妙的感觉,便会让马生隆浑身舒坦。反正他觉得,锅在,家在,便什么都在了。略感欣慰的是,即便是离他而去的那些宝贝,反正都还在世间,只不过是别人在替他保管而已。

都知道,一品当朝锅在马家,是镇宅之宝。因了它,街坊们依然不敢小瞧他。

时间走到1951年,马家的后人要求进步,把它捐给了北京一家跟皇帝有牵扯的博物院。也就是说,它回老家了。那时不讲究"捐赠证书",对方只给了一张窄窄的铅印收条,但上面盖着一个大红的圆戳,鲜艳而夺目。马家后人特别满足,把它拍照,放大,印在《马氏族谱》里,看上去场面很大。

第五篇

合欢桌

汪素娥这样的名字，或许就像天上的星星一样多。

　　是的，旧时器隐镇，一个叫汪素娥的女子，嫁了姓李的相公，别人就叫她李汪氏了。李汪氏农闲时，在车水巷附近卖豆腐花，时间久了，人家干脆叫她李豆花，自己的名字，就这样一来二去地弄没了。不过彼时女子都这样，名字不过是个符号，日子才是自己的。而李豆花是个有主见的女人，她第一次将家里那张楠木合欢桌的一半拿到宏泰当铺去典当时，应该是丈夫李连生离家后的第二年春天。

　　何谓合欢桌的一半？原来，此桌由两张半圆的桌子拼合而成。丈夫在家时，两张榫卯结构的半圆桌合在一起，称合欢桌。圆圆满满，高朋满座，是丈夫李连生在家时的常态。合欢桌上，打麻将、喝小酒，蛮闹忙的。丈夫出去做生意了，一两年音讯全无。女人守家不易，男人一走，合欢桌的一半，就撤到后屋去了，这不用丈夫交代，当地民间规则，都懂的。桌子的一半，却还在堂屋摆着。那是让人们知道，男人不在家。人家进门一看，几句话说完，掉头就走了。

　　是不是器隐镇的每一户人家，都会有这样一张合欢桌呢？倒也未必。不讲究或者穷苦的人家，哪来这样的摆设。不过，场面上说得过去的门户，一张合欢桌必定是有的。

　　既然它连接着一户人家的场面，李豆花何苦要把半边的合欢桌，拿到宏泰当铺去典卖呢，难道她男人不回来了吗？不是的。男人不在家，她除了卖豆腐花，家里还有几亩薄田——农忙时还得雇工，自己也要去田头送茶送饭。而卖豆腐花，起早贪黑，本小利少，蛮辛苦的。婆婆有病，药罐子不离身；儿子自小瘦弱，长得蔫巴，时间长了，捉襟见肘，这个家就要撑不住了。

　　男人不在家，那另外的半张合欢桌也用不上。若是送到宏泰当铺，能换多少钱呢？具体的数字，没有人能记得了。关键是，这年春天的时候，李豆花把半张合欢桌送进宏泰当铺了，在李家，这只是一个无奈之举，但是对于李豆花，却是一个历史事件。半张合欢桌，当然不能等同于半个老公，但是，它一旦离开了李家，就会招致很多不同的解读——李豆花很强势吗？倒也不是。关键是李母发话了，这个家里，已经习惯了一过春天就把换季的棉衣送进当铺，换来购买种子和修理、更换农具的钱。顺便说一句，车水巷里的农人，多半是这样的。通常，一个佃户耕作一年的所得，在缴纳地租后，只够维持不到半年的开销，其余时间，要么倒腾点小生意做，要么把暂时不穿的冬衣交付典当铺，以换取谷物和日常开销的费用。到了秋收之后，再用新米兑换的钱，去当铺把棉衣赎回来，安安稳稳地度过江南的寒冬。

　　李家的情况跟别家大同小异。李母病得不很厉害的时候，是持家的好手——她还会织布，一家老小的四季衣裳，都是她纺纱织布，日夜熬出来的——购买棉花也需要一笔钱，还有织布土机的修理，都要花钱。家里值钱的器物实在乏善可陈，但日子还是要过下去。典卖合欢桌，按说不是一个理智的选项，但是李母点头了。站在常理的底线上，做母亲的，一般不会把象征着儿子回来团圆的合欢桌送进当铺的。那是为什么呢？

　　知情人给出的解释是，这恰恰是老太太的开通。先把那半张搁在后屋吃灰尘的桌子拿去当铺换钱，以解家中燃眉之急；秋收之后，手里有了点碎银子，再把它赎回来，不就两全了吗？

　　婆婆点头这件事，对李豆花非常重要。快过年了，她几次梦见丈夫李连生回来了。李连生若是见到合欢桌缺了一半，说不定会揍她一顿的，甚至，一纸休书，撵她回娘家呢。但李豆花心里不怕，因为婆婆发话了。

　　之后，春去冬来，李连生还是没有回来。过了年，春荒又随着满世界的柳絮来了，李豆花就把半张合欢桌再次送到宏泰当铺，一到冬天，年关近了，李汪氏夜里又睡不好觉，心心念念，要把那半张合欢桌赎回来。用秋收的稻谷钱付清了赎金，把那半张合欢桌请人抬回家的时候，她心里有一种说不出的松快。

　　这就要说到宏泰当铺了。

　　在一百多年前的器隐镇百搭巷，宏泰当铺或许并不是一个耀眼的店号。如果我们搭上一艘通向过往的快船，重返那个历史现场，领略一下它当年的格局与情景——映入我们眼帘的，首先会是一扇高而巨大的黑漆屏风，用以遮挡内部，方便顾客从两边闪身进入。而迎面镶满栅栏的高大柜台上，通常站着一位冷面朝奉，其实就是伙计。这个情景会让你想起一位故人的文字——读鲁迅的人都知道，当铺给他的感觉是阴冷的。少年鲁迅常常从高出他身高一倍的柜台外，送上衣服或首饰，在侮蔑里接了钱再到与他身材一样高的药店柜台上，给他久病的父亲买药。

更有丰子恺的一幅漫画《高柜台》，一个衣着褴褛的男孩，踮脚仰望着当铺柜台前的朝奉，左手扶着柜板，以免站立不稳。高高扬起的右手费力托举起一包衣物，然而那衣物还是够不着柜台的高度。朝奉高高在上的傲慢态度，更是与踮脚少年形成了鲜明的反差。

漫画上那个势利的朝奉，在器隐镇旧时的语境里，被切换成一个名叫袁心舟的陈旧人物，他腰板并不很挺，也不躬身，假咳着，从那高柜台里朝我们走来，竹布长衫，圆口布鞋。谢顶，额头很亮，黑框眼镜后面，是一双锐利的细长眼睛。一双关节颀长的手，总是在来回搓着，当一件典当的器物放到面前时，他眼里便射出鹰一样的光，但他俯下身子时，又像一只清瘦的老鹤。

大掌柜，是当年这里的人见到他时，习惯了的称谓。当铺内部的机构，严丝合缝，滴水不漏。外缺、内缺、中缺、司楼、副楼、执事等等，都是板上钉钉的职位，人浮于事是不能够。外人哪里懂得门道，就一律叫朝奉，这是徽州人带过来的称呼，徽州方言里，朝奉算是有身份的富人——到了苏杭一带，朝奉便是当铺里管事的伙计了。宏泰当铺里，最早站柜台的朝奉，当然是袁心舟，后来做到代理大掌柜，仅在股东老板之下。他说话，是算数的，就凭着一副好眼力，和对主家的忠诚。最后他回徽州老家的时候，头发都花白了，但"代理"两字并没有拿掉，这不碍事，大家还是叫他大掌柜。

有关袁心舟的古旧记忆，翻遍《器隐镇志》，未见任何记载。本地文化机构编印的一本《器隐侨寓人物》里，居然有记述他的几行文字：

徽州宏村人，然生卒不详。光绪、宣统年间器隐镇宏泰当铺首席掌柜。其鉴赏功底深厚，职业道德优良，体恤典当民众，口碑较好。诸多器物经他鉴定，去伪存真，豁然开朗。

这段文字太容易被人忽略。袁心舟的后人并不在本地，一个偶然的机会，看到了这本"仅限内部流通"的文史资料集，还是很感激的。一个旧时在器隐镇谋饭数十年的外乡人，居然被当下的人们用文字留住了。他们想给这家机构提供一些资料，比如，袁心舟字水泊，号鹤洲，享年87岁。袁家祖上是大人家，袁心舟擅长鉴定古玩字画，是有家传根基的。此外，袁心舟告老还乡后，曾写下一些文字，大抵与鉴定、鉴赏有关，还有一些，是他在宏泰当铺供职期间，遇到的一些难忘人事，其中，还写到了有关"半张合欢桌"的轶事——用我们今天的话说，那就是古代的老同志回忆录了。

袁氏后人提供的资料，并没有编入到这本成本不高的内部资料集中。但是，他们收到一封加盖了公章的打印信，其间有一些表达感谢的词句。附信还寄了一本《古镇新颜》的精美画册。其中有一帧宏泰当铺的老照片。估计那是老建筑被拆毁前拍摄的了，底色昏黄、背景模糊，有一个穿长衫的人站在门口，面影已无从辨认，从身量上看，有点像袁心舟——但袁心舟的时代，外国人发明的照相机，还不可能抵达器隐镇这样的地方吧。袁氏后人却愿意相信，这就是他们的祖先。这本画册给予他们的，是一份意料之外的安慰。想来，这里的人还是念旧，讲情义，也尊重过眼即烟云的历史。如此，无异于让一位故人在文字里获得重生。

李豆花那半张合欢桌第一次映入袁心舟的眼帘时，一个原本乏善可陈的故事，就有了一个还算新鲜的开头。

通常会有一些捉襟见肘的人家，春夏不济的时候，就把家里的瓷器木器之类拿来典当了。宏泰当铺又不是收破烂的。朝奉的脸，要不冷下来也难。

不过，李豆花拿来的半张合欢桌，却是正经的"老东西"——这个称法，是典当这一行对具备成色的老家具颇高的评价了。但凡朝奉，一般都不怎么说真话。典当这个行业，有太多的行规和暗语，一二三四五，在他们嘴里，就变成了方言暗语"留段川黄卯"，六七八九十，叫"老调考天絮"；又比如名家字画，他们称"烂纸片"，贵重皮毛衣物，称"虫吃破光板"，翡翠、白玉被说成"峭石"，赤足金叫"黄货",紫檀、花梨木到了这里,竟变成了"杂木"。而李豆花的半张合欢桌,照例先是被站柜台的朝奉贬低了一番,估价的时候,袁心舟才缓缓出场,其实,柜台前的对话他都听到了,桌子呢,他也瞄了几眼。平心而论,这半张雕花的楠木合欢桌,品相还是不错的。明代早期风格,简洁中不乏精繁。桌面光润细腻,细看,还有淡淡的金丝游纹,若隐若现。桌腿模拟成象腿,寓意万象更新;弧度刚柔并济,脚掌雕成莲花瓣,寓意圣洁吉祥。桌面下两道颈箍,分别仿竹节和绳子,镂雕精细,寓示平安清峻与齐心合力。脚掌的莲花瓣,有雍容华贵之感,寓意和顺吉祥。连接桌面和桌腿的角牙,雕刻尤为精到,牡丹芍药、石榴葡萄,呼应成趣而栩栩如生。

以他的眼光,器隐镇上不太会有这样精细的雕工刻技。这半张桌子如果从大人巷或学前巷里流出,他不奇怪;而此物竟出自车水巷里一个卖豆腐花女子之手,他好生诧异。袁心舟不但知道她住在车水巷,还吃过她的豆腐花。印象中,是寒风凛冽的一日,黄昏,袁心舟从大人巷访客出来,经过学前巷,走到与车水巷交叉的路口,无意间在一副豆腐花担子前站住,是因为李豆花的豆腐花特别好吃吗?或许是的,热络络、滑嫩嫩,口感细腻,虾米和小葱鲜亮且诱人。但关键是,李豆花人长得白白净净,如果她愿意笑一笑,双颊还有浅浅的梨涡。她显然不是那种鲜艳的女子,却有一种本分女子的耐看。李豆花话不多,头基本是低着的,旧时女子是不作兴主动跟男子搭讪的,低着头,是一个基本姿态。或许她看过袁心舟一两眼,但彼此对话是没有的。

但是，袁心舟把她的笑脸与豆腐花一起存入脑子了。

本来是一单并不起眼的典当生意。前台的李朝奉已然发话，半张桌子，怎么可以典当呢？不当！

朝奉说这话，其实就是等着当户来央求的。你一央求，自家的身段就低了三分。李豆花倒是没怎么央求，她神情是镇定的。她又不是第一次来这里典当合欢桌，不过这次换了一个陌生的朝奉而已。她之前还来这里当过棉衣呢，朝奉怎么说话，她领教过的。彼时她只是重复着一句话，她男人不在家，另半张桌子，是不能当的。

然后，朝奉不耐烦地说了一个不起眼的数字，等于是伙头巷里一堆柴禾的价格。

李豆花站在那里没有动，但看上去她并没有离开的意思。这个朝奉说话有点冲，她不计较。她在等什么人出现吗？不是的，她不认识这里的任何人，包括吃过她豆腐花的袁心舟，也只是她眼前一个匆匆的过客。她只是感觉，朝奉的报价太不可思议。她无语的时候，眼神应该是茫然的，这个茫然的眼神持续了一会儿，被从柜台里边走出来的一个人注意到了。

一般来说，前台朝奉对吃不准的当物，是要请教大掌柜的。比如，一件其实是值点钱的器物，当户嫌开价低，拿着当品要走的时候，坐柜的掌柜就会走过来，呵呵地打起了圆场。站柜的朝奉说，已经给过拳头眼镜了，意思是估价给了十二块龙洋，他还嫌低。掌柜的一看，货色是好的，就会说一句话：拳头叉子！意思是给十四块吧。这些，都是典当行的暗语行话。

如果当户还嫌低，这生意就没法做了。不过，朝奉会在当物里做一些手脚，假如是衣物，他会将衣服包起来的时候，压一只角。这样当户到了下一家当铺，朝奉打开一看，就知道是别处碰了壁过来的，价格也会压得很低，甚至还不如上一家。如此，无奈的当户又回来了。

李豆花应该感谢自己的定力。她站在那里不言不语的时候，其实有一种沉默的内力。眉宇之间，有一种她自己也不知晓的凛然。

这一天，袁心舟心情可能比较好，这也偶然；可能是他看到李豆花的时候，立马就想起那碗在寒风中吃了浑身暖呼呼的豆腐花了。他给朝奉悄悄说了一句暗语，朝奉的态度便略略有了变化，一笔差点擦肩而过的典当生意，就又进入重新估价的过程中。

说到底，这不过是一笔太小的生意，像袁心舟这样的大掌柜，若是过去，假咳一声，转身就进入里间了。但是，看上去他并不想离开。可能是他脑子里产生了一些问题，比如，车水巷里卖豆腐花的民女家里，怎么会有如此奢华的合欢桌？这张桌子，以他的眼光，起码应该待在中等以上的官员或财主家中。家具这东西，其实就是人的身价，离开了主人的气场，它就是一堆木头疙瘩。他去过车水巷，那里的稼穑人家，家中用具，以竹器、杂木为主，偶尔有一两件祖传的粗木家什，都是杂配——他也知道本地的风俗，把合欢桌的一半拿来典当，说明男人不在家。或许她男人是个生意人吧，这种楠木质地的合欢桌，说不定是哪个破落的大户人家典出来的，兜兜转转，以物抵钱，才到了她男人手里。

在他看来，此举有点草率，等于明明白白告诉别人，自家的男人久不归家了。当然或许还有一种情形，就是这个家里遇到了不小的麻烦。

袁心舟此人特别有同情心吗？此时我们还不太确定。当然干典当这一行的，不一定要跟宅心仁厚背道而驰。那么，是不是因为李豆花的豆腐花好吃，人又长得好看，袁心舟有点动心？这样说袁心舟，不太厚道。他在徽州有家眷，时不时地过来与他团圆，据说袁娘子也算是徽州美人呢。老袁此人行事规矩，从未听闻他有风流韵事——古时男人风流，是不太被诟病的，只要不下流，就是好男人了。而男人与女人之间，有时会有一种天生的眼缘，不需要半点理由。反正，这天袁心舟话比平时多，连一旁的朝奉也好生奇怪。

李豆花那天离开宏泰当铺，大概是申时光景。天色未晚，还可以赶回去卖一会儿豆腐花——她心情蛮好。虽然只是半张合欢桌，却也典到了一笔钱。她记得，比上一次典当，还多了一点钱呢。她手里的一张盖了好几颗图章的当票，明明白白写着半年的当期。也就是说，当铺在六个月内，不会把它典卖给别人。而等到秋收之后，她家那几亩薄田里，会有一些期盼中的收成。等到金黄的稻谷变成白花花的龙洋，她一定会在当期结束前，把那半张合欢桌赎回来，到那时，丈夫李连生，也该回家过年了。

袁心舟的工作，如果平时只在当铺里待着，替手下的朝奉们掌掌眼，那倒还是一份不算太忙的差事。当铺的规矩很严。大小伙计，吃住都在店里，无事不外出。有事外出要请假，还要被搜身。但袁心舟是个例外，他上边，还有一个真正的股东老板，姓赵，徽州老乡。说白了，宏泰当铺是靠袁心舟的眼力本事吃饭的。赵老板对老袁很客气，也很依仗——不知从何时起，器隐镇上但凡谁家收藏、进项了什么宝贝，从玉器、金银器、瓷器，到象牙、金石、文玩、字画，都想请袁心舟来掌掌眼。有些物件，持有人是拿到宏泰当铺来请袁心舟看的，按典当行的规矩，当铺不给非典当的器物鉴定，更别说估价了。你说出一句话，后面是一连串的反应，有的人就栽了，甚至要跳楼；有的人呢，突然就发财了，连自己是谁都不知道了。百搭巷里，古玩店多，大家都在这里混一口饭吃。你老是替别人鉴定这、鉴定那的，岂不是要夺人饭碗？

话又说回来，宏泰当铺是徽州人开的，强龙不压地头蛇。人家来请你掌眼，那是给你面子，都是宏泰的老客户，水涨了，船才能高。袁心舟见过买了假玉器追悔莫及跳河的情景，也见过意外捡漏兴奋过度一命呜呼的场面。恻隐之心，伴随着一丁点儿的炫技之念，在特定的场合，自己跟自己打架，打了半天，嘴巴赢了，内心输了——祸从口出，跟滚雪球的原理是一样的。

袁心舟对器物，仿佛有一种天生的鉴别能力，有的时候，客户还没有把器物的包袱皮完全打开，袁心舟就呵呵呵地笑了。老袁一笑，事情就坏了八成。他一般不会说别人的东西不对，遇到假的东西，他就呵呵一笑，只有真正的好东西入他法眼，他才像一口焖锅一样，屏气，半天才吐出一句话，此时必定是徽州方言。所以呢，器隐镇收藏圈子里，流传着这样两句话：

老袁一笑，坏事来了；
老袁屏气，马上有喜。

袁心舟的鉴定故事，据说一度铺满了通向宏泰当铺门前的青石板路，此话或许有些夸张，但器物本身会说话。那些拨开云雾重见天日的器物，经了袁心舟的掌眼，重新有了身价，如果给它安上眉眼，各种表情之丰富，或许是文字所难以形容的。

都知道百搭巷底，有个"天晓阁"，主人何百通，人称刀笔何、铁嘴仙，替人写诉状，代人打官司。一张铁嘴，一支铁笔，动静颇大，但这一口讼师饭吃得并不滋润。有时替人打赢官司，主家赢了嘴巴赢了理，却搭了钱，就给他一些细软、古董之类作为报酬。何百通也只能认了，一个转身就来找袁心舟变现。这世道，有的钱不是那么好挣的。老袁在何百通面前，老是忍不住要笑。老袁一笑，何百通的冬瓜脸就拉得更长了，有一回何百通又让老袁看一件老东西，紫檀云龙麒麟纹座屏风。雕工很精细，屏面上彩云龙腾，还有瑞兽麒麟穿插其间，气势与格局俱佳，不知是从哪个好人家淘来的。何百通坚持说这件东西是明代的，他还给袁心舟讲了一个江湖凶险、金蝉脱壳的故事。在这个故事里，何百通俨然是个主持正义公道的谦谦君子，其间还穿插着路见不平、英雄救美的桥段。最后的结局是，主人公执意要送他一件祖传的宝贝，那是一座明代正德年间的紫檀云龙麒麟纹座屏风。这世上什么都可以推却,唯独情义不可。他实在没办法,只好笑纳了,请百搭巷里几家古玩店的人看过,都说是对的。

无意间,暴露了一句潜台词:那几家"看过"的古玩店都没敢接——除非袁掌柜发话。

老袁忍住了没笑。何百通却没看出,他是花了力气屏住的。老袁坚持不肯说什么,是有原因的,百搭巷里大大小小的古玩店有七八家,都是要养家糊口的。人家看过的东西,他不好再说话了。再说了,他一看这个屏风就不是明代的老东西,他干吗要断了人家的兴致呢。

然后何百通就在外面放风了。在得义楼茶馆吃茶时,便说,连宏泰当铺的袁掌柜都发话了,这件屏风是明代成化年间的老东西。

还是没有店家敢接。但有关老袁的闲言碎语多起来了。

老袁私下找到何百通,悄悄对他说了实话。

这件屏风不是紫檀,实心是榉木,只有外面的皮子是紫檀的,这叫包镶之后再做旧。你看上边刻画的瑞兽麒麟,全是站着的,腿直立着,虎视眈眈的样子;这是康熙以后的样子了;因为康熙皇帝比较威武,国力也昌盛。若是明代成化的风格,麒麟一定是卧姿,前后两腿全部跪卧在地上。为什么呢?成化皇帝是个温和的人,他不太喜欢强势的东西,色彩上,喜欢清淡、平和。不信,你可以去别的地方看看。你再看这龙纹,明代到了成化、弘治、正德年间,龙纹不像前朝那样雄劲有力,脖子较细,头略小,神态和性情,俱是温柔。龙发大多从两角间向前耸，不像前朝那样怒发冲冠了。到了大清年间，龙身渐渐粗大，龙发也散开了。乾隆朝之后，但凡家具上的龙眉一定向下，龙尾加长，龙头上，生出七朵梅花包，龙爪四指并拢。这些都是朝代的气象。您这屏风上的龙，姿态呆板，龙鼻偏大，都是近些年江浙一带手艺人的仿品，江湖上称这叫"肿鼻子龙"。

说着说着，袁心舟好像是给他的学生上课。

何百通服了吗，不知道。此公向来自诩器隐镇第一铁嘴，但之后在袁心舟面前，他的态度很谦恭。偶尔在茶馆里遇到，总是抢着付茶钱。他时不时会拿些东西来宏泰当铺典当，日子过得并不容易。老袁屏住了不笑的样子，是常态。有时高兴了，就说一句：请我吃一碗车水巷口的豆腐花吧。

李豆花的豆腐花身价，就这样被老袁一点一点抬起来了。

打行老板史金龙这样的蛮汉，起先对袁心舟并不恭敬。史金龙原籍山东，号称是《水浒传》里九纹龙史进的后裔。据说他喜欢收藏古钱币，长满胸毛的前胸上，老是挂着一枚沉甸甸的刀币，用一根细麻线串着，在胸前晃荡。有一次，老袁见到了，也就看了那么一两眼，别过头去呵呵一笑，被史金龙看到了。老袁胸前差点挨了他一拳——跟器物收藏沾点边的人，都知道老袁的笑是什么意思。老袁不愿意吃眼前亏，说，我是见到您高兴才笑的。

让老袁见到了"高兴"的人，可是不多呢！

老袁没说真话。大多数的时候，他不便说真话——除非在当铺里，他不可能把假东西说成真的，但有的时候，为了当铺的生存，必须压别的同行一头，他偶尔还得在真东西面前保持沉默或装傻。昧良心是不能够，老袁试过，说了一句假话，就要用十句谎话来圆。

经常出入百搭巷的头面人物，口袋里多少会有点老物件。史金龙也算一方神圣，手里有一些别人没有的刀币，那也是身价，应该是很值钱的。问题是，百搭巷里那些古玩店都不认。史金龙手下一帮人，都指着他过日子，武松行馆每天的开销是大的。那些古玩店，不就是都怀疑他的刀币来路不正吗？天晓得，史金龙的打行并不欺负平民百姓，是他帮人家摆平了事，人家给的报酬。那么，问题又来了，为什么人家不给银子现洋，却给一些坟墓里挖出来的古钱币呢？

这倒是一个问题。没有人能够回答。或者，没人敢说他是盗墓得来的——于是，几乎所有的古玩店老板都异口同声，鄙店不收太老的东西。古玩不都是老东西吗，这里说的"太老"的东西，指汉代之前的老物件，吃不准。如此，史金龙的刀币在器隐镇，连一碗李豆花的豆腐花都换不了了。

是老袁第一个站出来说史金龙的刀币，有一些是真的。宏泰当铺还收了他几枚据说很稀罕的刀币。

其中有一枚刀币，很值得一提。老袁看了半天，回头还做了点功课，最后确定是金错刀，它有个别名，叫一刀平五千。是王莽新朝的罕有货币。老袁怕自己眼光有误，带着史金龙坐船去了苏州，专门找到他的一个师兄华先生，对方也看了半天，最后说，老弟你是对的。

那枚金错刀就留在苏州了。华先生跟老袁推来让去,最后自己拿下了。他给了史金龙一口袋龙洋。史金龙数了半天,起先还怀疑那龙洋是假的。华先生与老袁走到一边,忍不住哈哈大笑。

老袁申明,他的这个笑,跟物件真假没有关系。

接下来的一个段子是,史金龙要请老袁吃饭。居然被老袁婉拒。老袁说,你把胸前的那个晃来晃去的物件摘下来,我就跟你去吃饭。不过,一碗豆腐花足矣。

然后老袁一二三四五,把那个已经从史金龙脖子上摘下来的假刀币说得一文不值。

那是一枚什么样的刀币,又是怎么做假的呢?

齐刀币,那是春秋战国时期的一种铜币。当时流通于齐、燕、赵等国。史金龙挂在胸前的,叫"齐法化",简称三字刀。齐,指的是齐国的都城临淄,法化,就是标准货币的意思。

可惜这枚"齐法化"是假的。若是真的话,半条百搭巷都扛不动它。拿它买几处宅子,应该没有问题。

老袁告诉史金龙,古钱币的锈色,一般有"生坑锈""水银古"和"传世古"几种类型。

光是生坑锈,就有红、绿、蓝、黄等颜色。这枚三字刀,若是真货,应该是在山东淄博一带出土的,北方雨水少,铜锈坚结。如果地气燥热,年代久了,铜锈还会呈现出红紫色,此等红锈与绿锈混杂在一起,就被收藏界称为"红斑绿锈"。

可是，在这枚"刀币"上，你几乎什么都看不到。它的做假方法还不够老到，就是用盐水浸泡新做的钱币，然后暴晒，再淋雨，晒干了再浸盐水。如此反复折腾，做出来的铜锈还是比较单薄、轻浮，用指甲刮一下，就会有锈粉脱离下来，你看这锈色也比较呆板。若是真币，锈色那是很自然的。你想想，锈渗透到钱体内部，板结坚硬，锈层肯定牢固啊，圈子里俗称"入骨锈"。入土几百年以上的古钱，摔在地上，声音也不一样。

此时史某嘴张得有点大，那是吃惊，还是喘不上气，不知道。

老袁是谁？不就一个在本地混饭吃的徽州佬吗，就凭一双金鱼泡的眼睛，一根三寸不烂之舌，史金龙竟然改口称其为恩公。

称恩公，古时要拜的。老袁无论如何不允。吃饭亦不必了，老袁平时忌油腻，就去车水巷吃一碗豆腐花吧。

顺便就又照顾了李豆花的生意，虽然只是两碗豆腐花。

还顺便帮史金龙看了一下那根须臾不离身的狼牙棒，说不是乌金木，是铁力木。乌金木长在南方，质地粗糙，有明显的木纹；而铁力木则是北方荒漠地区生长的，木质更为坚硬。乌金木做家具好一些，纹理好看。铁力木的对抗力道，是首屈一指的。

估了估分量，有点偏重。摇了摇，老袁说棍子里有东西。

史金龙睁大了眼睛。弄了半天，从棍子的一头，找到一个可以旋转的暗机关，还是老袁帮找到的。极隐秘，老袁说是高手做的。

旋开一看，滚出来一些颗粒，史金龙以为是珍珠，老袁呵呵一笑，说，是水银。

史金龙是真服了。

其实它是什么木料不太重要，关键是谁拿着它，做了哪些事。替穷人仗义申冤，它就有了造化；若是欺负老百姓，它就连搅屎棍都不如。

老袁此说，并不是跟官府有仇。大人巷里，他也常常走动。多半是为了宏泰当铺的生意。名头大的官员，在外做官做久了，好东西太多，想变现。让自己或家人出面有诸多不便，一个口信，老袁就上门了。大凡做官人家，细软古董之类，都是鱼龙混杂的。假东西多，那是肯定的。道理很简单，人家求你办事时，给东西时，总要有个包装什么的，不会那么明目张胆，你也不可能马上找人验货。时间久了，东西太多，你都搞不清什么东西是什么人送的。

大人巷里的赵大人，是很和蔼的一个小老头。退休前他在浙西某地为官，官声还是不错的。告老还乡之时，还有百姓给他送匾。可见一个官员，只要做好事，百姓都是领情的。据说此公收藏甚巨。光是鸡血石章料，就有好几十枚。老袁登门，净手，看了不吱声，当然也不敢笑。天气还不太热的五月，他的一件旧长衫背心里，全是汗渍。

古时一个主政的官员喜好什么，当地的老板都是要做功课的。赵大人年近花甲才熬到一个浙西山区的府台，那地方不甚富裕不说，还时有土匪出没。他身体状况不算好，天还没大寒的时候，哮喘病就犯了。所以呢，老板们的功课簿上有个小小结论，此官若露水，北风一吹干。

若是赵府台减去十岁，力飒飒，壮蛮蛮，上有人脉，下有根须，那老板们的功课就另做了。其中有一条非常重要，就是不能把假东西送给他。

反之亦然。

老袁也做功课的。对什么人，讲什么话。官员他不敢得罪，哪怕是一个退休的官员，也还有温度不同的余热，其麾下，还有不曾退休的门生，如果他会用人，还会有正在平步青云的子弟为他效忠呢！

老板他也不愿得罪。当铺的衣食父母，并不是那些春天来当棉衣、秋天来赎冬粮的平头百姓。当铺的生意还是要靠那些一时周转不过来或者突然发了横财的富户来盘活。

其实，一句话，什么人他都不能得罪。人活在世上都不容易，大家都为了混一口饭吃。何况，一群徽州人，在别人的地盘上做点生意，和气才能生财嘛。

但是，你让他把假东西说成真的，这却不行，万万不行。这是老袁的底线。

事实上，他还是天天在得罪人。柜台前的日常，当还是不当，真的还是假的，给多少钱，都是他说了算。稍不留意，人就被得罪了。

比如，面对着赵府台视如珍宝的几十枚鸡血石，他看过之后，内心里已哑然失笑过数次了。那些装腔作势的假宝贝，看着让人闹心。但是，他不能说实话，一个前府台大人的面子，应该比磨盘还大些。但是，将一口类似呕吐物的东西含在嘴里，却也是半刻都不能忍受的。人活在世上，三碗面最难吃：情面、人面、场面。

袁心舟的杀出重围，竟然是以开一次"鸡血石如何作假的'微讲座'"开始的——形似我们今天的某些带货直播。他带来了一些道具，可谓煞费苦心。假石料太多，鸡血石的高仿，虽不稀罕，吓唬一下外行，亦聊胜于无。甚至，与真正的鸡血石站在一起，在神气活现方面，它们有时还更胜一筹。现在它们与赵府台的那些宝贝疙瘩会合了，尽管来自不同的娘家婆家，但手段与身段方面，竟然有着异曲同工之妙。

也就是说，老袁只讲自己带来的石料不好，是假在哪里的，是怎么伪装的，手段是多么龌龊的，又是怎么骗人眼球的。

手段之一，用同一块质地尚可的石章料，凿出大小不同的蜂窝面，把尚不成形的鸡血石碎料填补其间，然后磨光。看上去就是漂亮的鸡血石了。

他顺便朝赵府台桌上的一块石料扫了一眼。

手段之二：用含血量较高的石料磨成粉，找来凹凸不平有缝隙的石料，用一种黏胶合到缝隙里面，或者挖出一块进行充填，如此，误给人一种颗粒感强、"血脉"旺盛的感觉。

这种手法，骗了很多人，早先他自己也上过当。顺便，他又朝府台大人的某一枚石料瞄了一眼。

手段之三：真真假假。用相似的石料进行拼接，使得原本很小的一块普通石料变得很大。就像包团子，里边馅心是杂料，外边的皮子才是鸡血石。然后加以俏色雕刻，将黏合之处巧妙处理，或刻一枝梅，或雕一只鹤，来掩盖破绽。此等手法，心机费尽，一般人怎么看得出来。

说罢，老袁把目光停留在一枚麒麟座的鸡血石印章上，边款上刻着"梅鹤永春"。字老到，韵味略欠。老袁的功课告诉他，赵府台字梅章，号鹤峰。这枚印章，或许是他做寿时，在他为官之地的某个商铺老板送的，看上去应该价值不菲。

赵府台何等聪明人。他脸色通红，有点像眼前的一堆鸡血石。老袁的每一句话他都听懂了，就连潜台词，他也听懂了。或许他产生了一种幻觉，若以这一堆鸡血石来做某种证明，他的为官之道有点失败。怎么都是假的呢？不会吧！器物这东西若有灵性，不该与人一样势利吧，原先都说是真的，怎么人一退休，身边的东西，一件一件都变假了呢。

幸亏，有一些经高人掌眼的稀罕器物，他都藏起来了。不过此刻，他不妨在老袁面前装傻，好像他赵某人没什么家底，就只有一堆假石头。或者，让他觉得，真的假的都没事，本来就是玩玩的。血色上脸只能说明他气血上头了，擦了几把仆人送上的冷毛巾，他就佯装高兴地送客了，说自己今天开了眼界，学到了不少东西。还顺便送了老袁一幅字，吴熙载的古篆小品，蛮精致的装裱，卷轴放在一个鱼皮纹的匣子里。老袁一看就知道，这幅吴字是对的。吴熙载是大书法家包世臣的入室弟子，书画精到，尤善篆刻而取法邓石如，得其精髓，气象骏迈。这一幅书法小品，布局严谨、章法得体，意态秀逸而苍劲，绝非应酬之作。这份礼有点偏重，他如何受得起？但他若不收，无异于不识抬举。或许对方除了酬谢之外，还有一层意思，那就是要请他三缄其口，用我们今天的话说，就是封口费的意思。

老袁最后还是收了赵府台几件石章料——那一堆假石头里，也还有几块说得过去的。江湖上的事情就是这样，人家给你面子，你也要给人台阶。那几枚一般般的石章料，以宏泰当铺的眼光，就是一堆稻草价。但是，这里却不能把价格压得太低。什么大掌柜，不就是宏泰当铺的一名高级雇员吗，他不可能拿宏泰的钱做自己的人情——遇到这样的事，他只能自己掏腰包了。权当是花钱买那幅吴载熙的字吧。从大人巷里出来，拐过学前巷，走到临近车水巷的一处水边，他就把那几块石料扔掉了，心里一阵松快。

每次走到车水巷口，老袁就想吃一碗李豆花的豆腐花。就站着吃，满满的一碗，热腾腾的，吃完了，从头暖到脚。

过后老袁突然想到，像赵府台这样的资深官员，何至于为官半世就守着一堆假石头呢？为什么给他看的石料都是假的，而送他的字却是真的呢？还有那个鱼皮纹的匣子，手一摸就知道，是真鳄鱼皮，正宗的暹罗货。大人巷的水太深。人家还是不放心他，或者，先拿他试试水的。他自己却当真了。

李豆花差点被我们遗忘了。

如果不是婆婆意外亡故，她断不会忘记，在那半张合欢桌的当期到来之前把它赎回来。

说婆婆意外亡故，是指老太太白天还好好的，吃过晚饭还站在门口跟邻居扯闲篇,半夜里,突然心口绞痛,满床打滚,惨叫的声音穿过墙壁,邻居们都听到了。李豆花急匆匆的小碎步在车水巷与百搭巷之间穿行,好不容易敲开胡郎中的门,折腾了半夜,天亮的时候,人殁了,这个情节太潦草,就跟一个露出破绽的谎话一样。

但是,李豆花的婆婆突然走了,这是真的。

经历了三天三夜的折腾,从设立灵堂、通知亲友、日夜守灵,到入殓送葬,最后请所有送吊礼的亲友吃"利市饭",终于让死不瞑目的婆婆入土为安。各种场面未免冷清,可能还是因为丈夫李连生不在家——有人怀疑他已经不在人世,要不怎么一走近两年音讯全无呢。

没有人诟病李豆花,相反,有太多的赞叹——她太不容易了。懂事,也会吃苦。料理完婆婆的丧事,她也累倒了。突然想起那半张合欢桌的当票了,不好,日期已经过了半个月了。

经常与当铺打交道的人自然知道,典当物品,规矩很多。其中有一项:当铺是按月计息的,当天赎回当物,也要付一个月利息。以后每个月可让五天,名为"过五",意思是,一个月零五天也算一个月。但再过五天就要按两个月计算。到期赎当之时,延迟半个月内,姑且容忍,多付利息就是。但过了半个月,典当人没来续当,当铺就有权把当物转卖给别人。

如果我们选择一个鸟瞰的角度,会看到李豆花在那个突然想起当票已经过期的晌午,在车水巷通向百搭巷的青石路上,迈着急匆匆的步子直往前赶的剪影。头戴重孝的她,发髻被风吹得有点散乱,目光里那份焦虑，是掩饰不住的。终于，她把那张薄薄的当票递到高高的柜台上，很快，一个高冷的声音让她打了一个寒战——那半张合欢桌，因为典当人没有按期来赎当或续当，已经转卖给了别人。

好在李豆花很快就稳住神了。

按照她的计算，直到当日申时，典当才真正到期。而彼时，午时刚过，离申时，还隔着一个未时呢。

她的声音听上去不很清脆，但一句是一句。她那种回忆与提醒的语气，是心平气和的；她只是想让朝奉听清楚，她当时拿着当票离开柜台，是六个半月前那一日的申时。

古时的申时，就是当今的下午三点至五点之间。而李豆花到店时的光景，太阳还在头顶上，是明明白白的午时——置换到当下，也就是中午十一点到下午一点钟之间。

这一日的申时还没到。她应该不算延误。

遗憾的是，她的申辩基本没有回应，甚至连听众也甚少——朝奉们很忙，都在跟各自的客户磨牙斗嘴。原来经手她那笔典当业务的朝奉，却没有露面——据说请假回徽州老家了。但李豆花离开宏泰当铺时，心情并不太沮丧。她觉得那半张合欢桌不会插上翅膀飞走，即便是当铺卖给了人家，也可以把它赎回来，合欢桌这件事，合起来才欢。别人把半张桌子拿回去，有什么用呢？她怎么也想不通。

不过从这日起，李豆花有了一个重大改变。她不卖豆腐花了。并不是豆腐花没有生意，也不是她偷懒，而是她必须腾出精力，把那半张合欢桌赎回来。

早上，把孩子安排到邻居家，请他们照应。她就去宏泰当铺了。她要等那个经手的朝奉，他总要回来的吧。

没有人告诉她，那个请假的朝奉什么时候回来。

事情的走向，来到一个三岔路口。按照一般的叙事套路，会把之前袁某人吃过她的豆腐花，而且心存好感，作为一处伏笔。然后说他会怀着恻隐之心去帮她出力，最后找回那半张合欢桌，英雄救美，皆大欢喜。

可是，生活根本不是这样的。后来人们得知，那半张合欢桌，其实是被器隐镇上的一个"闲人"买走的。李豆花的豆腐花吃多了，他还想吃李豆花的豆腐。你知道的，这里的豆腐，当然不是豆腐本身，而是指对女性的一种轻浮行为——男人常年不在家，女人要守身如玉并不容易。这个"闲人"的本钱就是有闲，闲的背后，是有银子垫脚。无非，好鲜衣、好美食、好梨园、好女色。此等"闲人"在器隐镇，也是一个阶层，人们背地里称他们"快活畜生"。

李豆花经常往宏泰当铺跑。这不是什么秘密。闲人买通了当铺里的一个朝奉，凡是他想知道的事，朝奉都一一禀告了。

可能是最终没吃到李豆花的豆腐吧，闲人有点恼。就把她那张典当刚到期的半张合欢桌买走了。这种小伎俩，就像他平时泼了半杯喝得不尽兴的酒一样，根本就没当回事。

这个结局最后怎么收场呢？民妇李豆花只能天天到宏泰当铺门口去等那个休假未归的朝奉。终于有人告诉她，不用等了，那个朝奉其实是被当铺辞退的，他不会回来了。

此时，按照某种叙事套路，袁心舟该出场了吧？

倒是没有。这件事太小，还轮不到他这样的代理大掌柜管。尽管李豆花天天到宏泰当铺门口来讨公道，但她的声音太弱小了。像袁心舟这样级别的高管，鸡毛蒜皮的小事，是进不到他耳朵里的。直到有一天，李豆花在宏泰当铺门口晕倒了，额头撞在青岗石的门墩上，流了血。这个时候，袁心舟自然就被惊动到了。

一般情况下，当铺生意是很忌讳见血的——李豆花连豆腐花也不卖了，天天站在当铺门口讨要一个道理。你可以说她急火攻心，甚至可以说她走投无路，但肯定不是苦肉计——她醒过来说了一句话，相公托人捎信来，再过三天他就回来了。

没有人知道她在说什么。

当铺门口人有点杂，青红皂白，啰唣加喧闹。朝奉们没有把她当一回事。但是李豆花突然晕倒了，围观的人一下子多了起来。然后，百搭巷里，别的当铺马上放风，说宏泰当铺门前出人命了。

老袁介入这件事，并不是因为半张桌子，而是紧急处理一起流血事件。竟然是李豆花，虽然只是擦破点皮，但额头上有血，这个很让人心疼。那半张合欢桌被谁买走，立马就查清楚了，赶紧去花钱摆平，把桌子弄回来——放在我们今天，这叫公关处理。但其实也有老袁本人的怜惜之心。说他怜香惜玉是言重了，但他内心隐隐有点疼，倒是真的。一个挺要强的弱女子，豆腐花做得那么好吃，自己的日子却并不好过。事情的来龙去脉，很快就搞清楚了。他突然明白，那半张合欢桌，好比是她的贞节牌坊啊，她男人若是真的回来，半张桌子不见了，事情可大可小，弄不好要出人命的。他若是早点知道此事，断然不会让它被人买走。

也就是说，老袁对此事，把一份原本不属于他的歉疚，揽到自己身上了。

后来的结果是，老袁帮李豆花弄回那半张合欢桌了，而且神速，抢在李豆花丈夫回来之前。

按理，故事到这里就结束了。

不过，一件事情的前因后果，自有它的走向。

先是李豆花发现，当铺送来的半张合欢桌，不是原先的了。粗看上去，是差不多的，但只要细看，无论木质、色泽、款式、花纹，都是有差异的。

是的啊，天底下，合欢桌不要太多。

关键是，榫卯对不上。你想想，本就不是原配，榫卯怎么会对得上呢，虽然名字都叫合欢桌。

就在这个时候，丈夫李连生回来了。

换了乖巧的女人，如果丈夫粗心，没看出来，就先对付过去，等以后再做解释。或者，把责任一半推给死去的婆婆，另一半责任，必须让当铺来承担。

李豆花是怎么跟丈夫解释的，李连生的反应又是如何的，我们不得而知。据邻居们私下说，当天晚上并没有听到李家有什么响动。

但老袁手下的朝奉来报告，那个叫李豆花的女子又来了，说桌子不是原配，榫卯对不上。

于是老袁见了李豆花,当然是在他的掌柜室里。李豆花还是那样,话不多,一句是一句。

她的意思是,但凡她说的话,丈夫都没有什么异议。包括婆婆突然暴病亡故,隔壁邻居都给她做证了,丈夫并没有怪她。至于合欢桌,她说,她把前前后后的事情说了半天,丈夫却只朝桌子瞄了一眼,什么也没有说。

她的表述里,其实还有一层意思,就是丈夫李连生并不在乎合欢桌的事,但她是在乎的,因为只有它完整的时候,家才是完整的,她也才是完整的,之后才是她的清誉,彼时也要靠它来证明。

这么说吧,其实那合欢桌到这会儿,于她,已然是一道坎了。在她看来,丈夫的貌似不在乎,本身就是一种很重的在乎。她原准备挨一顿打的,至少也得挨顿骂吧。虽然丈夫迟迟没有动口动手——那是给她面子,应该是暂时的。接下来,她必须找回原配的那半张合欢桌,否则她还怎么做人呢!

这个故事的最后结局,没有人们想象的那么复杂。在老袁的指令下,朝奉们在仓库里翻了半天,最后找到了原配的那半张合欢桌。

结论只有三个字:弄错了。

弄错什么了?当然是那半张合欢桌。按理这不太可能,宏泰当铺对典当物品,有很严格的规矩。一件物品收当之后,要贴上牌号,送交账桌先生那里穿号。何谓"穿号"?就是把已经填写好品名、件数和金额的"小号"与牌子的号数核对相符,然后用一把小小的号锥，将小号上部的斜线划开，小号也是三个数，扯下一个斜角，掖在物品的某个部位，以防小号被蹭掉后不能查对。

可是，堂堂的宏泰当铺，竟然出现了张冠李戴的调包事件，又不是一根绣花针，那么大的半张合欢桌，居然一错二错再错，从几道把关人的眼皮底下，堂而皇之地混了出去。

老袁虽然帮到了李豆花，但是，他一点成就感都没有。他给股东赵老板写了一通拜忏札，类似我们今天的"检讨书"，自罚三个月薪水——他并没有把那个已经被辞退的朝奉，作为自己失职的挡箭牌。

后来老袁陆陆续续听到了李豆花的一些消息。

一种说法是，李豆花那天高高兴兴把半张原配的合欢桌拿回家，却发现丈夫又走了。因为事先没有跟她打招呼，她还给他煮了晚饭，烧了丈夫爱吃的菜。后来在家里的灶台上，发现用一只海碗压着的一封信。李豆花不识字，但她有不良的预感。跑到附近的百搭巷底，找了"天晓阁"主人何百通。那个翘着山羊胡子的铁嘴仙看了信，只跟她说了一句话：回去好好过日子吧，他一时半会回不来了。

还有一种说法是，李豆花的丈夫早在扬州府做生意时，就讨了一房外室。而与他有染的女子，可不是一个两个。其实他钱赚得不多，但费用开支大，难免拆东墙补西墙的。都以为他在外面含辛茹苦做生意呢，分明就是一个花心男人。不过，彼时社会，并没有人站出来说李连生"道德败坏"。而李豆花根本就拿他没有办法。

老袁后来还是有宽慰的。他看到李豆花又开始卖豆腐花了。她的豆腐花还是那么好吃。他只要去大人巷访客，就会拐进车水巷口，去光顾她的生意——李豆花还是像原来那样，话不多，脸上挂着苦涩的笑意。老袁能感觉到，她舀给他的豆腐花，分量和调料都给得特别足。他有时故意多给点小钱，李豆花却不依，坚持要把零钱找给他。

中国人喜欢大团圆的结果。只是，这里的叙事给不出来。李连生后来回家了吗？李豆花后来又把合欢桌当出去了吗？后来这张合欢桌去了哪里？

这么说吧，人们后来在器隐镇看到的李连生，已然不是原先那个李连生了。他老得太快，佝偻且猥琐。他的人生或许经历了很大的起伏与变故。但是，器隐镇车水巷家里的那张合欢桌，一直在等他回家。

至于李豆花，她与李连生之间的恩怨，后辈们都不记得了。或许她后来已经不卖豆腐花了。她曾经想恢复自己的名字：汪素娥。在白纸黑字的户口本上，这个没有问题。但是，一个被人们叫熟了的名字，哪里是说改就可以改的。所以，到很老很老的时候，人们还是叫她李豆花奶奶。

很多年后，李豆花和李连生都从这个世界上消失了。那张记载着他们恩怨的合欢桌，漂泊了太多的码头，最后又回到器隐镇一个刘姓的老收藏家手里。他能把合欢桌的木质肌理、雕刻工艺的风格流派，说得头头是道，但是，对当年李豆花的故事，却语焉不详。

说来也是。即便是依附在器物上的故事，也总有一天在传播中走样，乃至最终消失。

第六篇

邛竹鸠杖

告老还乡，在古时官员的心目中，是一个奢侈的词汇。因为它常常扮演着"平安落地"的角色。

按此说法，器隐镇大人巷禾颐堂主人於慎行的第一个安稳觉，并不是在千里迢迢舟车劳顿抵达故宅的那个黄昏，而是在数天之后，终于等到了一封对他至关重要的书信的那个风雨交加的夤夜。

此信来自何方，出自何人之手，就连於慎行最信任的丁师爷，也不知情。他只是看到，主人将信封裁开，小心翼翼展开信纸，面对着一张空白的纸片，竟然看了半晌，然后，终于长长地嘘出一口气，绽出一个多日不见的笑容。

安然入梦，一宿天明，是古时为官者的一份奢侈品。於慎行其实还不算老，退休之事，无非说辞。大清官场的退休制度松紧有度，场面上的说法，是官员年满六十即可退休，但是，政声颇佳的官员，身体旺健，上下通达而左右逢源，是没有人逼你退休的——彼时官员大抵有两个年龄，一个是真年，还有一个是官年。真年是仅仅自己与家人知道的年龄，官年则是场面上的岁数，一般都虚报两至三岁，当然是做减法。於慎行满打满算才六十虚岁，吏部的名册上，他还不到五十七岁。告老还乡这件事，说起来有些荒唐，莫非有什么难言的背景？作为一名乾隆十六年的进士，於慎行为官的履历还是蛮好看的。早先在吏部考功司任秘书郎，一步一步做到该司主事。然后外放，都是在黄河以北做官，后来到了甘肃这个不很富裕的边地，任甘州知府，甘州是河西走廊的一处重镇，于今称张掖，历来是兵家必争之地，因城内甘泉遍地且清冽甘甜而得名。彼时甘州管辖着凉州、肃州、西宁、宁夏四镇总兵。一般人都会认为，甘州知府是西部边陲一个很吃重的位置。

　　於慎行在甘州一待多年，官声还是不错的。他离开甘州时，百姓夹道送行，场面颇感人。前来相送的官员都看在眼里，五味杂陈的感觉，都会有那么一点。但是，有一个提前告知的规定动作被临时取消，新上任的巡抚大人本来说好要来为他送行，还传说要给他题字送匾，却因为"突患痢疾"而取消了。

　　这一举动，引发了甘肃官场的颇多猜测。彼时震惊全国的"王亶望案"刚刚落幕，事因主政甘肃的布政使王亶望欺骗朝廷，谎报旱灾，以监粮之名大肆敛财。所谓"监粮"，就是准许士民以捐纳豆麦来取得国子监生资格，由此参加乡试或取得官衔，说白了就是卖官。让很多人没想到的是，平时惯于哭穷的一些不毛之地，在"以粮捐官"这件事上，表现出了惊人的热情，有钱人蜂拥而上，穷书生们也放下斯文，不惜举债甚至拆屋卖地，谋求一官半职。其时王某贪心太过，嫌豆粮累赘，下令改捐"折色"——一律捐收银两。接着，谎称以粟治赈，而私留捐银。自总督以下各级官员瓜分银两，王亶望本人私囊暴饱，贪墨最多。此法实施半年，风气大坏。王某疏报收捐一万九千名，捐豆麦八十二万石。朝廷非常怀疑，甘肃民贫地瘠，怎会有近两万人捐监，又如何会有如此多的余粮？

王亶望一时仕途通达，甘肃得手，又升擢浙江巡抚。但他多行不义，最后栽在大学士阿桂之手。阿桂奉旨，其调查与弹劾，就像打蛇打在七寸上。甘肃官场轰然地震，巡抚以下及各州县官员一百余人共贪污赃银一千多万两。王某头颅应声落地，总督勒尔谨自裁。冒赈两万两以上二十二人遭诛，余皆免死发配，此案震撼大清朝野。

这些贪墨的官员名单里，竟然没有於慎行。

前前后后私分的银子，加起来超过一万两。作为游戏规则的目击者和参与者，於慎行没法不拿这些好处。但他历来胆子小，特别是见到钱。丁师爷可以做证，但凡有人给他送礼，特别是送钱，他便如惊弓之鸟，夜半失眠。当阿桂大人的"巡察"大员们突然从天而降，於慎行不慌不忙给他们打开了衙门的银库，一万八千两银子分别装了十六个口袋，上面写着时间、地点和经手人姓名。他好像早就知道会有这么一天。阿桂大人很诧异，甘肃官场很诧异，天下真有如此干净的官员吗，於某人是如何一路做到知府的？

无数的舌根经嚼不烂。你听不到声音，但你能感受到那些舌根运动后产生的唾沫星子在飞溅，就像故乡江南器隐镇的黄梅细雨，一波接着一波。

　　被证明是清官，反而不能堂堂正正，更别说理直气壮了。很多同僚吃官司被流放甚至砍头，到处都是惊弓之鸟在乱飞乱窜，谁让他们当时吃相那么难看呢。大案见底，理应海晏河清，清白之人扬眉吐气是必须的，於慎行却愈加感到雾霾重重。世人皆浊唯君清，简直是一件有百弊而无一利的坏事——要么你坏，事先得到了什么消息，抑或你早就跟朝廷的某权贵私通款曲，知道会有今天这么一出。

　　古时官场太险恶。於慎行的看家本事就是称病。他本来身体底子就不好，瘦巴巴病恹恹几十年，惶惶然貌似惊鹤，病生得很像。正四品的官服，套在一个两脚衣架上，怎么撑得起应有的威仪与华贵？都知道於大人爱生病，虽然并没怎么耽误政务。但他一旦称病，官员们就会私下嘀咕，又有什么幺蛾子来了？或者，官场上又要闹点小地震了吗，没承想，於大人突然请准告老还乡了，这让很多人心里打了一个颤。

　　器隐镇上，大人巷里，退休官员蛮多。官场上的波诡云谲、沉浮升降，没有人大惊小怪，所谓叶落归根，都是常态。当地的志书，若干年后会腾出一点吝啬的版面，按官职大小，记述官员的生卒年份，何年进士举人，于何地任何职，官至几品，等等。按照惯例，於慎行这样的级别，在县志中的记载不会超过一百字。但是，后世文人编撰的《文庙回眸》一书，在历代文武官员捐款捐物修缮文庙的功德簿上，给他留了一段文字，不仅简述他捐修文庙的功绩，还提到了他的祖辈。

　　文庙，其实就是孔庙。是孔夫子在一个地方的营盘，也是古时文人体现尊严的舞台。但凡器隐镇的士子，都在文庙的试场上熬炼过。所谓风气，都有底子。早年朱熹来这里看望他的一位做县令的高同学，信手写下一篇称赞高同学全力兴建文庙、踔厉办学的文章。之后历任知府到任，放下铺盖的第一件事，就是去文庙祭拜。也有情商高而泪点低的官员，看到文庙的某些局部建筑老旧颓败，而衙门库银却又捉襟见肘，便自掏腰包予以修缮。

　　话是这么说，但文庙的地盘太大，加起来一百二十多间房子，总会有顾此失彼的时候。所以呢，若是一个人想在文庙弄点动静，机会还是有的。於慎行突然退休这件事，各方的议论有点多。他到底有没有真正平安落地，在许多人那里，还是一个问号。丁师爷的耳朵里，各种世情，塞都塞不下，他给於慎行的建议里，用力最多的，就是去文庙祭拜并且捐款。

　　要说理由，当然充足。文庙学宫是於慎行人生的起点，从童生到廪生，此间寒窗记录了他当年发奋读书的情景。於家三代与文庙，渊源颇深——祖父於千鹤，曾在此担任教谕数十年，江湖夜雨，桃李春风，足够被后世仰望。父亲於同山，亦是生员出身，虽然后来官做得不大，但也算是士林中人，口碑亦颇不凡。

　　捐款这件事，看似简单，却颇费周章。首先，你选在什么时间去捐款？孔夫子生日是农历八月二十七日，自宋至清，文庙是本地祭祀孔圣人的法定场所，这一日，当地知县必率部属以及各界贤达前往文庙进行公祭。若选在这一日捐款，场面上当然好看，但不免有掠美抢风之嫌，感觉於某人想急于表明什么、洗白什么。

其次是捐款的数目。丁师爷悄然去文庙做了一点功课。文庙还是老样子，场面上蛮光鲜，但就像一位迟暮美人，细看却是经不起了。大成殿还马马虎虎，它是文庙的脸面，最重要的仪式都在这里举行。明伦堂的梁柱却已颓败，尊经阁，也就是藏书楼，有几根柱子简直蛀得不行，启圣宫的屋宇亦年久失修。通往乡贤祠的风雨走廊，地面已然凹陷，下过一场雨，积水东一摊西一摊，惨不忍睹。假若你要出全资去修缮，没有八千两银子根本不行。

当然可以只修一个明伦堂或者尊经阁。按丁师爷的估算，一旦动了土木，修修补补少说也得三千两银子。蜻蜓点水，不痛不痒，等于没修。一是格局不大、动静太小；二来呢，若是明伦堂或尊经阁修缮一新，反而显得别的屋宇更加颓旧，留下一串尾巴而被人诟病。

丁师爷的具体建议是，既不捐银也不修缮，而是捐几件有分量的器物。

於慎行对这个跟了自己几十年的师爷，还是相当信任的。他刚出道的时候，小丁就跟着他了，慢慢也变成了老丁。此人早年也是童生，废了功名，一心归顺于他，用起来还是蛮贴心的。但凡他提出一个建议，后面必定有着跟进的方案，除了主方案，还有不止一个备用方案。

比如，进得文庙，迎面便是一堵巨大的屏风，其实就是影壁。

据说在风水上，有导气与疏气之用。这面屏风上的木雕是《周处除三害》，年代久远，早已被风雨剥蚀，画面漫漶不清，难以辨认。若是换上一件气势恢宏的木雕作品，会让人眼前豁亮、精神一振。

换什么题材，请谁人操刀，丁师爷肚子里也有备案。但他不能把话说满。如果主人首肯，他会看菜下饭，引玉抛砖。

再比如，从明伦堂到乡贤祠，乃至崇圣祠、土地祠，所置桌椅几案大都陈旧不堪。丁师爷看了一下，材质大抵以杉木为主。若是能全部换上榉木，重要的厅堂如大成殿之类，最好能换上铁力木和乌金木，一式的明式风格，那该多气派。

然后还不妨给每个就读的生员赠送一只笔筒，用竹节器形，寓意峻节清芬，最好是於大人亲自给生员题字，请匠人仿刻，成本不高但简朴雅致，内涵深蕴。

给主人搭脉并开出药方，是丁师爷的一大特点。这么说吧，跟随於慎行这么多年，他早就成为调理主人心病的一个郎中了。主人太不容易，或许是洁癖使然，特别惜爱清白官声，在波诡云谲的官场上，每一步都走得小心翼翼。如今叶落归根，也该给自己抖落一下灰尘，弄出一些必要的响动。在他看来，要想自己的退休生活拥有真正的闲暇，那必须有充分的尊严打底才是。

於慎行对丁师爷的建议，似乎并未提出什么异议。但有一点，丁师爷这种级别的人不会考虑太周全——他不能轻易出面，甚至丁师爷也不能随便说话。告老还乡之后，他深居简出，就连本地知县前来例行看望，也以"体劳积疲、身亏欠安"为由而婉拒了。其实这是他试探外界的一个气球，一般来说，若是一个尾巴不太干净的官员回乡避祸，当地命官是避之不及的——场面上的例行慰问除外。

丁师爷的功课并不马虎。他很快就通过本地的黄教谕——说起来还是他多年前的同窗学弟，把於大人的心意传递给郭知县了。一等三天，没有消息。於慎行说，这就是消息。

此时，一动不如一静。

於慎行貌似闲着，在庭院里品赏、修剪盆景，在水榭里放钩垂钓，与家人打打麻将，偶尔，还与小孙子在墙根下捉捉蟋蟀。赏月的心情其实还欠缺些，但也不是装给家人或自己看的，天上貌似舒卷的流云，仔细看，内中亦颇多诡谲。突然感觉，那封寄自京城的无字书札，虽然给他报了平安，但此一时彼一时，他不能保证，在"王亶望案"中那些因贪墨而杀头充军的官员们背后，不会杀出几个不买他账的宿敌，在背后捣鬼，一条三寸不烂之舌，可以把一个清白的人拉进洗不清的黄河。他一直自诩清正，昧心的银子，他还真的没怎么收过。但是，他能保证这几十年没有收过任何钱物吗？比如，一些场面上大家都拿的红包，逢年过节时、故旧知交、门生弟子以及可靠的下属送的礼品，能推却吗？还有就是，他常年在北方做官，那些地方，古钱币多，青铜器多。地方上的富豪，常常拿些貌似废铜烂铁的老物件来送给他。说起来神神叨叨，皆是国宝。婉拒，于他是常态，但有时也只能笑纳，装傻、装糊涂是必需的。心其实不贪，但人家巴结他时，那份虔诚兼惶恐带给他的愉悦，还是蛮享受的。有时是为了协调关系。在一个地方做官，你不跟那些富豪老板搞好关系，你就完不成朝廷下派的各种差遣。

那些堆在地库里的器物，长年累月的，到底有多少，他哪能清楚。慢慢地，也在滚雪球，遂成心病。

有一天，丁师爷带着他，打开了专门堆放杂物的那间地库。於慎行自己被惊到了。

一排排的木架子，整齐摆放着各种器物，瓷器、漆器、玉器、青铜器，还有字画、古玩，一点也不杂乱，甚至可以说是井然有序。

他什么时候有过这些东西？几乎全都是陌生的。

丁师爷告诉他，这间仓库里最早的礼物，是一块螭龙鸡心玉佩，汉代的老玉，百搭巷古玩店的董老板送的。他考上进士发榜的当日，人家就送来了，后来并没什么事来麻烦他，就是个礼数。

之后，就一发而不可收，潮水一样，挡都挡不住。

然后去京城做官，人脉的圈子一点一点扩大。礼尚往来就成了家常便饭。

於慎行说，不是早就立过规矩吗，凡是官员与商人的礼物一律不收。

丁师爷解释：倒是真的想不收。不过，人情难却总是有的。礼物背后是人情。之前人家曾经帮助过咱们，现在咱们发达了，就将人家拒之门外，这不是自断门路嘛。

然后外放做官。都知道於大人清白律己，底下人自然不敢胡来。但是，死心塌地跟着做事的部属，你不收他们的礼物，等于不相信他们，结果大家都觉得没有安全感。

雪球是如何越滚越大的，这个问题，雪球自己何以回答？於慎行拿着一本账目清单，翻看那一笔笔礼物的来路出处，有一些恍如隔世的名字，让他一时竟记不起来。

宋　定窑白釉孩儿枕。关西盐商曾茂禄送，时在乾隆二十五年夏至。

这个瓷枕，作小孩卧榻状，以小孩背部作枕面，腰部形成一个自然弯弧，便于枕卧。枕身釉色呈牙白，底为素胎。孩童面目清秀，神情悠闲天真。真是一件珍宝级的器物啊。

曾茂禄，黑脸，油胖，关西口音。他们是在哪里认识的，想不起来了。只记得，他们在一个饭局上见过一次。那顿饭好像是他在吏部考功司的一位同僚做东，吃到一半，他便因为一件紧要的政务而提前告退，之后再没有与此人见过面。

也就是吃了半顿饭，曾某怎么会送一件宋代的瓷枕给他呢？

丁师爷记性好。但日长岁久，礼尚往来太多，他也只记得，那天其实是於大人的一位部属在京城的东来顺请客，那个曾姓盐商是被拉来付钱的。古时请客，主人理当坐在东席，故称坐东。付钱的盐商那天却坐在西面的末席，一点也不起眼。宴会没结束於大人就站起来告辞，曾盐商追出来，把一张一百两银子的银票和一个锦盒塞给丁师爷。银票当然婉拒了，但锦盒里这个孩儿瓷枕，看上去特别可爱，丁师爷心里一动，就替主人笑纳了。

后来，那个请客的官员有事求过於大人吗？

於慎行想了半天摇摇头，说不记得了。

还有一尊瓷器，也是宋代的。

汝窑天青釉弦纹樽。河南商丘宁陵县知县马成贵送。

那个马知县，他倒是记得，人蛮实在的。当时他作为朝廷的钦差去河南处理一起案子。马知县被人诬告，本欲撤职查办，但他秉持公正，查清背后元凶，将一名贪墨州官拉下马来，打入大牢。事后那马知县千恩万谢，几次来京城找他。他印象里，一次也没有跟他见面，这件汝窑天青釉弦纹樽，从何而来？

丁师爷如实相告：当时马知县一天两趟缠着他，一定要把这件据称是家传的老物件送给於大人，说於大人就是他的再生父母。这件瓷器是他祖上传下来的，他知道於大人清正，但这件器物就是一个念想而已。他这人爱哭，说着说着就眼泪鼻涕的。丁师爷不待见男人流泪，心想算了，不就是一件瓷器吗，还能比银子金贵？

於慎行叹道，你不懂，这物件，可比一堆银子还贵重呢！

元　景德镇窑青花缠枝牡丹纹瓶。江西九江茶叶商人叶攀龙送。

明　宣德铜熏炉。一对。扬州府盐商朱养斋送。

明　成化斗彩鸡缸杯。（经鉴定，系康熙年间高仿）松江府通判杭成均送。

明　仇英作《桃源仙境图轴》（经苏州古吴轩鉴定，系真迹）。荆溪知县饶智元送。

……

就这样，一些熟悉的陌生人在於慎行的眼前晃来晃去，怎么也挥之不去。於慎行终于零零散散地想起他们的某些行状、某些诉求，但他们是怎么给他送礼的，他却记不起来了。这可能是因为，都知道他身边有个丁师爷，送礼这种俗事，怎么可以用来打扰於大人的清幽呢！

再翻下去，居然还有人给他送蟋蟀罐、送尿壶的。

这只蟋蟀罐精致古雅、工艺精微，一看就是明代的老盆，苏州陆墓镇出的，俗称陆慕盆。苏州娄门外的陆墓镇，因三国名将陆逊墓在此而得名（后改称陆慕）。唐宋时江南一带风行斗蟋蟀，无论官场民间，好这一口的人颇多。陆墓镇多小窑，原用来烧制砖瓦。后来改烧蟋蟀罐，一时名声大振。据说彼地有乌金泥，泥质细腻，所制之盆以密封、温润、透气、吸水，以及镂雕精细、造型美观而扬名。通常来说，名贵的蟋蟀罐，几与银子等价，一两罐土一两银，却还一罐难求，绝非虚言。

於慎行少时喜欢斗蟋蟀，但罐子随意，并不讲究。这个细节除了家人，只有邻居与同窗知道。

连丁师爷也百密一疏，忘记此罐是何人相赠了。

给他送夜壶的，倒是儿时的发小，一起在同文塾堂念书的梅德符。他父亲是银匠店老板，家里有钱。只是本人屡考不第，来找过他几次。不中举人没法做官，他倒是给地方上的县令打过招呼，予以关照。这只夜壶蛮精巧，纯银构造，形如美人之阴。以此器来承溺，可谓巧而妖也。於慎行依稀记得，早先的某个宴会上，有人说过，当年严嵩被抄没的家产中，有不止一只用白金打制的夜壶，太奢侈了。这到后来，私下成为一种官场风气。又有一说，是万历年间有一御史巡按江南，一些知县就在用白银打制的夜壶上，刻着双金刻丝花鸟人物，多是侍女，送给他享用。而这位御史却安然享之。

这只银夜壶，看似并不起眼，却是一榔头、一榔头敲出来的，俗称全手工。人家干吗这么巴结他？古时做官之人，与泥塑菩萨有类同之处，即便默然无声，终生碌碌，也是用来被供奉的。敬了香的人，不管菩萨受还是不受，心里已然下落，上下都是通畅的。

后来很多年，於慎行一直在北方为官，梅德符再也没有找过他。也不知道他后来过得如何。

大大小小、林林总总，总共一百多件。大到一座屏风，小到一枚银针。这些器物，蛰伏在器隐镇大人巷的一座深宅里，默默见证着古时一个有洁癖的官员难免失守的底线。水至清则无鱼，这个世界总不能没有一点人情往来吧，让於慎行释然的还有一个原因，是丁师爷还拿出了另一个账本，那是他多年来给人送礼、还礼的详细记录：

紫金石景一尊，紫檀木底座。此石色泽若紫似金，寓意紫气东来。值银八两，取自安徽寿春县。送吏部侍郎彭应槐大人五十大寿之寿礼。时在乾隆十九年八月十九日。

华亭鹤一对。此鹤为窠村（今浦东）所出，体态高峻，绿足龟纹，声音高亢，殊为可爱。值银十两，送吏部侍郎史可均大人母亲八十大寿之贺礼。时在乾隆二十年五月初八日。

上述这二位，都是於慎行入仕后的顶头上司。但凡婚寿嫁娶之类的喜事，份子总是要随的。人家肯收下，已然是你的福分了。

记得，那次他和丁师爷去史大人府上送鹤，一人抱着一只，於慎行手里的这只鹤憋不住，在他怀里拉了一泡屎。

这泡屎拉得好。没过几天，他就从正六品的考功主事，升为从五品的员外郎。

接下来还有他外放做官后，给巡抚大人、总督大人做寿、嫁女、娶媳、老夫人喜丧、老泰山九秩大寿送的礼物与银两，以及同级官员之间的相互随礼，除了银子，计有玉佩、玉碗、玉镯、紫砂名壶、景德镇瓷器、苏绣、漆器、盆景、文玩等，加起来也有七八十件。

这两个账本一直放在於慎行卧室的案头。五味杂陈的感觉一直挥之不去。他希望自己的晚年不再与这两个账本有什么牵扯，能够过一种真正平静的日子。

时间过得飞快。也就是两个月后吧，一件看似非常偶然的事情，打破了於慎行貌似平静的退休生活。

要说简单，此事只消一句话便可交代清楚。朝廷大学士章佳·阿桂，在前往浙江勘察海塘修建工程时，路过器隐镇，居然没有事先通报当地命官，突然弃舟登岸，私访於宅，与於慎行茶叙了一个时辰。

青天白日，阿桂大人的官船身宽体大，慢吞吞地进了器隐镇，与之相交的大小船只，赶紧避让，目送它拐过状元桥，直往大人巷的河埠驶去。

沿途两岸，桥上桥下，看光景的人太多，没有人认识阿桂大人，但都知道那是朝廷的官船，上边待的是大人物。

彼时朝廷，除了皇帝，两个人的名字最为响亮，一是和珅，二是阿桂。后者作为满族将领，功勋显赫，在皇帝面前说话，很是管用。不久前平息的王亶望案，乾隆爷最后硬是把他的参劾听进去了，给了他定夺此案的生杀大权。所谓的主持正义、秉公执法，一举将上百名贪墨官员处以极刑，说到底还是要皇帝给力，否则，所有的正义亦当举步维艰。

阿桂大人何故要"顺便"看望於慎行？按照级别，这不太合礼制。通常的做法，但凡朝廷大员到了地方，想晤见某位已然退休的官员，可以在衙门里，甚至可以在官船上，传唤其人来晋见。从面子的角度说，这已然很大了。再退一步，假如真的要体现礼贤下士，也应该由当地官员陪同，八抬大轿，前呼后拥，或在官府驿馆里会见——去家里拜访，除非有特殊的关系与使命。

船头在於府边上的河埠停下。上岸行不过百余步，阿桂大人直接就进了於府，引导的随员看上去熟门熟路，想必是提前做了功课。於慎行当然是毕恭毕敬站在河埠上迎候的，貌似含着一份默契，其实，他也是半个时辰前才得到通知。

前前后后，不过一个时辰。切换到今天，满打满算也就两个小时吧。路过且顺便的意味，确实颇浓。

知县郭某得到消息，已经晚了一步。阿桂大人从於府出来，或许赶路心切，无心观赏两岸市井烟火，正欲上船离去。如此看来，在阿桂大人的行程里，根本就没安排与当地官员见面。于郭知县而言，这是一个尴尬的时刻，他叩拜之后不敢站立，是於慎行把他拉起来的。而阿桂大人可能并非故意，但场面上真没把这个七品知县放在眼里。又是一旁的於慎行在他耳边说了一句什么，阿桂大人瞧了郭知县一眼，终于发话，那就上船聊聊吧。

事后郭知县很是感激於大人。在阿桂大人的官船上，他得到了一刻钟的接见机会。没有说什么正事，只是问了一下他是哪一年的进士或举人，老家是哪里。然后问了问当地百姓的生活如何，每年能给朝廷缴纳多少税银。抬头看看天色近晚、灯火渐起的四周景色，满河桨声灯影，烟火朦胧，阿桂大人感叹了一声，江南温柔乡，恍惚如天堂啊！然后说了一句"开船吧"。这就是催他下船了。

郭知县手下的人向他报告，阿桂大人上船登岸后没坐轿子，一路轻快，仅带两个随从。其中一人提了两盒京城老字号大顺斋的"糖火烧"点心。阿桂大人袖着手，或许是坐船坐久了，八字官步略显颤颤巍巍。但一个时辰后，他从於府出来，右手却挂着一根竹手杖。

也就是说，在这短短的一个时辰里，宾主把盏言欢、互赠礼品。而於慎行送给阿桂大人的礼物，竟然是一根竹手杖。

这根手杖显然吸引了目击者们的眼球，并且成为一个话题。

其实，外行人只是看热闹。细心的人却看出来了，於慎行送给阿桂大人的手杖，有一个特定的称法，叫邛竹鸠杖。

为何称鸠杖，而且是邛竹，其出处，很多人并不知晓。

先说於慎行吧，按理此刻他应该扬眉吐气、神采飞扬才是。阿桂大人突然从天而降，于他，不啻是拨云见日。说是喜事临门，也一点不夸张。不过，外人哪里知道，阿桂大人在"顺便路过"看望他的同时，还捎带着一个顺便——跟他核实了一件要事，跟王亶望案是有关联的。打骡子马也惊，王亶望早就人头落地，许多贪墨官员杀的杀、撤的撤、流放的流放，句号早就画上了，怎么还在牵扯不断呢？

其次，阿桂大人还委婉地批评他，所谓效法古人独善其身、急流勇退，其实也是心志脆弱、畏葸困顿，不肯为朝廷担当的表现。他当然可以在家颐养天年，却也要退思、反思、审思，为国家着想才是。

阿桂大人还顺便说到自己，年迈七旬，胡子一大把，且早已花白，腿脚也颇不便，还在为朝廷日夜奔波。

此时，於慎行面露羞愧之色，半晌不语，如坐针毡。

阿桂大人精神是旺健的。但或许，腿脚确实有所不便，在参观於府小花园时，走在花间小径上，两腿一颤一颤的。

於慎行突然想到家里的一个老物件：邛竹鸠杖。

那是他爷爷留下的一个老器物。

所谓鸠杖，又称王杖。在汉代时，被朝廷特制并授予高龄老人，以示尊敬和荣誉。其名称的出处，在于其杖首雕刻的斑鸠形状。据古籍《风俗通》记载，汉高祖与楚霸王项羽，战于京索之间，项羽追赶刘邦到丛林之中，闻有鸠鸣，项羽以为刘邦未到此处而退兵，遂使刘邦得以脱险。刘邦即位后，以为鸠鸟乃救他于绝境的吉祥之鸟，故做鸠杖赐予那些德高望重的耄耋名宿。持此杖者，还可以免除税赋，享受国家尊重的待遇。

於慎行的祖父於千鹤，早年在本地县学担任教谕，门下弟子视其北斗泰山，名声与威望，在本地无人可与比肩。虽一生并无功名，但本地官民对他极为尊敬。他八十大寿时，弟子们除了送寿匾，还赠他一根邛竹鸠杖，可谓礼轻情重，寓意深远。老先生很开心，晚年出门，拄着这根鸠杖，翩翩然如老鹤鸣皋。其杖首，黄杨木雕成鸠鸟形状，活灵活现；杖身乃邛竹，亦称罗汉竹、佛肚竹，以畸节多姿、枝条劲直、霜风色古而广受文人喜爱。南北朝文学家庾信，写过一篇《邛竹杖赋》，以邛竹杖自比，寄喻自己匡时济世的仕途准则，宁折不屈的人格追求。后世文人纷纷效仿，杜甫、黄庭坚、陆游、范成大等都有诗文赞叹邛竹。

投桃报李、礼尚往来，乃人生常情。阿桂大人赠他两盒点心，看似伴手之礼，但"糖火烧"恰恰是他早年在吏部供职之时，最爱吃的大顺斋点心。遑论有心还是碰巧，这份突如其来的恩赐，一时让於慎行有些慌乱。

　　须臾之间，於慎行示意丁师爷，赶紧把那根邛竹鸠杖找出来。

　　为什么是邛竹鸠杖？

　　或许，阿桂大人说话时提到了"腿脚"，走路时又略显颤巍，给了他某种提示，还有那两盒点心，提醒他必须投桃报李，关键是，阿桂大人的一番话，正大博雅而不居高临下，温度亦颇不低，说醍醐灌顶，或许略微夸张，但至少是让於慎行振聋发聩，背心发汗。

　　丁师爷对主子，当然是言听计从。但是，这根鸠杖，是於家老太爷留下的一个老器物啊，何以外送他人，哪怕是皇上！

　　可於慎行的目光里没有犹豫。丁师爷这才明白，关键时刻，老爷才是送礼的高手，他是把自己的家风、家世都交出去了。

　　有意思的是，阿桂大人一见这支邛竹鸠杖，顿生喜欢。

　　奇崛的竹节盘旋而上，托起杖首的斑鸠，有一飞冲天的豪气，又有浑然天成的老迈稳健。通体骨力奇崛，确有举轻若重、仙风玄妙之感。

　　於慎行呈上邛竹鸠杖时，只字未提它的家世，轻描淡写说了一句：山间一邛竹，峻节亦风清，愿此杖伴大人行稳致远。

　　一个稳字，用得多好。看上去阿桂大人蛮受用。呵呵呵呵，笑得爽朗。

捋须，清嗓，信口便背诵了一段古文：

沈冥子游巴山之岑，取竹于北阴。㛃娟高节，寂历无心，霜风色古，露染斑深。每与龙钟之族，幽翳沈沈。文不自殊，质而见赏，蕴诸鸣凤之律，制以成龙之杖……

这正是庾信《邛竹杖赋》一文的开头。

然后，欣然笑纳。并拄着鸠杖在室内走了几步，连声说，此杖妙巧无功，奇不待匠。甚好，甚好！

於慎行明白，阿桂大人并不是在显摆他的古文底子，而是人随物喜，缘自中来，更是兴之所至，随口而出。

何止是器隐镇，整个周边朝野，都被於慎行送出的这根邛竹鸠杖重重地敲打了一下。

但凡消息传播，途中总会有些走样。故事越编越离谱，此乃常情。幸亏，阿弥陀佛，说来说去"邛竹鸠杖"这四个字倒还在，没有被说成是金手杖。而传说中的於慎行与阿桂大人，早成了拜把子兄弟了。

心下七上八下的是郭知县。阿桂大人在器隐镇待了一个时辰，基本上与他没什么关系。若不是於大人成全，他可能连一句话都搭不上。

然后，他的顶头上司，常州知府梁敦书大人也来了。在他的辖地，朝廷大学士到访，他居然事先半点不知。用老百姓的话说，饭没吃着不说，洗锅子水也没喝上一口。

这个退隐的四品狂吏，原来有这么大的来头？可为什么要自摘顶戴花翎呢！

自阿桂大人来过这一日起，於府的门槛有点累。若是早先，主人困倦，闭门谢客当是日常，但彼时，於府已然是本地热点中的焦点，说难听点，也成了汪洋中的一条船。

郭知县带着本地黄教谕登门拜访，是来落实於大人给文庙捐建屏风和给生员们赠送笔筒之事的。

根据丁师爷事后追记，郭知县先是对於大人要捐建文庙门首屏风一事，大加赞赏。他顺便请求於大人在屏风上亲笔题词——此乃本县全体生员之迫切期盼。至于给生员们赠予文房用品——清竹笔筒，更是表现出五体投地的态度，并呈上一份全体廪生、童生的名单。他还恳请於大人，在孔圣人诞辰当日，参加法定的尊孔祭奠仪式，并拨冗在文庙学宫明伦堂，给生员们传经授道。谁都知道，於大人当年可是奋志芸窗、引锥刺股的生员榜样，以廪生的身份参加乡试，而一举拔贡，之后又考上进士。他还特提到了於大人的祖父於千鹤老先生，当年任本地教谕时，为培养本地才俊，真是呕心沥血、鞠躬尽瘁。他决定要在文庙的尊学堂内，给於老先生建一块功德碑，而碑文，最好请於大人亲自来写。

常州梁知府的来访，虚言倒是几无，口气里的烟火暖重，似更让人感觉诚恳一些。他不知从何处打听到，於慎行贵体不甚强健，时常闹些小恙。而梁父早年乃毗陵杏林名宿，尤善调理五内与经络，在江湖上素有"小仙翁"之美誉。梁知府给於慎行带来了一些养生小偏方，类似于我们今天的"保健秘籍"。当然，还有一些据说也是其尊君亲自配方的养身药，不多，装在几个青花小罐里，瓶颈上扎着红绸，用一个紫檀木的雕花匣子盛着，看上去没法让人不肃然起敬。

然后，虚心讨教为官之道，态度极其虔诚，如同一个想长生不老的人，讨要金刚不烂之身的秘方一样。

还有苏州府、松江府、润州府、江宁府、湖州府等周边州府的知府大人鱼贯来访，纷纷邀请於慎行方便时去彼地作客小住，都备好了行馆别院、舟车轿辇。於慎行骨子里讨厌这些场面上的应酬，但是，就像一个纸糊的灯笼——是阿桂大人这盏火把他点亮的——彼时他必须将身段放下，那些菩萨金刚，无论大小，他一个也不能得罪。

丁师爷带回的众多消息里，有一条特别让他啼笑皆非：突然之间，邛竹鸠杖的仿制品，正在器隐镇乃至周边地带流行起来，很多店家去四川邛崃一带收购邛竹，一时争先恐后。仿制的式样，貌似於家老爷子当年用的那一款，基本属于东施效颦，其跟风者却不亦乐乎。奇怪的是，很多挂杖者并非耄耋，官员商贾，人皆有之。所谓时髦，自有因果，引领者竟是阿桂大人，而始作俑者，却是他这个无心插柳只求安度余年的退隐之吏。

终于体力不支，於慎行病倒了。这一回，却不是装的。

心口隐痛，虚火上涌。这病，来得似乎不合常情，换了别人，开心还来不及。那扭转乾坤的一个时辰，尊严与体面的指数在节节攀升，安全感还是问题吗？自此枕头高垫，一梦南柯，睡到日上三竿，应该不是苛求。人生的逍遥自在，说的就是这样的时刻吧。

可是，不然。

於慎行在病榻上说了一句只有他自己能够听到的话，暂且不表。

陀螺般地忙起来的，当然是丁师爷。

首先，场面上的事情要应付周全。哪些人见，哪些人不见，其实都是他在做主，这个好说。本地的一些富商老板围着丁师爷转，希望给出机会，请於大人吃个饭，当然不是到馆子里，而是到他们的别院会所，不劳於大人走路，会有轿子或船舫来接。也有想登门拜访的，跟於大人沾了一点五服之内的老亲，说起来都是於家一树连根的枝蔓叶芽。

过去丁师爷蛮有成就感的一件事，就是许多不太重要的事情，他可以代於大人做主。於府上下，无人质疑他的地位与权威。

凡是他吃准了点头的事，於大人基本都是首肯的。

郭知县一反常态地盯得紧，三天两天着人来问长问短，比如，文庙学宫进门屏风的木雕，用什么材质、主题，何时开工，能否赶在孔圣人诞辰多少周年当日落成揭幕。

其次，给於老太爷树功德碑这件事，也被郭知县放到桌面上，进展堪称神速。碑体取自岱宗北坡之花岗石，谓芝麻黑料，质地坚硬、纹理细腻，寓含泰山仰止之意。勒石请本地名工殷小春，其金石功夫独绝，号称石王。

丁师爷失算了。这两件他替於老爷答应的事，却被病榻上的主子断然否定。

甚至，於慎行暂时不想再跟郭知县见面。郑重起见，他口授了一封信，大致内容如下：

其一，文庙的屏风壁画修缮，於某愿捐银。木雕可择经风耐霜之铁力木质，但於某不可题词，亦不必留名。原先拟将《周处除三害》改为《仓颉造字图》。尔今看来，还是尊重先贤为要，保留地方特色。可请名匠按原图修旧如旧，不改其貌。费用由於某全资襄助。另外，五十副榉木桌椅，合计银两多少请予预算，於某一并支付。

其二，为敝祖父千鹤公于文庙尊学园立碑之事，实属不妥。文庙自宋景德四年设立以来，历代学秩名宦，不胜枚举。少时听敝祖父忆古，明正德年间县学训导朱鸿先生，教育成规，言不妄发，杜鹃啼血，卒于学舍，门下诸士无不涕泪；万历年间县学教谕王梦周，将自己薪俸贴补学生，卒于署，不能丧，诸生殡之。敝祖父千鹤公无非仿效前辈，鞠躬尽瘁亦为应当，岂可冒越先贤而树碑立传，此为大不敬也。

……

此信递到郭知县手里，他大感意外。这个於某人，满纸谦辞，貌似低调，字里行间却透出狂傲，不就是有阿桂大学士这个后台吗。郭知县心里反感，却一点办法也没有，只能顺水推舟，唯命是从。

於家上下，包括忙前忙后的丁师爷，有一个同感。自从阿桂大人造访之后，老爷的心情不但没有变好，反而不如以前了。

大人巷赵知府家孙子满月宴，人家送了帖子，请老爷过去喝喜酒、看目连戏，称病不去。

学前巷黄教谕家千金出嫁，大摆宴席三十桌，器隐镇场面人物悉数光临。黄教谕是丁师爷早年同窗，托了丁师爷再三来请，依然是两个字：不去。

郭知县五十寿辰，"小范围"宴请本地上流人物。请柬是郭知县亲自来送的，顺便拜谒了他一下。於老爷还是称病，郭知县无趣而去。

丁师爷很着急。老爷这是怎么了，原先称病，无非幌子；阿桂大人来过之后，情绪一日日失落，看上去真的有病了，欲请郎中，老爷又不让，称自己脉数在握，不必多虑。

难得有一天，於老爷是开心的。

趁着大家不注意，於老爷玩了半日失踪。他换了一身旧马褂，戴着一顶旧铜盆帽，悄悄出门，一头扎进了百搭巷，挨着店铺，一家一家地看光景，反正也没有人认识他。然后拐进伙头巷，找了一家名叫"一网鲜"的苍蝇馆子，叫了几样儿时爱吃的小菜：雪菜爆田鸡、小鱼烧萝卜丝、开洋小馄饨。还要了半碗糯米做的甜酒酿，一个人自斟自饮，好不乐怀。丁师爷急咻咻地找到他时，他正吃得开心，满头冒汗。连说，吃到了正宗的小时候味道，让他也坐下来，吃半碗甜酒酿。丁师爷哭笑不得，这些菜，难道府上做不出来吗？於慎行大摇其头，连声说不一样。

这可能是於慎行告老还乡后最开心的一天。

一个心思太重的人，应该活得比较累。即便是形影不离的丁师爷，也猜不透他的於老爷彼时内心在翻腾些什么。他只是被告知，有几件事要加快办理。一是家中仓库里那些被登记造册的各种礼品，尽快请人来评估论价，他要把它们折换成白银，全部用于文庙学宫屋宇修缮。另外，於家在镇郊尚有四百余亩良田，他考虑，拿出其中一百亩，赠予文庙作为学田，其田产收入，贴补生员学业之用。

丁师爷知道，老爷这是要效法徐阁老啊！人家是明代四朝首辅，是孝宗皇帝的老师，家有良田两千余亩，才捐了八百亩学田。您够得着吗？人生在世，匆匆忙忙几十年，不要为难自己，将余生过得殷实富裕一些，才是最硬的道理呢。

作为於家的知情人，丁师爷对捐一百亩学田这一条断然反对。

他提醒於老爷，一个退休知府的月俸仅两石米，於府上下近三十口，虽然两位公子都已成家——一个已入仕途，在浙江某县做县丞；一个经商，在百搭巷里有两间铺子，但还有二夫人生的两个千金待字闺中，一个小公子还在读书，要花钱的地方还真的很多。跟大人巷里那些殷实的户头相比，於家这点底子真算不了什么。换句话说，过过太平日子，於家还说得过去，但一旦遇到什么风浪，於家这点实力，就像一只纸糊的灯笼，一阵风就吹灭了。

结果是，於家上下也一致反对。於慎行难得地退了一步，按下不表。

几个月过去了。

文庙的木雕屏风大功告成，总算遂了於慎行的心愿。铁力木材质，深沉厚重，画面上的周处英姿勃发，打虎斩蛟、为民除害；又悔过自新、发奋读书，拜陆机为师；最后血洒疆场、为国捐躯。其刀笔精镂细刻，传递出醇古真韵，再现了《周处除三害》原貌风范。且修旧如旧、绝无蛇足之痕，仿佛昨夜长风，星辰依然。按照惯例，出资人可以留下姓名，这里却只字不表。一些胡子花白的老学究，站在屏风前久久不肯离去，一再感念的，是修复此幅屏风的那个过于低调的人——於慎行。

三十副榉木书桌配椅，明式，桌心阔大，四周还镶了半寸的边，桌腿细长，与四出头官帽书椅相配，古雅舒适，正适士子攻读之用。图纸初稿为於慎行所画，遥想当年，在学宫苦读时，桌椅简陋，时常有摇晃之虞。这三十副榉木书桌配椅，特意从苏州紫韵阁家具店买来，很花了一笔银子。出资人是谁？黄教谕开始吞吞吐吐，后来憋不住，说出一个名字，还是於慎行。

於大人不让说——黄教谕何止是被感动了，简直是膜拜。

连在文庙举行的孔圣人年度祭祀大典，於慎行也没有参加，这回终于没有称病——毕竟是给孔夫子行礼，据称是真的不巧，去了苏州访友。

至于给县学的生员们赠送青竹笔筒，本来就是丁师爷的主意，当时於慎行半推半就，也是考虑不周，过后想想，完全不必。生员们个个都是人精，还缺你一个毛竹笔筒吗，分明是沽名钓誉。你前脚给他，说不定他后脚就扔掉了。

为官之人，也非圣贤，别把自己太当回事。

此话，是他当年赴京入仕之时，他那颤巍巍的爷爷於千鹤叮嘱的。

除了爷爷，他的一辈子仕途坎坷的父亲，也说过类似的话。与爷爷不同的是，他父亲於同山，一生碌碌，早年只是常州府的一个储粮官，七品提辖。人太老实，且性情狷介。父亲常常教导他的一句话是，别太为难自己。

洁癖，或是於家精神上的遗传基因。

於慎行喜欢往山里跑，带着丁师爷去山间抓蟋蟀。那些个天气渐凉的秋夜，住在山村旧亲戚家的草庐里，看秋风与落叶合舞，看夕阳落山，谛听秋虫鸣叫，会让於慎行陷入一阵阵的痴迷。然后，打着灯笼，循着虫鸣，沿山根，摸到干涸的溪涧边，敛住声息，翻开那些光滑的卵石，捉到了心仪的蟋蟀：黑头，俗称乌龙仔，体型魁梧，声音洪亮。铁弹子，鸣声优雅，回音极佳，如同空谷箫声。还有一种土将军，貌似土著，矮而粗壮，搏杀起来特别卖力，抓住对方的腿脚，就往死里咬。这样野性十足的蟋蟀，於府的墙根下，哪能觅得，只有在空旷的山谷里才能抓到。

将它们放到早已准备好的罐子里，喂食，拔一根狗尾巴草，逗它们玩，在某个合意的时辰，安排几场蟋蟀大战，看秋虫们沙场驰骋、死命搏杀，有一种难以言表的快意。

然后，把斗败的蟋蟀放回山野。看着它们一蹦一跳地在草丛中消失，心头也会掠过一丝慰意。

草庐干净，也素雅，离器隐镇又不远。於慎行吩咐丁师爷，去跟亲戚说说，把这里买下来，以后常来小住，比器隐镇清静多了。

亲戚回话，表舅爷喜欢，常来住，就别提买卖了。

於慎行短暂的快活日子里，应该还有一场惬意的社戏。中秋节的隔夜，十里河灯，月影流光，亦真亦幻的景致，将水天镶接。感觉小时候，器隐镇的夜晚也没有这么美。他与家人坐在一条游船上，看那岸上的戏台，锣鼓喧天，演的是一出《蕉帕记》，以爱情为题材的明代传奇剧。越剧的腔调，软糯中有刚韧，余韵不绝于缕。称得上俗中求异，趣味横生。婉转的唱腔贴着星光闪烁的河面游弋，摇曳的水波恍若它的韵律。这熙攘的人间，何尝不是一个大戏台，生旦净末丑，每个人都在扮演一个角色，有的俊俏，有的丑陋，有的亮堂，有的阴暗。这出戏里，於慎行最爱看的，却是谢幕，戏演完了，没有人肯走，都在原地叫好、鼓掌，那男女主角，一次又一次出来谢幕、鞠躬，风情与气度俱在。一阵阵的欢呼声中，帷幕慢慢合上。於慎行眼角有泪意，他觉得，人生最难得的，就是这样的谢幕，幕合上了，仍然有不绝于耳的掌声。

京城的诰命圣旨水陆兼程，抵达器隐镇时，正是这年霜降的次日。

於慎行突然被朝廷任命为江南河道总督，从二品。

彼时的清廷，让一个已然退休的正四品知府突然重返官场，且连升两级，也有说是连升三级的，不属绝无仅有，也算凤毛麟角。於慎行在跪拜接旨时，浑身颤抖，一时从地上爬不起来。

其实，从送出那根邛竹鸠杖起，他就知道会有这么一天。阿桂大人批评他的那些话，其实都暗含玄机——一辈子不阿谀逢迎的人，何以在退休之后，因了一场看望、两盒点心，情急之下就拍了那么一个高级马屁呢？

安亦鸠杖，危亦鸠杖。这便是当时於慎行在病榻上自言自语的两句话。

这也是於慎行一直以来心里闷闷不乐的原因。

原本，他心里还抱着一丝侥幸。一个月前，来自京城的那个密友的第二封书札，确定地告知他，说朝廷已然淡忘他了，让他放宽心，尽享天伦之乐吧。

没有人可以猜透阿桂大人的心思和手段。密友失算了。

江南河道总督。那不是一个更大的火坑吗？

那几日，整个器隐镇都沸腾起来了。江南河道总督，那是一个多么显耀、多么吃重的肥缺啊。各路人马来到於府庆贺。大人巷里，围得水泄不通。

就连丁师爷的身价，也见涨了不止三分。他现在简直出不了门，一不小心就被围堵，很多前来送贺礼的人缠住他，求他成全。否则回去不好交代。

离开器隐镇之前，丁师爷陪着於老爷悄悄去了一趟文庙。老爷在孔夫子像前磕头拜香，一言不发。未见他脸上有一点容光焕发的神态，眉宇之间，只有志量深沉的踌躇。

丁师爷火速办理的最后一件事，是按照於老爷一再的吩咐，将家中地库多年来收受的所有礼品，计一百一十二件，去宏泰当铺折换成白银共三千五百一十六两，然后，将这笔银子全部捐给文庙学宫。

丁师爷嘱咐黄教谕，此事保密，不可声张。

於慎行拿到了黄教谕亲笔写的收据，以及当铺开出的实物兑换单据，心里的一块石头终于落地。

奉命去清江浦——江南河道总督府报到那日，於慎行选在一个薄雾缭绕的清晨启程。总督府派来的官船，一直开到於府后门口的河埠边。尽管如此，河岸上还是挤满了前来相送的街坊百姓。

船缓缓驶出古镇，於慎行默默流下两行清泪。他或许知道，此一去，当是永诀。

一年后。雨季一日，於慎行冒雨策马巡视淮河防洪工地，忽闻轰雷阵响，马惊失蹄，於慎行落马受伤不治，享年62岁。

都说於总督持身甚正、夙夜秉公，律己甚严、爱民如子。是日，百里河堤，官员民工长跪不起、呼天喊地。

乾隆帝赐匾额"躬劳尽瘁"，追授"文正"谥号，表彰其忠直守节、靖共其位。

於慎行临终有言，希望家人依他夙愿，将一百亩田产赠予文庙学宫，补贴生员学业开支之用。

葬在他爷爷於千鹤身边。此为他留给丁师爷的最后一句话。

丁师爷以泪洗面，扶主子灵柩返乡，与於家人合聚。老爷遗嘱，一一依办，此是后话。

一张八十亩良田的田契，是於家人按老爷离家前的嘱咐，赠予丁师爷的，感念他半生陪伴与尽心尽责。

但是，丁师爷婉拒了，谦称老爷给予他的，已经太多。

他后来投奔黄教谕。这位早年同窗兼好友，对他很是关照，也因了主子的庇荫，在文庙得到一个操持后勤杂务，类似于我们今天的总务长的位子，勤勤勉勉，直到终老。

除了本地旧志对於慎行有类似中规中矩的表述，於家后人坚守家训，从无借追忆祖先，标榜自身的言辞与文字，也不见"家谱族志"之类文字面世，三缄其口之家风，一直延绵至今。於家大半后人，在海外谋生，据说名头巨响，却亦如锦衣夜行。与故乡的联系，基本属于断线风筝，此为一憾事至今。

倒是丁师爷这一脉，土生土长、盘根错节，后代颇多活跃。因了朝代更替、岁月迢迢，文庙早已改成当地实验小学，系本地名牌学府，丁师爷的第N代孙担任校长，亲自编著《文庙回眸》一书，其间有颇多篇幅提到於家三代，笔致温煦。当然，丁师爷的笔墨亦颇不少，此乃常情。

悠悠往事，就是供人们去忘却的，幸亏还有打败时光的文字。

第七篇

夜明珠

从蜀山镇到器隐镇，坐快船只要半个时辰，不过，在新嫁娘葛明珠的心头，却已然逾越了千山万水。

新郎名叫余桐传，字启陶。论田产，他应该是个乡绅；场面上的身份，却是器隐镇文庙理善小学的一名客座国文教员。彼时小学，为何设客座教员？据说余桐传教书很棒，为师周正，学生也敬慕。但因了是一个客串的角色——他太忙，除了教书，还在镇公所热心兼职，做一些同样属于义工性质的类似田粮登记、房屋过户、杂费征收的杂活，屁股总是坐不定。校长王某是他朋友，识才，又都好一口酒，气味相投，故特设"客座"一席，其实就是让他过一把上课的瘾。余桐传不缺钱，教书的那五斗米，并不在乎。但有一种感觉，蛮好，学生们仰着小脸，像阳光下的向日葵，听着他抑扬顿挫、江河滔滔，小脑袋们时有摆动，如沐春风。原来，那是他发出声音的节奏，真好！那种感觉，如同酒至微醺。

俗言小酒怡情，乃人生雅事；而无癖之人，岂可交耶——这是余桐传的口头禅。好一口杜康的人，朋友圈会比较粗壮。众人喜欢的性情中人，总是被酒养出来的。不过，人家是闲暇时，才咪点小酒，松快而已，他不行，吃酒于他，无异甘霖之于禾苗。一顿酒，如果不吃痛快了，天与地都将不容，太阳也不是随便就落山的。葛明珠第一次见到余桐传，隔着两个座位，就闻到一股淡淡的、不难闻的酒味。奇怪，之前她闻到男人的酒味，感觉多少有点臭。这一次不一样，不知道是不是酒好，抑或余桐传长得干净、举止也文雅的缘故。当然是在一次以聚餐名义相亲的场合——彼时已然民国，"媒妁之言、父母之命"还在大行其是，但开明的父母，还是会尊重一下儿女的感受。葛明珠的父亲葛定洪，蜀山镇大窑户，经营陶器，上海宁波经常跑，脑筋颇开化。葛明珠是家中长女，人长得清秀，却从小跟男孩一样，顽皮恣肆，窑场上横冲直撞。葛定洪存心让女儿读书，塾馆与书场，都有葛明珠的固定位置。这在蜀山镇，十分稀罕。她十二岁生日时，大大方方跟父亲要了一样礼物，一套乾隆五十七年印行的木活字本《石头记》，俗称程乙本。后来嫁给余桐传，林林总总的嫁妆里，最抢眼的东西，不是那些金银首饰，而是这本用红木匣子装的《石头记》。

　　余桐传吃酒的名声有点大。许多人叫他大先生，多半的意思，是说他的酒量——都传到相隔三十里的蜀山镇葛家父女耳朵里了。葛定洪自己不怎么好酒，骨子里，肯定不喜欢嗜酒如命的男人。他不希望把宝贝女儿嫁给一个吃了酒或许会疯疯癫癫的男人。不过，缘分这东西也怪，葛明珠认了，除了那不难闻的酒味，还因为他们在扯闲篇时，聊到了共同感兴趣的《石头记》。只是余桐传的版本，比她的还要老那么一点点，是乾隆五十六年的程甲本。虽然只早了一年，但从资深的角度看，人家是老大。她还知道，余桐传是县里"白雪诗社"的社员，经常做东，弄些诗会之类，蛮风雅，吃点小酒之后，吟几句歪诗，大概不成问题。

有一次，余桐传在准岳父家中吃醉了。一桌子的人，都是葛家长辈，那天酒好，是用古瓮装的三十年老汾酒。余桐传吃的是快酒，常人眼里，他一杯接着一杯，来者不拒，到后来，吃相颇为不雅。葛定洪几乎打定主意，要回掉这门亲事。但是，丫头喜欢，说这个人没有城府，是性情中人，吃酒时，有一股男子的豪气。吃醉了，也不胡言乱语，就是背诗，从辛弃疾到李商隐，一直背到纳兰性德，然后呼呼大睡。他吃相是有点难看，但睡相蛮斯文。这个男人，她要定了。她相信，一个喜欢《石头记》，又会吟诗作赋的男人，吃酒那么爽，不会差到哪里去。

为此，父女俩颇闹了一番别扭。葛明珠几乎绝望的时候，父亲心软了。谁让他那么开明，那么爱女儿呢！葛明珠出嫁那天，葛定洪狠狠地哭了一场。他有一种难以言说的预感，女儿自此走上一条不归之路，这个女婿让他放不下心。

余桐传这边，当然更是一见倾心。葛明珠大气，爽朗，这个不用说。她自小在窑场玩，做泥巴，看窑火，有须眉气。说话一是一、二是二，应该还有金石气。关键她还爱读书，一本《石头记》，边角都翻烂了。宝黛的诗，你出上一句，她接下一句，不会出什么岔子。

定亲时，余桐传除了彩礼，还送了一颗蓝绿相间的夜明珠。此事动静颇大。蜀山镇的有钱人，金银财宝见得多，夜明珠，很多人还是第一次听说。据说白天它静若处子，夜晚便放光，身段妖娆。见过它的人说，不是作妖的那种妖，自是柔美通透，光是淡淡的，朦胧中见到清澈，其中的雅韵，你自己去品。据说它产自波斯，比唐僧西天取经的路还远。余桐传去苏州紫玉轩珠宝店订货时，花了二十担白米钱。

明珠得珠，其心烁烁。彼时她也是微醺了——爱情亦是酒精，燃烧时都是火势熊熊，她当然有理由相信，自己是世界上最幸福的女人。

转眼就过了六七年，说起来，这些都已是往事。

余桐传出事，其实是有预兆的，只是他身边的人都大意了。

他爱吃酒，没有人稀奇。他若不吃酒，反而是新闻。由于吃酒，他脸色终日红彤彤，嘴唇紫咻咻的。后来开始吐血，没有人知道，包括妻子明珠。酒却还戒不了。医生私下告诉他，肺上有一个洞，铜板那么大。他满不在乎笑笑，以为是在吓他。因为这个医生也好酒，是他的发小。

余桐传吃酒，其实有谱，并不乱吃。熟悉他的人都知道，他吃酒，讲究酒器，也讲究环境，更讲究跟谁一起吃。

他收藏有多种酒器。今天跟谁吃酒，开什么酒，用什么酒器，在哪里吃，都有说法。人必须是一路的，气味相投，其他都好说。酒与酒器，亦不可马虎。大概天下的好酒，都长了腿，在往器隐镇跑，余桐传的怀里，冷不丁就拿出一瓶好酒来，酒器当然是与之匹配的。那种分享的快乐，让每个人都觉得，活在世上，有酒真好。

比如，跟久别重逢的朋友喝山西老汾酒，须得用羊脂白玉杯；跟白雪社的同人们喝武当山梨花酒，要用翡翠玉石杯；跟幼时玩耍的发小们喝关外老白酒，要选子贞犀角杯；跟一根藤上的老亲戚喝百草药酒，便要古藤杯来装；跟高寿的长辈喝高粱酒，最好是青铜爵；而跟家眷饮葡萄酒，当然推夜光杯，此杯古诗里时有出现，若无真杯，类似的碧玉杯亦可；若是要跟昔日塾馆的同窗们来一坛绍兴状元红的话，那肯定得是大肚弥勒的北宋古瓷杯了，唯此，才能吃出高古的味道。

还有一件酒筹筒，是余桐传收藏的酒具里，最爱的宝贝。

此件镶金鎏银，通体有华贵气。双色搭配，精美雍容，乍一看是个别致的摆件。上下两截，下部是一只乌龟，四足外趴，头颅高昂，寓龟年长寿之意。背部高竖着一只长圆形的筒子，如同一支蜡烛。筒与龟身相接之处，有两层仰莲花瓣，筒身上錾刻着龙凤纹与卷草纹，下端以鱼子纹缀底。筒身有一开光，矩形图案中竖刻四字：论语玉烛。此意出自《尔雅》，谓四时和气、温润明照之意。

此物何用？原乃饮酒行令之器。余桐传告知酒友，唐代之时，便有人用《论语》里的句子做行酒令。筒子上方所刻，皆是圣贤箴言，下部文字亦饶有兴味，分别是"自饮""伴饮""劝饮""定人饮"以及"罚饮"和"放饮"。另外,此件在吃酒数量上,也有噱头,分别是"五分""七分""十分""随意饮"等。吃酒时,将此件置于桌案,由人揭盖从圆筒中取出一支酒筹,当众念出筹上所刻文字,来决定是否吃酒、吃多少酒。此等雅致游戏,无疑伴酒添乐,皆大欢喜。彼此酒量,水涨船高,便是这般吃出来的。

这么多年,余桐传一共吃了多少酒,或许用一条船,也未必装得下吧。这话像是葛明珠说的,其实不是。吃酒这件事,固然让她添堵,但她嘴上却不怎么说他。有一个情景是这样的,夜半深深,男人未归,她给他守着门,暖着被窝,一灯茕茕,翻着《石头记》,心里有撑不住的担心。男人什么都好,待她也体贴,从无花心的绯闻,就吃点酒。每次男人出门,她只叮嘱,"少吃点啊"。就这四个字,决不多说一句。

这七年里,她给他生了三个孩子,分别是老大孟姝、老二炳昆、老三炳元。余家有两百多亩祖田,余桐传吃点酒,不至于败家,但夜里睡在一张床上,葛明珠明显感觉到,夫君的身体,在一日日地衰败。她相信这是酒的缘故,却不知道,一个藏在酒精里的妖魔,正在打她男人的主意。不过,他出事的那一天,她却有一些莫名的预感。

那一日,是白雪诗社成立 N 周年的纪念日。

诗社都有哪些人?那天,是哪位君子,坚持要灌余桐传最后一杯酒的?据称,其时他喝酒太多,已然站立不住,脸色青白,眼睛却是红的。压死骆驼的最后一根稻草，其实就是一座泰山，它如何不声不响地绽放它的狰狞，最后将一个毕活新鲜的人，一口就吞下去了？

年代太久远，没有人记得了。

好在，当年的文朋诗友们，曾经凑份子，刻了几本诗集，类似于后来的同人刊物，自娱自乐的那种。其中有一本，被余家后人传下来了。

这本土纸刻印的诗集，虽然装帧粗糙，却掩不住那些词人骚客的倜傥风流。打开那些性情豪放、文采飞扬的诗词，作者基本不署真名，代之以一些风雅的名号，比如：铜峰逸士、荆溪散人、蛟桥书生、善卷逸公，等等。余桐传用的名号，叫沧海明珠。诗友们知道，早前，他叫寒江独钓。娶了葛明珠，把名号也改了，可见爱妻在他心中，是何等位置。在这本诗集里，有他写下的几首《采桑子》与《临江仙》，最棒的一首，估计是酒太高了一挥而就的，仿岳飞《满江红》原韵，阔步云端、言辞猎猎，颇有踏破贺兰山缺的丈夫气概。

假如，那天余桐传酒醉后当场倒下，或许还有挽回的可能。或者，他回家的时候，会有一两个同人陪他——谁让他一如往常地逞强呢，反正没有人可以拦得住他。这一天，大雪纷飞，银装素裹。白雪诗社的人吃酒，向来是以天气为号，比如，以雪为号，天下雪了，等于是老天在邀约各位，不约而同，大家就往一家预定的馆子里跑；还有以雨为号，久不下雨了，大家就相约，一旦下雨，那一日晚上，就是他们吃酒作诗的日子。还有以风为号、以月为号。说起来风雅，其实都是余桐传的花头经。说是凑份子，类似我们今天的ＡＡ制，其实大头都是余桐传出资。

那一夜吃酒作诗太尽兴，大家散伙的时候，雄鸡都叫头遍了。余桐传跟往常一样，对他的同人们潇洒地挥了挥手。他高大的身板，总给人一种错觉，此人很伟岸，殊不知，他已然一垛棉花墙。在厚厚的雪地里踩出两行深深的脚印，他直奔坐落在雪昇巷的余宅而去。人们没有看到他走出一段路后，就弯下腰来猛咳一阵，在洁白的雪地留下一摊鲜红的东西。更不会晓得，彼时他哪怕再走一步路都很困难。跌跌撞撞，他上了长生桥，在桥堍上靠着石狮子坐了一会，然后拐过车水巷，就在离自己家还有一箭之地的周家豆腐坊门前，终于一个趔趄摔倒了，两脚挣扎了几下，在雪地里划出几道印痕，就再也不能动弹了。

彼时，雪下得愈紧，黑压压漫天飞舞，竟是密不透风。少顷，余桐传就被厚厚的雪被覆盖了。

多少年后，葛明珠还记得那一夜，她心神不定的情景。料理完三个孩子睡觉，她心口一阵阵堵得慌。右眼皮跳了一两天了，甚至还有耳鸣，有一个奇奇怪怪的声音，极远，仿佛在天边，却又在耳边萦绕。定神去听，它便就消失，一会儿，又在耳边响起。

她也不知道，迷迷糊糊是什么时候睡着的。鸡叫三遍了，是周家豆腐坊的人来敲门的。对方一头大雪，脸面也看不清，也不说话，拖着她就往外走。雪还在下着，就像挥舞了一夜拳脚乏了力，没有夜里那么神气嚣张。她踉跄地踩在厚厚的积雪里，哪里还看得见路，直到来人带她来到周家豆腐坊门口，她猛然看见一张芦扉盖着一个人，周围聚着一些看热闹的。她突然走不动了。她不相信，躺在芦扉下的人，会是她的夫君。

这一年，她才二十八岁。余桐传三十六岁。

一个太悲催的葬礼，走马灯一样走过了丧事的每一项程序。

一直到下葬，葛明珠恍恍惚惚，夫君余桐传仿佛是在跟她开一个恶作剧式的玩笑。他的遗容太安详，仿佛在熟睡。微翘的嘴角略带俏皮，有点像装睡的样子，睡了三天三夜，还不肯醒。而她，在长辈们的指点下，仿佛是给一个出远门的人打点行装。

让他带些什么走呢？他平时除了酒，还有酒器，别的都没什么兴趣。于是，半口棺材里，除了金银饰物，放的都是酒与酒壶。有一些，是白雪诗社的同人放进去的。他们一直在这里守灵，其中，那位聘请余桐传为"客座教员"的小学王校长，也陪伴在侧。他们编撰了一些急就章，或挽联，或悼亡诗词，像在开一个即兴的诗会，灵堂里，贴得到处都是。

余桐传朋友多，来送葬的人，挤满了一条雪昇巷。唏嘘与涕泪，挂在每个人的脸上。哀叹之余，私下里都说他太狠心，自己说走就走，丢下那么年轻的妻子，那么小的三个孩子，还有白发苍苍的老母。

人入土了，大家就都散了。

有一件事，大家都在传。葛明珠在夫君下葬之前，将早先定亲时，余桐传送她的那颗夜明珠,让他带走了。知情人私下说,那颗夜明珠,是塞在他嘴里的。按老辈人的说法,尸身衔玉,永久不腐。

此事本私密,不知为何传得满城风雨。有人指指余家女佣招娣和她老公长贵的背影。按理,他们是明珠身边最得力的帮手。招娣十六岁就进余家服侍老太太,也算是贴己的家仆了。她老公长贵,祖辈也是余家的佃户。他脑子活络,嘴巧,余桐传出远门总带着他。这对夫妻也是余家撮合的,在余家吃饭好多年了,怎么会把这样机密的事情捅出去呢!

好在,事情传了一阵,就像风一样刮过去了。

办完丧事,葛明珠才真正意识到,那个爱吃酒的男人,那个除了吃酒太多,其他真没什么毛病的男人,决绝地甩下她和三个孩子,真正地一去不回头了。

那颗原先放在她枕边床头柜上的夜明珠,如今只剩下一个紫檀木座的底子。此物定情亦订婚。赠她明珠的人,如今已作长离别,让其伴他而眠,等于是她,也跟着他一起走了——将其放进夫君口中时,他似乎不很情愿,嘴巴怎么也不肯张开。后来,是长贵让旁边的人都走,他有办法。折腾了好一阵子,那颗夜明珠才塞进他的口中。

有一刻,她昏厥,又似沉沉睡去。看见他簌簌发抖地站在一个三岔路口,在向她招手。她奔过去时,腿发软,一步也走不动。他突然又喊,你不要来了,家里还有三个孩子呢。

收拾亡夫遗物,除了地窖里的几坛酒,一些稀罕的酒器,犀角杯、青铜爵、玉石杯、琥珀杯、酒筹筒……还有一些随手写下的诗词手稿，多半系酒后遣兴，半截子的诗稿较多，写了一半就放下了。有一首，却是字体工整，让人眼前一亮：

《貂裘换酒·冬日溪行》

最爱溪行者。放轻舠、寒风萧瑟，冻云飘洒。数点峦尖凝残雪，仿佛米家图画。更拍岸、惊涛喷泻。斜望疏林青帘漾。器隐南，芦苇滩，有两三、渔子喁喁话。鱼换酒，浑忘价。　布帆直指城南挂。怪纷纷，乱鸦孤鹜，迅于奔马。晚寒冽，酒杯深把。微醺迷了天涯路，忽汀前，几处青灯射，归已近，黄昏也。

葛明珠忽然觉得，夫君吃酒，能吃到这般境界，实属不易。字里行间有超于常人的快乐。虽然生命离他而去，但他活在这世上时，是快乐的。记得，白雪诗社的同人们回忆，他生命最后的那一顿酒，从头到尾，他都是兴致勃勃。吃完的时候，他还让伙计给他打包，把半盘酱卤鸭带回去，说明珠最喜欢吃酱卤鸭了。

那包酱卤鸭，就放在他大衣的口袋里，后来，它也在寒冷的雪夜里冻成了一块冰。

陆陆续续，有一些陌生人，来叩余家清冷的门扉。

都是拿着账单来的，上面有余桐传的签字。来要账的。

开始是酒馆饭铺，有的还附着菜单。还有酒行的人，拿来赊账的单子，都是有根有据。之前余桐传老是对明珠抱怨，又有人请他吃饭，老朋友，推辞不了。其实，大都是他在做局付账。这人就喜欢热闹，不吃酒，嘴里发淡、心里发慌。

收账的伙计告诉她，大先生人好，都是白雪诗社的聚会，讲好了是大先生付账。

也有一些，是苏州、常熟、昆山、太仓、武进一带的文朋酒友来小聚，十有八九，都是余桐传做东。

人不在了，看看他款待朋友的菜品，也蛮有意思。有一张菜单，笔迹龙飞凤舞，居然是余桐传开的：

茶水：一壶碧螺春。

酒水：廿年状元红一坛。

冷菜：器隐油爆虾、虾籽白鱼、八宝炒酱、虾卤葱油鸡。

热菜：鸡头米炒虾仁、响油鳝糊、松鼠鳜鱼、蜜汁火方、芹菜香干、白果炒红菱。

羹汤：银鱼蛋清雪梨汤。

点心：生煎小笼包、水晶枣泥糕。

菜肴，就像他的人一样，既清爽，又讲究，也好吃。

他并不是白雪诗社的社长，抛头露面都是别人。但是，诗社的活动费用，却大都是他在支撑。他这是图什么呢？

不就是图一个让大家开心吗，他自己，无非趁机多吃几口酒。

有一天傍晚来了一个陌客。推了一辆山里常见的独轮车，就歇在余家门口。看样子不是来要账的。此人脸带笑意，目光机敏，有口音，不像是本地人。说自己是太华山来的。其实，场面上的本地人都知道，"太华山上来的"，是有特指的，那就是新四军游击队。但明珠并不懂。她只是好奇，桐传从未说过，他在太华山里还有朋友。

来人说，余先生是个好人，他多次给我们送过药品和粮食。老板让我送点山货来，余师母还是要节哀保重才是。

说罢，手脚利落地把车上的山货都卸下来，堆在余家门口。

余师母保重！看着明珠一脸懵懂的样子，他朝她笑笑，伸出四个指头。推着车，转身消失在巷子深处的暮色里。

明珠突然明白过来。那四个指头，就是新四军啊。

脑子里一时空白。桐传怎么会跟新四军有来往呢？

那一车山货里，有白果、板栗、蘑菇、木耳、竹鞭笋、茶叶、山芋，还有两只剥了皮的野鸡和野兔……

暮色里，陌客那温善的笑容和伸出的四个指头，一直在她眼前晃动。原本困惑的心底，难得地漾起一阵暖意。泪水不知不觉打湿了她的衣襟。

那些日子里，葛明珠希望天天有人来敲余家的门。即便就是来催账的，总会说出一件她不知道的事情，等于让余桐传又活过来一阵。

次年夏秋之季，世代安稳的器隐镇，因惊天战事爆发，生灵惨遭涂炭。

八月十三日，日军发动"八一三事变"，淞沪战争爆发。

十一月十六日，日军飞机在器隐镇投下首颗炸弹，落于镇郊尚武桥附近。以后数日，日机滥炸镇区，镇南棋盘巷、伙头巷、鸡笼巷等部分民宅被毁，死伤三十余人。

十一月十八日，日军中岛师团在太湖口登陆，一路烧杀抢掠，直扑器隐镇而来。国民党军第6师在洋溪渡口、竺山湖岸拦截，鏖战三天三夜后，实行"战略转移"。太华山新四军游击队与日军在器隐镇巷战一天一夜。掩护大批平民撤至宜南山区，器隐镇成了通往天目山与铜官山的中转之地。

(《器隐镇志·大事记》)

器隐镇上，许多有钱人跑了，就是平头百姓，也在竭力囤积物资，准备到偏僻的乡下度难。

余家在张渚山区有亲戚。按明珠婆婆的说法，桐传幼时缺奶，曾在张渚山里找了一个奶娘。这个张姓女人奶水足，人也良善，一来二往，跟余家就攀了亲戚。余桐传见到她，总是会亲亲热热叫一声寄娘。

彼时余家，公公早亡，兄弟分家，婆婆还在。小脚伶仃的老太，身板还好，只是双眼患疾，几近失明，行动自是不便。三个孩子里，长女孟姝，已是城南国民小学一名学生；二子炳昆，刚入同文塾学，已能背诵《三字经》《弟子规》；三子炳元才四岁。

战事自然也祸及葛明珠的娘家。日军飞机轰炸蜀山窑场，一颗炮弹正中葛家窑。父亲葛定洪逃脱一命，明珠的二弟明伦，却被炸得血肉横飞。白发人送黑发人，并不是葛氏一家，处处孤坟，遍地纸钱。哀号声日日在蜀山蠡河一带萦回。

明珠难舍的，除了雪昇巷的家，还有器隐镇外袄溪墩的余家墓地里，那一冢黄黄的新坟。之前，她隔三岔五地穿过曲里拐弯的巷子，搭那种方便的舢子小船，沿着塘河，行至长满茅草的袄溪墩岸边，去给长眠于此的夫君送一壶酒，有时还带几样他平素爱吃的小菜，陪他坐坐，给他读一段《石头记》。茅草葳蕤，白穗飘飘，天边有雁阵飞过，深秋的落叶在空中低回，静寂无声，仿佛在为他们的小别重逢无声叹息。一壶酒洒在墓前，与青草泥土相融，挥发出来的气味，竟与熟悉的夫君身上的气息无异。

那一日听闻，镇郊尚武桥被日军飞机炸成两截。镇上能走的人，几乎都走光了。入夜时分，明珠给桐传的灵牌上了一炷香，念叨了一番，便带着一家老小上了船，长贵和招娣夫妇随行。出了团氿，入画溪河，天亮时到了桃溪河，张渚山镇已然近在咫尺。逃难在明珠，平生还是第一次。若是桐传还在，她一点也不用慌。现在，她只能守着一堆他生前吃酒的酒器——家里别的都没拿，换洗衣服和被褥之外。就连余家的田契、房契，婆婆的细软和她的陪嫁首饰，都埋到后院的地下了。带在身边的，就是这些杯杯盏盏。装在几个箱子里，坐在身子底下，感觉桐传就还在身边。他爱吃的酒，还有几坛，也让长贵在后院挖了一个坑，全都埋入地下了。

在山里桐传的寄娘家躲了将近一个月，山下传来的消息说，逃难的人们，已经陆陆续续回去了。

招娣的老公长贵，人很精干，脚头却有点野。他提出自己先下山看看。此一去，竟是三日没有消息。明珠想起，之前桐传曾经说过这个长贵，干活肯出力气，只是嘴馋好赌。等到第四天，长贵终于失魂落魄地回来了。问他究竟，只是说，自己这几天吃坏了肚子，躺了两日，又说镇上的人都回去了，咱们也回吧。

一直到船开动了，长贵终于憋不住，突然哭出声来。

他带来一个坏消息，无异于晴天霹雳。大先生的墓被盗了，口中含着的那颗夜明珠亦不翼而飞。

余桐传墓被盗，虽不是什么惊天大事，但在器隐镇一度成为热门新闻。闻者无不同仇敌忾，诅咒盗墓者必遭天谴。

那颗夜明珠，究竟落入谁人手里，也成为坊间嚼不烂的话题。

葛明珠心痛欲裂，当然是在见到盗墓现场的那一刻，但她异常冷静，虽然一时束手无策，但并未表现出太多的呼天喊地。起先她对长贵有怨恨，但他只是一个有点贪吃好赌的跑腿，责怪他又有何用？按他的述说，他下山之后嘴馋，弄了几瓶烧酒，和几个麻友吃了一顿好的，然后在"小得天"麻将馆，不知不觉赌了一天一夜。其间吃了两只隔夜螃蟹，肚子吃坏，上吐下泻。后来去焐混堂，听到混堂里的人在议论，说余某人的墓被盗，棺材里陪葬的财物，被洗劫一空，尤其是传说中的那颗夜明珠，也被盗墓贼狠心从口中抠出来，真正天地不容。长贵听到这里，吓出一身冷汗，赶紧跑到先生的墓地，一看腿都软了。慌乱之中，他找来一把铁锹，先把翻开的黄土盖上，朝着墓穴磕了三个响头。心里是又难过又害怕，想着自己出来几天了，回去怎么跟太太交代啊！旁人给他透风，这种事，本乡本土的人干不出来，是太湖里的湖匪过来干的。最近镇上的人都在逃难，他们经常出来盗墓劫舍，谋财害命。

如此说法，等于是这场战乱，让余桐传又死了一次。

可是，葛明珠想不通，余桐传又不是什么大财主。他的葬礼虽然场面不小，但跟豪门的奢侈却挨不上边。器隐镇上有钱人太多，余桐传算个什么啊。而有关夜明珠的消息，又是谁走漏的呢？

有知情人，私下里跟明珠说，长贵这个人，要小心。

明珠耳根子不软。就算长贵嘴快，他也不至于通湖匪吧。他做事是有不太牢靠的时候，但人还是老实的。

还有，他老婆招娣，人很温善，已然是余家贴己的一个帮手，余家柴米油盐的烟火日子，都是她在张罗。

记得桐传生前，还撂过两句话：用人不疑，疑人也要敢用。

桐传心大，旁人眼里搁不下的事，到他眼里，一风便吹过。

最后，明珠还是把仇恨归结到了日本人身上。如果东洋赤佬不来扔炸弹，大家安安稳稳过日子，哪来的逃难一说，更不要说盗墓这样的事，她自小就没有听说过。

不过，那颗夜明珠被何人掳去，又流落在世间何处，让生者不安生，逝者难瞑目？从这一天起，葛明珠便再也放不下了。

寻找夜明珠，成了葛明珠活下去的一个执念。

在余家后人的记忆里，常常会说到一个场景，薄霜微寒的初冬之日，器隐镇郊的田埂上，行进着一支奇特的队伍。走在第一个的那个寸头厚背黑脸男人，就是长贵；第二个，便是余家大师母余葛氏，本名葛明珠。她一身素服，光洁的头髻上插着一朵醒目的白花，从容的仪态里，含着淡淡的忧郁。之后便是余家的三个孩子：长女孟姝、次子炳昆、三子炳元。走在队伍最后的是招娣，她需要不时上前照顾炳元，前者在田埂上蹦蹦跳跳，一不小心便滑落到烂泥田里。

他们这是去哪里？收租。今天的人看到这个词汇，会引发一些联想。在特定的年代里，这两个字带着罪恶的意味，会让人顿生敌意。事实上，只要是租赁的关系，就会有收租一说。余家祖田颇不少，传到余桐传手里，因了兄弟分家缘故，又因他时常私下接济朋友、赞助诗社，卖掉一些，实足只有不到两百亩。余家老小吃穿用度，全靠这些田产。秋冬交替的季节，稻子登场，所有的地主都在闻风而动，收租，是他们一年的指望。而之前，都是余桐传带着长贵在打理。而今，轮到葛明珠——人们叫她大师母，来出面了。面对着那些辛辛苦苦耕做了一年的佃户，或蓬头垢面，或神情孤苦，她开不了口。没有办法，只能把三个孩子都带上，寡母孤儿，六神无主。

大先生不在了，日子却还要过下去。这样的苦情，就是阿木林，也要掉眼泪的吧。

这样一个尴尬的时刻，长贵倒应付自如。他提醒大师母，腰杆挺直一些，大先生在的时候，待他们都蛮好的，余家又不亏欠他们什么。收租这件事，天经地义。然后，招娣也在给她支招，刘家佃户今年确实困难，老人过世，小孩生病；李家佃户也不容易，三病六灾，都摊上了。当然，汪家佃户，他们今年风调雨顺的，去年他们的租子还没有交，不要跟他们客气，等等。

于是，在连年歉收的田塍上，葛明珠心平气和地与佃户们讨论收租的细节。但凡遇到能收回一些租子的佃户，明珠总是会跟他们道谢。三个孩子簇拥着她，仿佛要给他们的母亲一些说话的底气。明珠的开场白基本是这样的：可怜可怜我们孤儿寡母吧，能给多少就多少，我不会为难你们。

长贵把她拉到一边，说大师母怎么这样讲话，像个要饭的乞丐。

她推开长贵，说，到田头来看看，大家都不容易，我说的是真心话。

有一家尚武桥堍的黄姓佃户，日本人飞机来轰炸时，把他家房子毁掉一半，两个长辈坚持不肯离家躲避，全被炸死。连年遭灾，家里埋葬老人连薄皮棺材也买不起，芦扉一卷，就入土了。也拿不出修房子的钱，更不用说交租了。

在别人讲述的悲情故事里，明珠哭得止也止不住。她坚持拿出两块银元，塞到黄佃户老婆的手里，说，租子的事就别提了，好好活下去要紧。

长贵又在一旁啧嘴叹气,说大师母您是来收租还是来施舍的啊!

其实明珠对收租这件事是有期待的。夜明珠被盗,心痛到最后,唯一的宽慰,是她想到它还在世上,盗它的人,无非为了钱。夫君当年把它从苏州珠宝店里买回来,花了二十担米钱。这个细节在器隐镇,几乎家喻户晓。换言之,她手里必须至少拥有二十担米钱,或许其身价已然不止,才有万分之一的可能,把它换回来。

余家后人坚持把他们的老祖母葛明珠说成是一个执念甚深的人。说她为了夜明珠,早早地白了一头青丝。

彼时余家,一时要凑齐二十担米钱,并不是一件容易事。若在过去,当然不在话下。家里男人不在了,好比梁柱松动的屋子,顶漏窗破,已属常态。葛明珠把陪嫁的首饰都拿出来了,一定要凑满二十担米钱。但是兵荒马乱,物价飞涨。她吃不准,只能去找百搭巷里三鑫珠宝店王老板——也是余桐传过去的酒友。他说当年大先生从苏州购回那颗夜明珠,曾经拿来给他看过,的确是稀世珍宝,二十担米,简直就是捡了一个大漏。但如今这行情,没有三十担米,肯定拿不下来。更何况,这颗夜明珠名气太大,知道来历的人,价格上更加不肯松动。

王老板的意思是,若明珠同意,他可以把三十担米的价格,在圈子里传出去,带有悬赏的意味,这样的兵荒马乱,谁不要活命的白米，而守着一颗珠子啊！

王老板的口气倒是诚恳，但他的说法，似乎前后矛盾。彼时市面上流通的银元法币都不甚坚挺，江南一带民间贸易，都是用白米的时价来进行交易。市面越乱，白米应该越值钱，怎么听起来反而像是贬值了呢？

无论如何，就像暗沉的天空裂开了一道口子，王老板愿意相帮此事，让葛明珠黯淡的心头泛起了希冀的光亮。

然而，三十担米，迅即切换成一座沉重的大山，压在葛明珠的心坎上。无奈之下，她只能往蜀山镇的娘家跑。

彼时葛家，父母已然去世，战乱下的蜀山窑场极不景气，很多手艺人改行，紫砂茶壶没人做，是因为没人买。整个陶瓷行情非常冷清。明珠的二弟明伦殒于日军炸弹，接手父业的小弟明生，正勉力支撑着奄奄一息的一脉窑火。守寡的阿姐难得跟他借钱，他知道是因了夜明珠的缘故。毕竟，血浓于水，他咬紧牙关给了阿姐一摞压箱底的银元，明珠含着眼泪，写下借据，交到他手上，他一把扯过，将借据撕了。他甚至建议阿姐带着孩子撤回蜀山，帮他在窑场上打理，有他一口吃的，绝不会让阿姐和三个外甥儿女饿着。

可是，可是，余家的门庭就这么关闭了吗？她还有婆婆，总不能带着婆婆住娘家吧。关键是，她要寻找夜明珠。这已然成为她活下去的一个依据。

最终，她把市价三十担的米钱交到王老板手上。此刻，希冀就像一只飘摇的风筝，忽而冲向乱云飞渡的天际。王老板起先不肯接受这笔沉甸甸的费用，说等有了消息也不迟。而明珠心下以为，只有收了钱，人家才会当回事。推来推去，王老板终于一笔一画写了收据，交到她手上，说了一句：放心吧大师母，我会尽力的！明珠的眼泪怎么也禁不住，挂在她那清癯的脸上。

之后明珠的生活，除了照料三个孩子，基本就被寻找夜明珠的事情填满了。有时，消息会从四面八方而来。比如苏州某珠宝店，一颗夜明珠悄然现身，葛明珠闻知，即刻带着招娣动身，乘快船，半夜到了姑苏城，天亮时分就守在人家珠宝店门口。一看，不对。无论成色与品相，都不能跟自家的那颗比。

又一回，是在扬州，是王老板提供的信息。又风风火火地赶去，就在瘦西湖附近，人家是私人会所，不让进。明珠手持着王老板的亲笔信，勉强让进去了。这是一个大佬的别院，说白了，养小老婆的地方。女主人倒是很客气，她哥哥跟王老板有生意往来。说到夜明珠，她说有好几颗，都是宠爱她的男人送的。她又不缺钱，凭什么要卖出去呢？好说歹说，总算叫丫鬟把那些宝贝端了出来。细细一看，有的光艳夺目，有的暗蕴秋波，但格局与气象，都不能跟她的那颗比。千恩万谢了，赶紧出来。那一刻明珠有点绝望，世上夜明珠只怕有千千万万，而她的那颗，要么沦落天涯，或跟夫君一样，已然化成齑粉了。

王老板那里，不断地有消息来——收了三十担米钱，自然是殷勤万分。他甚至专门派了一个伙计，沿着东太湖，从常熟、昆山、太仓，到苏州、上海、松江一带去搜寻那颗夜明珠。一两个月过去，那个伙计倒是没有空手回来，但是，王老板一看，气不打一处来，收回来的，哪里是什么夜明珠，分明是一些玻璃球啊。

虽然寸功未建，但寻找这件事，是有成本的。王老板按月会把一叠账单让人送到葛明珠手里。

不管怎样，总算有人在替她寻找。渺茫的希冀，总是在不断被点燃，又慢慢黯淡，跌落到黑暗的深渊，归于寂灭。好在，那颗夜明珠总是准时在葛明珠冷寂的梦里出现。在某种意义上，它其实从来没有离开过她。

时光在人世间穿梭。余桐传坟头的青草在疯长。转眼，葛明珠的满头青丝变成了白发，孩子们也慢慢长大了。

接下来的故事，该由余家子孙来讲了。

余家老大孟姝，清晰地记得，那一年妈妈老是在念叨，共产党快要打过长江了。

余家儿女都知道，妈妈之前对共产党有亲近感。那是因为，爸爸余桐传死后，上门的几乎都是来要债的。只有太华山的新四军朋友，给她送来了慰问。那个寒凉的傍晚，推了一车山货送到余家门口，朝她伸出四个指头的那个和蔼的陌客，就是一直以来，她对共产党的基本印象。

老二炳昆印象最深的是，母亲葛明珠长期订了一份本地的《品报》，每天能看到时局的消息。

这里要说一说余家与那些佃户的关系。

老三炳元印象里，很久以来，母亲葛明珠基本不再出去收租了。她平素待那些佃户不薄，很多人处得像兄弟姐妹，如果摸着良心说一句公道话，那些田地本来就是他们在种着，丰收的时候，余家等于是分他们几份口粮。但凡遇到歉收或天灾人祸的时节，她从来是通情达理的，有一句常常挂在嘴边的话就是，有难同当，有福共享。

彼时余家，长女孟姝已然出嫁，男方是葛家的远亲，也是从事陶业的窑户，门当户对不说，也是厚道人家。次子炳昆，自小学业优良，已考上苏州的东吴大学。老三炳元，初中毕业后托友人介绍，在无锡广仁医院做了一名化验员。

也就是说，那个特定的年份到来之前，葛明珠已然苦尽甜来。

彼时婆婆亦已去世。葛明珠身边牵挂不多。苏州城在向她招手，炳昆一边读书，一边兼职家教，贴补学业杂用。他在苏州找了一个女友，时髦说法叫对象。小学教员，是个知书达理、品貌兼美的苏州姑娘。按炳昆的意思，他希望母亲早些去苏州定居。

葛明珠对苏州的向往，主要原因还是那颗夜明珠——夫君当年，从苏州一家珠宝店，用二十担米钱买来的宝贝。这么多年，有关夜明珠的消息，已然石沉大海。但她总会把它跟苏州联系起来。若能去苏州定居，她便经常可以到那些珠宝店，转转看看，说不定哪一天，它就会突然出现在她眼前。

这里要说一说葛明珠身边的招娣和长贵。

据此间街坊回忆，葛明珠后来去苏州，长贵夫妇一直住在余家。一种说法是，葛明珠大度，把大门钥匙给了招娣，就等于把什么都托付了。

这也表明，葛明珠一直很信任他们。

长贵人很聪明。加上几代赤贫，出身很硬。按后来的时局变化，是有机会出头的。但他有一些难改的习性，比如脚头野、嘴巴馋，有时手脚不太干净——这些自小养成、又被余家长期迁就的坏毛病，一旦到了公家的队伍里，却是不能容忍的。他后来很想端公家的饭碗，也不是没有机会，但他不太守规矩，常吃酒误事。公家就不太好用他。相比之下，招娣倒是为人实诚，在葛明珠身边，大师母一直教她认字。她后来会读报、记账，说话也伶牙俐齿、大大方方。经人推荐，她参加了镇上的秧歌队。

彼时葛明珠一旦决意要去苏州定居，她就把器隐镇的一切都放下了。

那还是在特定的年代到来之前，有件事，或许应该记载一笔。

行前，几乎所有的事情，葛明珠都安排周全。包括田地的分配，家中财物、器物的安置——一部分跟她去苏州，尤其是夫君的遗物之类。当然，还有一部长年陪伴她的《石头记》。还有一部分，就留给长贵夫妇。就连余家宅子往后的去向，她也想到了，对长贵夫妇说，这宅子，你们就住下去，将来世道无论怎么变化，终不会让你们住在露天里。

对那些祖田，她也有新认识。虽然田地是祖上留下来的，但事实是，这么多年，余家也是那些佃户养活的。他们祖祖辈辈、辛辛苦苦种田，所获不多，拼死累活。人活在世上都不容易。她要走了，便决意要把所有的田地都分给他们——原则是，地在谁手上种着，就是谁的。

然后，拿出了最后的一块地，是三十亩背坡朝阳的良田，紧靠着一条小河。当她把田契交给长贵夫妇的时候，招娣突然大哭起来。

这一哭，竟然半晌不止。长贵开始沉默，后来有些站立不住。

招娣突然指着长贵的鼻子，大声吼道，"你还是个人的话，就把东西交出来！"

在招娣的吼声里，长贵两腿一软，朝着葛明珠跪下了。

招娣说的"东西"，竟然是那颗夜明珠。

后来坊间流传的那颗被盗的夜明珠，有这样一些说法。

其一，当年余桐传墓被盗，长贵有直接嫌疑。他喝醉并且赌输，被做局的赢家逼得没有退路，只能带着赢家去了主人的墓上，人家拿到了夜明珠，这才放过他。

其二，夜明珠在江湖上几度易主，长贵都是知道的。有一次聚赌，他手气好，居然把夜明珠赢了回来，但他欠人家赌债太多，很快又输给了别人——易来易去，最后因为在赌场搭救了别人一条性命，人家以珠回报，这才又到了他手里。但是，前缘后果，一时难说清楚。长贵不敢拿出来，也是实情。

其三，无论怎样沉浮起落、兜兜转转，夜明珠其实一直没有离开器隐镇。百搭巷三鑫珠宝店的王老板，应该知道一些内情。但他拿了葛明珠三十担米钱，却没有向她提供一点真实的信息。原因是他不敢得罪那些人，包括长贵。坊间认为，此人贪心而可恶，亏他早年跟余桐传还是酒友，却一意昧心讹财。这年除夕，王老板突然暴死，据称亦系仇家所为。究竟实情如何，众说纷纭，莫衷一是。

坊间判断，那颗失而复得的夜明珠，后来应该是随葛明珠去了苏州。

葛明珠去了苏州后，子孝媳贤，生活安定。长贵夫妇去探望过几次。她陪他们游览虎丘、拙政园、狮子林，还请他们在松鹤楼吃松鼠鳜鱼，在观前街吃甜酒酿，看上去还是像一家人一样。

葛明珠也还回过器隐镇的。动静较大的一次，是老三炳元，经名士举荐，以同等学力，考上了地处镇江的省医科大学。也就是说，余家出了两个大学生。葛明珠决意要回来请一次客，她让长贵把埋在后院的几坛老酒起出来，请雪昇巷里的老街坊们吃了一顿酒。据说，那天巷子里的人都来了，葛明珠端着酒杯，一个一个街坊敬过去，说，这是桐传的酒，你们多吃点。

之前余家，自桐传殁后，上下都是禁酒的。但这一天，葛明珠自己也吃醉了，一会儿笑，一会儿哭。街坊们说，这些年，明珠太不容易了。

有关夜明珠的故事，在器隐镇的不同时期流传着不同的版本。

每逢夜幕降临的时候，这些故事特别适合在温煦的烟火巷子里、在寻常人家的饭桌前、在弦月高悬的酒楼上、在寒夜客来的茶案中，演绎并延伸着它的每一个细节。

余家后人，则守着一条据说是老祖母葛明珠的遗训，永远不对外人提夜明珠的归宿。

后来，余家后辈里出了一个文人，他还是把夜明珠的故事写出来了。至于它最后的归宿，他是这么说的：当葛明珠与余桐传在另一个世界再度相聚的时候，它忠实地陪伴在他们身边，不会再离开。

当然，跟他们在一起的，还有两套版本不一的《石头记》。

第八篇

雀桥仙

到了许吉安这一辈，也就是清末民初的年代，器隐镇上几乎没人知道许胤宗是何方神圣了。

许胤宗是谁？

退回千年之前，此公可是一个名头轰响的人物。他做过义兴太守，彼时义兴，就是今天的江南宜兴。器隐镇，还只是一个人口繁密的村落。不过义兴称郡，下面辖着六个县。按当下级别来换算，是个地级市吧。后来朝代更迭，宜兴又回到县级——许胤宗任太守，属于阴差阳错，说白了，那是朝廷对他的赏赐。原本他是个医家，查百度百科，称其"善治骨蒸症，其医术颇为人称赞"。骨蒸症，就是肺结核病。早年行医时，他救了皇帝母亲柳太后的命。这个动静有点大，说其轰动朝野并不为过。当时柳太后中风失语，面部神经麻痹，金口难开。汤药之类，半匙都灌不进去。许胤宗以黄芪煮汤，对柳太后进行蒸熏之疗。药气蒸腾，如雾入体，通关节、舒筋脉、活四肢、伸急挛。当晚太后即能言语，次日进膳，渐如往常。许胤宗从此成名走红，八面威风。

幸好许胤宗有自知之明。他几次上表朝廷，做太守，并非他之擅长，回归"医道"才是根本。他的履历蛮好看，散骑侍郎、尚药奉御之类的体面职务，都是皇恩赐予。有的人命好，这没办法。跟在皇帝身边，侍从左右、保健治病。正五品，品级颇不低，封妻荫子，光宗耀祖。

不过时光很无情，改朝换代也太快。连许胤宗这样的名医，过了几代，人们就不知道他是何许人了。倒是岐黄业一直很服他。此公在世时，并不曾著书立说，但他留下的"十大医案"，长期以来却是历代郎中们膜拜的经典。

许家的薪火相传，一直延续到南宋。彼时许家后人尚在朝廷做御医，据说出了一件人命关天的事——给皇帝一位心爱的妃子诊病时，药物被人调包，导致爱妃香命归天。许御医被斩首前立下遗言，岐黄之术，救人亦误己。子孙后代，或稼穑，或手艺，皆可丰衣足食，不可再入杏林，云云。

许家香火延续，树大根深，唯祖训断不敢违。也有文人秉笔滔滔，浩叹江湖之上，再无许氏医家悬壶济世的传说故事。

这就到元明了。许家后代中的一支，在江南器隐镇落脚生根。

彼时江南，人分十等：一官、二吏、三僧、四道、五医、六工、七猎、八匠、九儒、十丐。行医者位居第五——还有一项待遇不可忽视，元明朝医户可以免除徭役。而医人必须经过太医院举办的医学考试，才能获得从医资格。朝廷要求地方，路、府、州、县之教授、学正、学录、教谕，以及负责地方医政的医官提举司，必须对医人的从医资格，严加监管。但有一条，医家的后人子袭父业，却被认为顺理成章。许胤宗这个名字虽然被尘世湮没，但历代衙门却还认他。其后人行医，人人都觉得天经地义。

许吉安依稀记得，他爷爷许半夏，做过当地的监生，然功名之类并不看重，私下里却给街坊看病，都是忍见不了别人的病痛，貌似顺手而为，其实发自本善。说"私下里"，是指许家门楣并无医馆招牌，但坊间口碑却绝佳。"一脉准"——是此间百姓对许半夏医道的评价。这么说吧，许半夏看病，不作高深之态，只按一下脉，或只看一下舌苔，顶多，再看一下眼白。他开的药方，成本低廉、取之简便，譬如猪胆汁，屠宰坊里有的是。此物可泻火明目、清热解毒，专治目赤肿痛、肺热咳嗽。又如淡竹叶，家前屋后立等可取，有清热除烦、利尿解毒之效，可治外感风热。此物与麦冬、芦根等同服，可治小便黄赤短少、淋痛之症。平头百姓好图方便，治好了他的病，且花钱甚少，有时是免费——看他蓬头垢面，大冬天穿双破棉鞋，脚趾头还露在外面，许半夏哪还收什么钱。病人得益，就会逢人便讲。所谓名气，都是口口相传。许家世代住在器隐镇乌衣巷底的雀桥边上，一栋前后两进的老宅，数百年不鲜不蔫。"看病上雀桥"成为一种坊间的口头禅，想来并不容易。

到了父亲许樵松这一辈，在器隐镇开设了同文塾馆。其塾师的声望，却被看病郎中的名气所覆盖——如果你到器隐镇打听许樵松，请不要问同文塾馆，而是要问许郎中何在。多半的人们会告诉你，过了状元桥往前走，沿着百搭巷，然后岔进乌衣巷，一直走到巷底，就看到一座雀桥了，桥堍下，便是许郎中的家。

许家人有一样东西，也是祖传的——都不看重功名。或许有手艺的人多半如此，脸上卑微，内里心高，凭本事吃饭，就怕入了仕途，仰人鼻息，身不由己。

许吉安是个早产儿，自小羸弱，在自家的塾馆开蒙识字，便在祖上留下的几本旧医书里盘桓，如《神农本草经》《名医别录》《伤寒杂病论》之类。或许称不上无师自通，倒也是家传真谛。父亲去世前，将其唤到床前，只几句话，许吉安便涕泪俱下。到底说的什么，《许氏家谱》有详细记载，连同一套医用器物，分别是——柳叶式外科刀、平刃式外科刀各一件，铁质牛角柄圆针一枚，银质小剪刀一把，铜质大小镊子各一把，以及牛角柄猪鬃毛药刷、骨质医针、牛角火罐，铜质、玉质刮痧板等。

这套郎中看病的医器，其实就是许家的家底，也是后代们行医的依据。

许吉安自小吃药有点多，久病之人，多半自成良医，何况是许家后人。他倒是有志向开个医馆，无奈祖训在上，不可违越，只好学父辈，犹弹琵琶,半遮脸面。场面上他承继父业，同文塾馆还开着，收了十几个学生。屋子就那么大，坐得满满当当了，从来不曾考虑过扩建之类。外请了一个常熟来的郭先生主持塾务，他自己也兼课，帮着打理塾务。南屋做塾馆，北房是诊所，门帘都半掩着，药气与书香气相兼，倒是器隐镇独特一景。

许吉安的日常生活，每一天都是满满当当。

清晨，得义楼茶馆的一壶早茶，断不可少。彼时器隐镇，场面上的人，都爱这一壶茶。醒脑提神是其一，闻听新闻八卦是其二，关键，还是跟那些吃茶的老友见面唠嗑。

许吉安吃茶，要比别人忙一些，各种茶客来跟他寒暄、问诊。有时是乌头黄汗——本地人形容一种不可开交的一种状态，而手中的一壶茶，却并不耽误。右手搭脉问诊之时，左手执壶，悠然吃茶。此时眼睛半眯，似醒似醉。茶馆里喧闹的声音，可以充耳不闻——没有人能打搅到他。

把茶馆当成诊所，那茶馆的老板会高兴吗？这么说吧，茶馆老板也找他搭脉——多好的近水楼台，自己看病不用出门，还白白得了许多人气。器隐镇茶馆多，医馆、诊所也不少，但许郎中只有一个。茶友们知道许吉安好一壶茶，他座位旁边的那些位置，含金量自然要高些，抢手。他人随和，不管是熟人还是生客，一声寒暄，手臂伸过来，他都会呵呵笑着，把手按上去。脉，就这样搭上了。口中会念念有词，声音不高，但一字一句，非常清晰。譬如：

陈先生，您这是肝火郁结、目赤肿痛、眩晕无力。有一些日子了是吧？平时易怒上火、夜晚不能安眠。对啊？就是这个毛病。不要紧，开几味药，调一调就好了。

袖筒里取出一支毛笔，墨是吃饱的，笔尖放到嘴边，哈口气，有时字就写在人家手心里，总是一笔不苟的蝇头小楷：

夏枯草二钱、当归三钱、白芍二钱、玄参五钱、乌药三钱、浙贝二钱、僵蚕二钱、桔梗三钱、陈皮五钱、川芎四钱、甘草三钱。

肝旺血燥、瘰疬坚硬。如是煎服五帖。勿误。

有的人，并不需要搭脉，一张脸上，什么病都摆着。许吉安扫几眼，有话想憋住，最终还是一吐为快：李阿叔，看您双目微肿，眼白发黄，或是肝火上扰，或是风热上壅头目所致吧。

顺手在他手心里写七个字：

蝉衣菊花决明子。

忙半天，都是免费。一个铜板也未收。

本来就不靠这活儿养家。就是家里的诊所，也只收些成本费用。

千金难买一个情愿。这壶茶终于吃完，许吉安在上午的某个时辰，准时出现在同文塾馆的书屋里。

主要是郭先生在上课。大抵是《三字经》《百家姓》《千字文》之类。他有空，也上课，讲《弟子规》，还有《幼学琼林》等，头头是道，声音清亮。案前一把紫砂老壶，高身筒，本山泥。常年泡的是胖大海，加了一点菊蕾、黄芪，润嗓且提气。

他在南书屋教书的时候，北屋的诊所里，早有人在等待。都很安静，不吱声，没有人在南屋的窗下探头探脑。

塾馆打理，主要还靠郭塾师。此公教书极好，只是脾气有点暴，学生不守规矩，冷不丁就会挨板子。

　　许吉安在北屋给病人搭脉的时候，南屋的琅琅书声并不会给他带来困扰，但有时突然会有一声尖利的哭叫，把难得安静的空气划开一道口子，又是哪个学生挨了郭塾师的板子？许吉安提醒过他，对孩子，下手不要那么重，嫩皮嫩骨的。

　　许吉安可能听不得孩子的哭声——或许，他对人世间的一切哭声都比较敏感。挨板子而哭鼻子的学童，最终会在许吉安的安抚下，归于平静，彼时书声又起，雀桥之畔，一切如常。

　　忙碌了大半天，许吉安通常会在黄昏前，去百搭巷的"浴德堂"焐一把浴。本地人洗澡，俗称"焐混堂"。与今天人们的"泡澡"有点相似——这是许吉安一天中最惬意的时刻，一壶茶，香片；一块烧饼——萝卜丝馅，白芝麻烤得焦黄。许吉安最喜欢吃伙头巷陈记烧饼店的推酥烧饼。搓背师傅，则推崇蔡阿六；扦脚师傅，喜欢陈小根。许吉安擦完背，扦好脚，浑身舒泰。他顺便看了看蔡阿六的舌苔，泛白而肥腻。舌体边缘，已成锯齿状，俗称裙边舌。蔡阿六长期在雾气腾腾的混堂里给浴客们搓背，身上湿气太重，以至头顶秃发，脸上长斑。许吉安还推断他口苦口臭、大便溏稀，都是湿气在作祟。蔡阿六这个人，搓背功夫独绝，他的地盘，就是浴客的身背。他能根据不同人的特点，用他的一双手，把你伺候得舒舒服服。最后他把一坨黑乎乎的腻垢丢在你面前，说都是你身上的，足足可肥三分田。意思是，贵体有点脏，应该常来搓背。蔡阿六穷，一双手再勤快，也支应不了家里六个人吃饭，有病也扛着。许吉安蛮同情他。这一身的湿气，须刮痧、拔罐，才可消除。他身上倒是带有一把黄铜的刮痧片，但混堂里，只有搓背修脚，不作兴替人刮痧的，再说，蔡阿六还在卖力干活，多搓一个背，可多得五枚铜板。便再三叮嘱蔡阿六，次日一早，一定要去他诊所，他要替阿六刮痧——记着啊，以后要隔三岔五来刮痧，一个铜板也不收你的！

据阿六说，许郎中实在人，不拿架子。搓背时两人是有体己话的。一个说，许先生你又瘦了，背梁脊骨上，没什么肉了。一个呢，呵呵笑起来，说，我又不杀肉卖，要那么多肉干吗。一个又说，你太瘦了，娘子不喜欢啊。

许吉安的黄昏是如此惬意。此时他走在回到雀桥的巷子里，脸上有一种笃定的安谧。周边渐起的百家灯火，衬着他轻快的碎步，河面升腾起一层薄雾，有一份今夕何夕的韵味。这里不妨顺便描述一下雀桥边的景致。最早此桥叫百雀桥，拱木结构，颇高。清康熙年间改成石拱桥。因桥下有一棵梧桐树，枝繁叶茂，鸟雀齐栖，朝啭夕鸣，为乌衣巷口一景，故而得名。后来人们为了方便，简称雀桥。登临雀桥之上，抬头可见明月别枝，俯首可闻清风鸣蝉。脚下三条镇河，蜿蜒交叉，从脚下淌过。远处疏楼闲阁，近处惊鸿照影，船上人家清炊，桥下百姓烟火，万般温煦暖融，皆收眼底。

通常，许吉安看病，分坐诊、出诊和急诊。

其一，坐诊，顾名思义，就是坐在本宅北屋，坐等病家上门。此处并无医馆门匾，陌生人找半天，只找到一块字体剥落的旧牌子，同文塾馆。幸亏他们进镇的时候，热心人已经指点过了，找到同文塾馆，就到了许郎中的诊所。

也有人为了简便，称许郎中这里叫"雀桥仙"。什么意思？雀桥的桥堍下，住着一个看病的神仙？许郎中看病，有那么神吗？这个要病家自己讲。反正雀桥仙这个名字，不知从何时起，慢慢传开，北面常州，南面湖州，或许还不止。

其二，出诊。主要是跑大人巷——并非那些大佬与貌似的大佬们，还有那些老先生老太太们，都走不动路了，而是他们从来就走路不多。但凡出门，旱路有轿子，水路有船舫。即便告老还乡，身价与场面也都还在。一旦有了"大人"的称谓，那是生死相随的。许吉安一介凡夫俗子，对约定俗成的"大人"们，没法不敬畏。那只药箱，是老樟木的，里面垫底的医器，就是祖传的那一套。平时不怎么用到，但从来都带着的，冥冥之中，仿佛那是一种佑护，也是一种身份。

赵道台的支气管炎，李知府的胃气痛、王通判的失眠症、马巡检的尿急症、陈司狱的腰椎病……都在他肚里装着。大病三六九，小病天天有。器隐镇上，郎中医馆好几家，罗郎中、胡郎中、梅郎中，人家偏偏相信许郎中，怎么办呢。

其三，急诊。无论春夏秋冬，白天黑夜，但凡有燃眉之急的病人，不问身份贵贱，当是有求必应。见过什么叫疾步如飞吗？见过什么叫阵雨闪电急惊风吗？许吉安出急诊，就是那个样子。

出急诊，许吉安有个规矩，但凡病人，无论贵贱老小，先求先看。彼时，再也不管你是"大人"还是草民了。譬如，车水巷有个农妇，半夜里肠痉挛，号哭之声，扫荡半条巷子。家里男人来敲门求诊，许吉安刚要披衣出门，学前巷马典史着人抬来一顶便轿，请许郎中即刻出诊——马姨太胸口痛，一直痛到背心，半刻也耽误不得。马姨太的命自然金贵，但农妇的命也不是稗草。谁先来，谁先看——许吉安不能坏自己立下的规矩。他背起药箱，跟着农妇的男人走了。马典史派来的便轿在后面追，哪里能追得上呢？救命的路途上，许吉安就像一阵风——像肠痉挛这样的急病，他只需用三根银针，分别扎进足三里穴、中脘穴、天枢穴。前后不过一支香工夫，病人便不再嚎叫。脉理显示，农妇脾胃虚寒，体征偏弱。迅即开方，服黄芪、芍药、甘草汤，以温中散寒、缓急止痛。

最传奇的是，许吉安半夜急诊，救活了悬梁自尽的伙头巷豆腐坊老板娘刘氏。

百搭巷的街坊们都知道，刘氏是个性子刚烈的悍妇。每与街坊口角，从不言输。有一回，与邻居为了一点小事吵闹，恶言出口，竟将对方气瘫，一时嘴歪眼斜，口角垂涎。刘老板做了半辈子豆腐，性子软绵，跟豆腐差不多，但这一次，实在忍无可忍，竟当众扇了老婆一巴掌。刘氏从来不曾吃过亏，一时脸面丢尽，憋闷委屈，怎么也转不过弯来，半夜里将一根绳子甩到梁上，套住自己脖子，心一横，寻了短见。幸亏刘老板做豆腐起得早，见梁上荡着一个人，吓煞哉,拔腿就往雀桥跑。许吉安飞快赶到,并不急于将上吊绳子斩断。一拍手脚,二按胸口,然后爬上凳子,上前将刘氏身体徐徐抱解,绳结松开,上下安被平卧。然后叫刘老板以脚踏其双肩,一手挽其头发,在他口令下用力踩踏拉扯。他自己则以手按据胸上,频按起伏,又摩按臂胫,时而伸屈。再按其腹,由慢至快,层层推进。大约一顿饭时辰,刘氏气从口出,有呼噜之声。魂回体时,颤动不已。须臾,将桂圆汤及粥清灌于口中,喉咙一阵浑响,一口秽物吐出,双目睁开,泪水顿失滔滔。

一条命,便这样救回来了。

车水巷里,农民田小贵十岁儿子溺水,救上岸时,肚子胀得像板鼓,唇紫脸乌,脉息全无。许吉安让田小贵找来一头牛,将溺水者反扣在牛背上,让牛在田埂上迈步开走。许吉安随牛而行,边走边拍溺水者脊背。半炷香工夫,溺水者口中喷出一口泥浆,继而积水直泻,但仍无脉息心跳。许吉安将其平放于草地,嘴对嘴,猛吸其喉间淤泥以及腔中积水,吸一口,吐一口,地上一摊秽水,夹杂残留食物。少顷,溺水者突然哇的一声,声音嘶哑却穿透力强,似裂帛,似闷雷,双脚颤动而伸展。许吉安忽然松手,软绵绵倒下。他自己,竭尽全力而浑身瘫软,再无半点力气了。

这两个医案轰动四方。但凡烟火人间、饮食男女,总有冤屈不平、跳河悬梁、失足落水之类的意外风波,都来请许郎中去救命。有的救活,有的救不活。但传说里的,都是起死回生。

许吉安承认,家传医术,并非都能药到病除。折腾半宿,事倍功半，亦绝非少数。说他是雀桥仙，多半有被民间夸大的成分。跟别的医家比，他耐心好，言辞温煦，会安慰人。也不似那些江湖郎中，一心钻在钱眼里。病家说，许郎中总是笑呵呵的，他的手，是棉花手，软和且温暖。他问诊，一句一句，问到你心里，你想诉说的，他都知道，你说不出的，他能替你说出来。话说完了，毛病去了一半。凭这一点，他就是雀桥仙。

　　传说中许家的那套祖传医器，其实就是一些老物件。身份稳妥，湮而不没，是因为许家后代虽不挂牌行医，然岐黄之术，薪火传递，代不乏人。尽管朝代更迭，有些医器已然改进，用不上了，但一旦展示出来，见者无不肃然起敬。其中一只牛角拔罐，从南宋传到如今，包浆铮亮，一旦施用，似有神法。但光是用老祖宗的物件，也还不行。他曾去百工巷，请铜匠铺的孙铜匠，做过几个铜钹罐。为何使用铜质？一是密闭性好，铜罐易导热，烈度高，对改善脏腑器官的寒性，让局部血液加快循环，有较快疗效；二是对付类似严重腰肌劳损的病灶，一般火罐热度不够，只有铜火罐打头阵，伤情方能迅即缓解。

　　给女人拔火罐，许吉安选用竹筒罐。他自己上铜官山，选六年以上的老腊竹，历经风霜雨雪，腊竹质地更细腻。竹火罐轻巧，自带凉性，有清热利尿、润肠通便之功能。人到中年，气血难免不畅，此乃女子通病。拔竹罐，能够加快体内排毒清污，除湿寒，解疲惫，有助眠养颜之功效。不过，对皮肤欠佳的女人，或者上了年纪的老太太，许吉安会慎用竹罐，湿气倒是去除了，然一片瘀青，引发皮肤感染，得不偿失。

陶土火罐，许吉安用得更多。他在蜀山窑场有朋友，专门请大师傅，按自己的手感，定做了一批紫砂质地的火罐，全手工，粗泥，看上去蛮古朴。紫砂含铁量高，五行中，铁便是金。命里缺金的人，肺腑薄弱，肠腑亦不很旺健。用陶土拔罐，无疑补金之道。传热快，且保温，不烫手。上了年纪的老人享用此罐，感觉舒服。不但呼吸变畅，也可治失眠、落枕、肩周炎、腰椎间盘突出，乃至便秘、腹胀。不过，罐中奥秘，不似我们想象的那么简单，病症不一，步骤亦各异，比如闪罐、揉罐、推罐、抖罐、坐罐等——此非江湖伎俩，而是杏林秘籍。隔行隔山，毫厘千里。小小一罐之中，有阴阳说、脏腑说、五行说、经络说，以平衡自身为要，诸多道道，都在许吉安肚里。

还有一把柳叶刀，也是许家祖传。刀刃锋利、可剜可雕，拿捏手感好，其年代身份，许吉安说不出，他爷爷也语焉不详。许吉安拿它给孕妇做过剖腹产手术——这在清末民初的江南水乡，简直匪夷所思。许吉安是要抢接生婆的饭吃吗？倒也不是。他老婆潘氏，生第二子时，貌似难产。许吉安从一本古医书上看到一句话："从右胳下水腹上出。"水腹，即肚脐以下部位，也是现代医学剖腹手术中，最常用到的开刀位置。显然他是看进去了，一下子胆大包天。是祖先传下的柳叶刀给他壮胆吗？不知道。反正他把手术做完了，腹婴哇啦一声啼哭，母子无恙。其创口缝合，针缕如法。

许氏后人透露，家里那本古书，叫《世医得效方》，元代危亦林编撰，说到缝合腹部创口，有如下文字：

肚皮裂开者，用麻缕为线，或挑桑白皮为线，亦用花蕊石散傅线上，须从里重缝肚皮，不可缝外重皮，留外皮开，用药渗，待生肉。

其创口数月愈合，瘢痕隐约。坊间评说，雀桥仙太厉害，也太吝啬，把接生婆的钱省了，他是要讨小吧。

许吉安老婆陶氏，温良柔顺，待人谦和，她给许家生下二子一女，善烹饪，会制衣。许吉安说，我家娘子金不换，讨小之类，一边去吧。

清末民初，天花病毒在江南一带肆意。感染毒菌的人畏寒、寒战、高热、头痛乏力。太湖沿岸，染者披靡，很多人扛不过去，无药可救，只能奄奄待毙，从北面传来的消息说，有一种吹鼻种痘法，可救百姓免于危罹。但苍生泱泱，受恩者何其寥寥。彼时，江南民间尚无官办医院，零散医馆药铺，勉力支撑，但凡染上毒菌者，十死一生。器隐镇自古是个活水码头，南来北往的客商多，极易感染传播。而人口居住分散，传播面广，等于四处播毒。

许家后人曾经编撰过一本油印的《许氏医案概要》。其中，对当年那场天花疫情，有一些极为难得的记载：

其一，据先祖吉安公口述，彼时百搭巷皮货商铺老板郑天生率先得了天花，高烧不退，口腔、脸部和手臂出现斑丘疹，并蔓延到躯干与腿部。吉安公问诊后，即用葛根、金银花、连翘、薄荷、荆芥、牛蒡子等中药材，此方辛凉解表、清热解毒，且有抗病毒、缓解天花蔓延之功效。让其熬汤服用后，病症似有缓解，憾不解根本。

后又以黄芩、黄连、葛根、炒蔓荆子等煎药，减轻其发热、皮疹蔓延，起到解肌透表、利湿止泻作用。然而，日后，郑天生高烧又起，灼烫骇人。其周身痉挛，双目出血，最终无药可救，眼睁睁看着他一命呜呼。

此事对吉安公打击甚大。泪目泣书：生为医人，救命无方，其奈何哉！

其二，天花疫情似乌云压城。吉安公出面联系器隐镇所有医馆药铺，联名致函县衙，求官府辟一公共场所，如城隍庙、娘娘庙等。将天花病人集中居住诊治，以免大面积传染他人。吉安公亲笔呈文，陈述合聚诊治之必要：

……沾染病症者集中于一地，其家人可免再病，此一利也。聚合后，俾医者朝夕施治，体察病情、易于奏效，此二利也。贫者省延医服药之费，能安心治疗，此三利也。且起居较便于家，房屋消毒较于居家为洁，病者所宜，此四利也。家人不致忙乱，仍可营生，病者得以静养，此五利也。

这段文字蛮有意思。有点类似于我们今天某些特定情境下，建立"方舱医院"的设想。问题是，彼时省内，"官医院"仅省城一家。州县镇村，何来医院一说。许吉安这个设想，在当时历史环境下，无疑非常前卫。知县有否采纳，彼时又何来财力人力，速建集体诊疗之病区，药物如何采购，谁人统筹管理？《许氏医案概要》均无具体说明。

再往下看：

其三，吉安公乃器隐镇最早掌握"吹鼻种痘法"之医者。此种民间种痘法，最早起源于明朝隆庆年间，出现在皖南与江西弋阳等地。辗转流传至江南，计有四种种痘之法。吉安公认为，其中水苗种痘之法，较为稳妥可施。其方法为，选取患者身上完整痘痂，置于净瓷盅内，以柳木作杵，碾成极细之粉末，将净水三五滴，点入盅内调匀。春季温用，冬季热用。将新棉少许，摊成薄片，内中包上痘屑，捏成枣核状，以红线拴住，留一寸许，将苗置入接种者鼻孔内，须有专人时刻守候，下苗须待六个时辰后取出，此法乃成。

彼时器隐镇人口稠密，患者此起彼伏。在吉安公倡议下，集中本镇所有郎中医者，挨家挨户示范民户，如法效仿，成果可观。是年，器隐镇得以避免一场大规模的瘟疫，保住了众多性命。

一个画面，深沉苍凉，定格在历史深处的器隐镇雀桥埭的梧桐树下。一堆干柴烈焰上，撑起一口大铁锅，锅中汤药沸腾，雾气缭绕。升麻、葛根、金银花、连翘、夏枯草、蒲公英……这些草药合聚于一锅，氤氤氲氲的气息，在器隐镇的各条巷子里游弋。它告诉人们，拿起你吃饭的那只碗，去雀桥埭，梧桐树下，打一碗许郎中熬的药汤，有点清苦，有点涩嘴，但它或许能帮你增强一些身体的耐力。

许多人，就在那一碗碗汤药的支撑下，扛过去了。

那些日子里，清晨的得义楼茶馆不再见到许吉安的身影。人们看见他一早就进山了，太阳落山的时候，他背着一筐草药回来了，脸被山风刮得黑苍苍，嘴唇皲裂。梧桐树下的那口大铁锅，一共熬了多少天药汤，没有人记得了。夜晚打着一杆灯笼，行走在器隐镇的大街小巷，去帮求诊的人看病，他什么时候能够回家，安安稳稳睡个踏实觉，没有人能够确定，包括与他同床共枕的妻子陶氏。

街坊私下问陶氏，你家夫君如此辛劳，又不怎么挣钱，想做圣人啊？

陶氏答曰，啥个圣人啊，他就是见不得病人。

许吉安确定要出一次远门，是在他五十岁那年秋天。他要去安徽、湖北、河南三省交界之处的大别山，寻找他想要的药材。

后辈们追忆，可能是一件事刺激了他。

某次诊病，为患者开方，七味药中，竟有三味本地药铺均告罄。器隐镇南，有铜官山、南山，与浙江天目山接壤，一般药材，遍山皆是，但贵重稀缺药材，则较为罕见。许吉安儿时曾听闻，爷爷许半夏以五十七岁年迈之身徒步黄山、大别山采药，费时半年，历尽艰辛。采回的药材中，包括霍山石斛、天麻、珊瑚兰、银缕梅、蛇足石杉等诸多珍稀品种，大都生长在云雾缭绕的悬崖峭壁。许家人有个秉性，一旦决定的事，谁也阻拦不住——许吉安给自己设定的时间，是三至五个月。他倒是干脆，许氏这一大家子，又是塾馆，又是诊所，他能放心交给谁呢？

许家后人认为，吉安公之所以能够放心远行，还是因为有先太祖母陶氏在。她性情温婉、遇事沉稳，加之塾馆的郭先生秉直狷介、精研持重，膝下二子聪慧，小女生来娴颖，他出门三五月，当无问题。

陶氏应该是个明白人，她拦不住夫君。她知道吉安最看重的，只有两样东西，一是病人，二是药材。她懂得夫君的心，一场说走就走的采药远行，或许是一个有抱负医家毕生的愿景。杏林古贤扁鹊、华佗，乃至张仲景、孙思邈，更有李时珍、葛洪等，一生山重水复、行迹天涯，身心与大自然接通，方能闻听天籁之音、觅得人间妙丹。医家根性，一头系在天地之间，一头系在百姓苍生之中。所谓崇山峻岭，都是医家道场。吉安此等胸襟，除了陶氏，何人能懂。

许吉安出发前，应该对诸事有所交代。同文塾馆这边，全部托付郭塾师，预付了他一年束脩，也就是我们今天说的薪金。他没有对郭塾师交代什么，只是轻描淡写，说他要出门一段时间，塾馆的事，请塾师全权操持。另外，悄悄地把郭塾师打孩子的戒尺，给藏起来了。

诊所门前，贴了一张小小告示。只几行字，说自己出门采药，百日即归。

许吉安出门的行囊，非常简单。祖上传下的那一套医具，全部带上，还有些许拔罐用的陶罐竹罐，以及刮痧片，也随身携带。一把药锄，一柄防身短剑，一只竹编箩筐，皆是爷爷许半夏当年出门寻药的必用之器，带上它们，便是许家祖孙一起远游了。

逢山寻药，日行晚栖，沿途看病，食宿无愁——这是爷爷许半夏早年出行的秘诀。许吉安上路之日，秋雨初歇，天高气爽，陶氏携家人目送他登上去湖州的快船，一路往南而去。

没有了许吉安的器隐镇，一样晨钟暮鼓，日落日出。

不过人们还是会感觉少了点什么。得义楼茶馆的那个靠窗河景位置，空在那里，蛮显眼的。没有人去占它，谁都会认为，这是许郎中吃茶的位置，他说来就来的。

那些等着许郎中号脉问诊的人，颇不习惯。传说他外出采药了，采药不就是进货吗，他干吗要出去好多天呢？也有知道内情的人说，许郎中这是出远门了，没个一年半载回不来的。有人就啰唣，他怎么好意思，一走这么长辰光的呀，也不想想，天天有多少人找他看毛病！

器隐镇这么大的一个活水码头，挂牌的诊所还是有好几家的。世医堂的罗郎中，擅接骨正骨，治刀伤箭伤、风湿痹痛，不在话下；回春堂的胡郎中，擅妇科调理，治不孕失调、痛经闭经、气滞血凝，都是信手拈来；古生堂的梅郎中，擅调匀经脉肝脾、专治心血不足、阳虚火旺、肺气壅滞等。闻知许吉安出门远行，他们不约而同地把诊所的营业时间，调为"昼夜诊候"——其实医家治病，都是不分昼夜的，只是有许郎中在，其他郎中的昼夜，相对清静了许多。既生瑜，何生亮，这是古时兵家的博弈感叹，这里却不是的。许吉安常常推荐他的病人到世医堂看病，原因是，接骨正骨，罗郎中是世代专科家传。人只有一个肚皮，不能把天下的饭都吃了。

但有一点不可否认，听到许郎中出门远行了，器隐镇的郎中们都松了一口气。

不知从哪一天起,在器隐镇的一些"公共场所",比如得义楼茶馆,比如浴德堂,比如城隍庙戏楼,会私下流传着一些许吉安开的药方。

其一,治风湿筋骨痛方:

秦艽五钱　鸡血藤五钱　独活五钱　防风五钱　桂枝三钱　海风藤五钱　海桐皮五钱　炙黄芪三钱　元胡五钱　千年健五钱　炙甘草三钱

此方乃百果巷炒货大王陆其生后人陆茂荣手抄。他有风湿病,黄梅天发作,浑身酸痛难忍。在得义楼茶馆吃茶,许郎中把药方写在他手心里,没有收他一个铜板。他按此方煎药服用,五帖见效,筋骨舒服很多。茶馆里都在谈论许郎中,有茶友说自己风湿病发作,陆茂荣便将此方送上,一传十,十传百。

其二,治虚寒型老慢支方:

川贝一钱半　炙款冬六钱　白芥子三钱　葶苈子三钱　鱼腥草五钱　广地龙二钱　炙紫菀三钱　归身二钱　蕲蛇二钱　川芎二钱　桑白皮五钱

此方据说甚有效,献方者何人?似乎最早是学前巷里传出来的。

这条巷子里，早先住的都是吃文墨的先生，有点矜持，有点架子，他们诊病，一般比较私密，怎么会把药方随便传出呢？但是，病被治好的人，忍不住总要说的，或许在茶馆、酒肆，或许在戏园、混堂，话一出口，药方等于送出一半。许吉安远行，时年深秋，来自北方的寒流提前荡涤着这个温煦的江南集镇。秋风落叶，鸡鸣白霜，很多上年纪的老人，提前穿上了棉袍棉裤。老慢支，作为一种顽固的老年病，在这个秋冬转换之季，正在扮演着频频叩访耄耋门户的角色。许吉安不在的日子里，他的药方还在，一种类似古老的击鼓传花的方式，将一张五十二字的药方，在烟火巷子里传来传去，本身就被赋予了某种意义。

还有一张名叫"二香散"的方子，是浴德堂老板杨利德传出来的。称许郎中出行隔夜，在他的混堂里，适适意意焐了一把浴。告辞时，发觉他鼻子有点塞，喉咙口有咳痰之声，便信手给他开了一张治伤风头疼、伤食不化的药方：

紫苏、陈皮、苍术各一两　香薷（去根）二两　香附子二两半（炒去毛）　浓朴（去粗皮，姜汁拌炒）、甘草、扁豆各一两上挫散（切割研磨）　每服四钱，水一盏半，生姜三片，木瓜二片，葱白二根，煎热服。外感肿满，先以此多加车前子、木瓜煎效。

服了五帖，鼻通咳止，感觉神清气爽。

这样的药方，或许很普通。器隐镇上，别的郎中就开不了吗？

江南有句俗话，死了张屠户，不吃带毛猪。不过，事实就是这样，很多人生病了，就会自然而然往雀桥的方向走——人的潜意识里，莫非有一种顽固的惯性，就像肚子饿了，首先想到的是自己天天用来吃饭的那只蓝花白瓷饭碗。许郎中的招牌式微笑，他的棉花手，他的不经意却句句温心的嘘寒问暖，他的低廉收费乃至更多的义诊，都成为一种汹涌而来的情感记忆。

而那些被时光与身体康复证明的许氏药方，在许郎中不在的时日，却不经意地演绎着另一种"雀桥仙还在"的情景。说许郎中的文字，在这里打败了时间，或许夸张；但药方在手，就觉得许郎中还在，这一点，让很多人比较欣慰。

还有一张药方，是一些男人在私下的场合里，悄悄交流的。或许关乎某种隐私，也寄托着他们重振雄风的某种指望。这样的场合，习惯了大声嚷嚷的男人们，会压低了他们原本雄鸡般高亢的嗓音。

仙灵脾二钱半　肉苁蓉二钱半　巴戟天二钱半　补骨脂二钱　鹿角片二钱　韭菜子二钱　云茯苓二钱　菟丝子三钱　阳起石三钱　沙苑子二钱半　杜仲一钱半　甘杞子一钱半　蛇床子半钱　生甘草一钱

此处可以拍案称奇，这张药方在一百余年后，依然被器隐镇男人们所钟爱。此是后话。

许吉安离家后，他家里还好吗？

日子就是日子，无非柴米油盐，烟火蒸腾。但许氏家人的记载里，略去了许吉安远行后，家里一日三餐的庸常生活，而以较多笔墨，记述了街坊邻居对许家的关照。

第一件事：失火。许吉安出行没几天，许宅就发生一起小小的火灾。起因可能是许家灶屋柴草被不明火星点燃——或许是家中老猫怕冷，钻进灶膛里，又怕烫，遂将火星带到柴仓。好在，许家老小奋力扑火，住在塾馆里的郭塾师，闻讯也出来帮着救火。庭院里的太平缸，平时蓄水满满，此时派上了用场。火焰与烟气很快惊动邻居，消息随风扩散。没多久，几条巷子里的人闻风而至。干吗？救火用得着这么多人吗？不是的，都知道许郎中不在家，都希望能为许家做点什么。虽然是一场小火，许家灶屋被糟蹋得不成样子，烟囱也塌了，柴屋顶上，被烧成一个窟窿。不急，连夜就有泥瓦匠来了，都是许郎中之前的诊客。其中一个，常德中师傅，好多年的疝气病，是被许郎中的药吃好的，也没花几个钱。还有一个陈三大，抹泥工，也是许郎中的朋友，常年在外做工，关节有风湿病，一直吃许郎中的药，能正常干活了，养家糊口都得靠他。他和常德中师傅商量，准备干个通宵，因为起了东南风，云头厚，只怕明日要下雨了。砖瓦泥浆之类，不要许家准备，他们自带。然后不容分说，点几个火把，叫来几个衬匠的小工，乒乒乓乓就干起来了。

其他的街坊呢，也没闲着，跟许家人一起，都来帮着打扫火场的垃圾。这天半夜里，许家灯火通明，好热闹啊。天亮时分，屋顶的窟窿补上了，烟囱扶直了。陶氏为大家煮了一锅山芋粥，还放了些红枣，那个香啊，飘出去很远。

第二件事，下雪。初冬的第一场雪，说来就来了。往年许吉安在家时，总会去省庄山里去买取暖的木炭。江南冬天湿冷，许多人家，喜欢用木炭取暖。器隐镇上，多家店铺有售。但许吉安喜欢自己去山里刘家炭窑挑好的木炭，火力旺，烟灰少。许吉安出远门前交代过陶氏，今年过冬，不要进山去买木炭了，就去百搭巷里买一些，将就吧。没承想，第一场雪还没下完，山里的刘老板，就让人推了一辆独轮车，满满一车的木炭，一直送到许家门口。来人说，刘老板交代的，许郎中不在家，他喜欢我家烧的木炭。

刘老板是谁？连陶氏也不知道。或许，他是许吉安无数个患者朋友中的一个吧。

不仅如此。自从下雪那天开始，许家进出的巷道——一直通到雀桥下的青石板路，一大清早就被打扫得干干净净。甚至，许家人都不知道，是哪些可爱的街坊们来悄悄打扫的。反正，都知道，许郎中不在家。这就够了。

第三件事，过年。器隐镇最热闹的节气，当然是过年了。许吉安出门已然三个多月，一点音讯都没有。陶氏对家人说，今年过年，就凑合一些吧。

腊月初八，器隐镇家家户户都要烧腊八粥。古人常在十二月进行"腊祭"，此月便称腊月。相传，腊月初八，是佛教开山祖释迦牟尼成道的日子。古时江南民间寺院，在"腊八"这天，要用蔬果与白米煮粥,供奉神佛,且将其尊为"佛粥"。供佛之后,再将粥分施难民。彼时佛教流传甚广,吃腊八粥,便慢慢成为民间的一种习俗。

腊八日清早,百搭巷豆腐坊的刘氏,拎着一大砂锅腊八粥来了。进门嚷嚷,许家阿嫂,我知道你家也烧腊八粥的,可是,我烧的腊八粥,鲜脱眉毛,你一定要尝尝。

砂锅打开,热气腾腾。这一锅腊八粥,倒是真的讲究。用大骨头熬汤,腊肉切小片。黑塔菜、萝卜菜、小圆菜,碧旺爽青;光是米,就放了籼米、粳米、糯米;芋艿是太湖边上"夜潮地"上挖来的,软糯且有劲道。还有赤豆、蚕豆、黄豆、花生、白果、芋艿、板栗,齐崭崭的,珠圆玉滚。刘氏说话大大咧咧,开门见山。都知道,她的命,是许郎中救下的,如果许家愿意,她肯留下,做一个不拿工钱的帮工,送一锅腊八粥又算什么呢?

这一日,竟有三户人家来给许家送腊八粥,一是来看看,许郎中回来了没有,二是送上腊八粥,表表心意。

从大年夜到年初一,器隐镇上,家家户户都在祭祖、请门神、放鞭炮。许家亦然,只是有点冷清。许吉安不但没有回来,连封家书都没有。一家人,落寞沮丧当是必然。不过,天刚亮,就有人来拜年。有的认识,是许吉安的朋友;还有一些面熟,但叫不出名字。都知道许郎中不在家,来给许师母拜年的。巷子里车水马龙,好不热闹。江南民间拜年,不作兴空手荡脚,伴手礼则随意,云片糕、枣花糕、炒米糕,谐音高升高寿;长生果、柿饼、开心果,寓意福寿如意。腊肉、粉丝、板栗、干果、寸金糖，还有一种油炸的食品，圆鼓鼓、麻酥酥，叫金刚肚脐，都是应时礼物。光是初一这一天，许家客堂里，来拜年的伴手礼，堆成了一座小山——往年也有人来拜年，但从来不曾有这么多，原因只有一个，雀桥仙不在家。

正月十五闹元宵，当地习俗要调龙灯、舞青狮、游花船。以往耍龙灯的队伍，除了城隍庙戏台、文庙，只去大人巷、学前巷。这一年不一样，龙灯和青狮队都去了雀桥堍，在许宅门前，敲锣打鼓，甩了很长时间，桥上桥下，观者无数。在器隐镇，这是一种颇高的礼遇。陶氏偕家人出来拜谢，她双手举着一只大箩筐，里面全是兆糕、核桃、花生、寸金糖、板栗、枇杷梗，一把一把往调龙灯、耍青狮的人手里塞。还给调龙头的师傅一个大红包，当地叫喜封，也是给弟兄们的茶水钱。

许吉安不在，但雀桥仙分明还在。

第四件事，同文塾馆。郭塾师闻鸡起舞、兢兢业业自不必说。许吉安不在的日子，他更是勤勉笃教，其威严的咳嗽和抑扬顿挫的诵读，成为塾馆最经典的标配。年后一日，忽来见陶氏，称家中八旬老母，不慎跌断筋骨，床前少人服侍。他要告假回常熟老家尽孝，只怕一两个月里，难以拔身返回。

彼时同文塾馆尚有近二十名学生。其间有少许稼穑子弟，只求断文识字、开悟明理。而一些世家少爷，则冲着县学的童试而来。一旦考上廪生，便有了起码的功名——据说待遇颇不低，膳银每名六两、学租银每名一两七钱，这比器隐镇上一个小老板的收入还可观。而三年一次的童试近在眼前，诸生均在苦战迎考，此时郭塾师怎么可以一走了之呢！

但郭塾师确实左右为难。按理，他接受了许吉安预付一年的束修，聘金在先，岂可违约？但高堂老母，只比天低，在孝道面前，什么都是小的。要说忤逆之罪，比天还大呢！他甚至愿意退出半年束脩，无论如何，也要回家做一个孝子。

陶氏还是沉稳有度的。夫君离家前，曾有叮嘱，天塌下来，别的都可舍弃，塾馆却要保住。郭先生不就是要回老家尽孝吗？她提出，由她和两个儿子一起陪郭先生回常熟，把老太太接到这里来静养康复。许家尚存祖传秘方，专治筋骨伤痛。顺便提一句，许家长子许小安，一直在父亲诊所打下手，说他粗通医道，或许不算高估。帮助老太太早日康复，当无问题。

至此，郭塾师一时无语，两眼发热，只有拱手感恩——一艘快船载着他们星夜驰离器隐镇，直奔常熟虞山镇而去。一道接来的，不但有郭塾师的母亲，还有他的太太和一个半大的孩子。许家一下子添了几口人吃住，并未手忙脚乱。陶氏腾出一间向阳南房，给郭母住，还雇了一个帮工来服侍她。郭太太和孩子随郭先生住在塾馆，一切都安排妥帖。

可是许吉安一去不回，没有半点音讯，总不是个事。半年过去，甚至八个月过去，人们不免私下揣测，许郎中莫非出事了。只是，没有人愿意这样说。

只要陶氏上街，人们遇到她，都会问，许郎中回来了吗？

到后来，人们不敢问她了。

然后，又到了秋风扫落叶的时候了。也就是说，许吉安离家已经一年了。

根据许家后人的记述，就在许氏家族乃至器隐镇诸多友人一致认为，那个壮阔远行的人，恐怕已经不在人世了的时候——也就是一年半后的某个寻常日子，傍晚，器隐镇口突然进了一队马帮。为首的骑者，黑脸，蓄胡，目光炯炯。马帮进了镇，直奔雀桥而去。然而，行到半路，也就是在乌衣巷口，为首的骑者突然勒马止步，翻身下马。分明是看到了走在巷子里的一个熟悉背影，他上前低低地叫了她一声，自己先泪流满面。那个手拎篮子的妇人惊愕回首，突然放声大哭起来……

许郎中每天一早又在得义楼茶馆吃茶了。

许郎中的诊所又天天人满为患了。

许郎中又挎着药箱奔走在各条巷子里了。

他离去的一年半里，究竟发生了什么？

问他，笑笑，不答。

于是就有了各种揣测。如果一个故事可以倒叙，那就应该从那天傍晚突然进镇的一队马帮说起。

坊间版本之一：许郎中在大别山挖药材时，遭遇了一股山匪。他们把他抓进了山寨，起先以为他是个探子，要杀了他，后来看见他行囊里，有一套行医的器具，才知道他是个郎中——彼时山匪大首领正害病，几个过路郎中都没能治好。许吉安很快诊断他是肝腹水，俗称鼓胀病。病很重，便采用清热利湿、疏肝理气的方法，几帖猛药下去，腹水消了不少。然后刮痧，拔火罐。经过一段时间诊疗，大首领感觉好了很多。许郎中的命是保住了，但山匪们决不让他走，也不允许他跟家里联系。他提出要去山上挖药材，大首领便派人看着他。他几次想逃走，均未遂。后来大首领给他放话：山寨一百多号人马，患病的弟兄很多，若你能全部把他们的病治好，就让你走。

因为长年住在高山上、山洞里，很多山匪患有风湿病。也有疟疾症、甲亢病，许郎中用采掘来的草药，兼用刮痧、拔火罐、针灸，真的把那些山匪的病给一一治好了，有些慢性病，也得到很大的缓解。

这就是许郎中在外一待一年半的原因。

坊间版本之二：许郎中在遭遇山匪后能够活命，主要还是靠他那套祖传的医具。他用这套医具，给山匪接骨正骨，还动了一个阑尾炎手术。后来，山匪大首领很看重他，要他留下当二首领，还想把他的家眷接过去一起入伙。

坊间版本之三：许郎中在山匪窝里学会了吃酒、打麻将，为了不受欺负，他还学了几套拳术、刀术，蓄了一部大胡子。

坊间版本之四：最终让山匪大首领点头答应放许郎中走，原因是他救活了大首领年迈的父亲——一口痰卡在喉管里，眼见着就要蹬腿断气了，硬是被许郎中嘴对嘴吸气，最后把痰给吸了出来，老命终于保住。老父亲要大首领儿子给许郎中磕头，被他拦住。抓住机会，他给老人家磕了一个大响头，求他劝说儿子放自己走。老爷子当场发话，大首领这才无奈同意。

坊间版本之五：护送许郎中回家的马帮，都是山匪窝里最得力的伙计。他们的马背上，驮着许郎中在大别山采掘的大量药材。另外，他们还担负着大首领秘密交代的使命：尽量劝说许郎中带着家眷投奔山寨。但是，他们到了器隐镇上，看到了感人的一幕。那天晚上，雀桥一带人头攒动，川流不息的人群都是来看许郎中的。那么多的人见到许郎中，那种亲热的样子，让人动容。假如他们提出要把许郎中和家眷带走，保不定会被愤怒的人群撕成碎片。于是，他们选择了悄然离开。

这些版本的出处，都来自许郎中之口吗？反正，但有询问，许郎中总是笑笑，摇头不语。

无论如何，雀桥仙回来就好。

很多年后，许吉安祖上传下的那套医具，终于荣休，进了器隐镇博物馆。

这套医具的最后使用者，是许吉安的第 N 代孙许令萱。他做过本地的"赤脚医生"，一直用这套医具里的陶罐、竹罐以及刮痧片，给当地百姓看病。后来，他考上了省里的医科大学，又去美国留学，最终定居在香港，在一所大学的医学院做教授。不说桃李天下，也是著作等身，其中有一部《许氏医案概要》，乃许家世代医案之集大成，据说增删数载、几易其稿，即将出版。

每年清明节的时候,他会飞回来,给许家的祖宗们磕头扫墓。

关于许吉安的故事,这里或许只是冰山一角。如果你去器隐镇打听雀桥仙,那些耄耋老人,会告诉你更多、更多……

第九篇

龙凤呈祥

有身份的老家具无非是这样，倨傲而沉默，华贵而不轻佻——是的，本地民俗馆一角，颇有几件吸引眼球的古董佳构，骨架劲挺、仪态矜持，若肯把光线给足，它们还能一展当年的雍容气度。漫长的时光并未剥蚀它们的筋骨与风姿，假如你愿意为之撑去尘埃，恍惚中它们会一阵抖擞，慨然邀请你一起去探访那些消逝的岁月，顺便打捞一些沉淀在特定时光里的碎片。

大凡在民间流传的故事与桥段，总是会有种种不确定性。比如说到一个年代久远的本地木匠。老一辈人都说他手艺煞顶。煞顶是吴语方言。就是最高、最厉害的意思。有人这样说他：此人见了谁都谦恭，但他的一双手很高傲。也有人说，他手艺是好的，但人很懒，老是歇工。

因了"年代久远"，很多人事无法考证。但故人留下的器物，还能为我们佐证某些结论——或者，在我们推演某些历史场景的时候，它们不由自主地担当了一些不需要台词却稳稳妥妥的角色。

这样，我们就得以重返一派古风的器隐镇。一个世纪前的风俗礼教，还是延续着明清的路数。前些年修订的镇志说，彼时器隐镇"五匠颇多，似卧虎藏龙"。用龙与虎来形容手艺人，并不多见。它给我们提供了一个演绎空间——比如，你想找个木匠干活，去哪里找人？放心，直接去百工巷吧。你走到那一排木器铺子门口，吆喝一声：哪个师傅方便，跟我走！

马上就会有几个人走到你面前问：大料还是方料、圆料？

江南一带，木匠分这么几类：一是大木匠，专做房梁、柱子、门窗、楼梯，俗称大料。二是方木匠，桌、椅、橱、柜、床、凳之类，称方料；还有一种圆木匠，顾名思义，就是做那些饭甑、锅盖、水桶、秧盆、澡盆、脚盆、马桶……

邹元祥是哪类木匠？且按下不表。

知情者会告诉你，此人不是器隐镇出生的，老家在邻近安徽广德的太华山区——当年，一个"入赘"的女婿，挑着一副木匠担子进入器隐镇，曾经是坊间的一个话题。后来，都知道他手艺好，人是个闷嘴葫芦。老婆名叫扈三凤，家里开个苍蝇大的土杂小铺。三凤粗眉大眼，说话冲，一双大脚，走路生风，是个泼辣娘子。她跟邹元祥走在器隐镇的巷子里，一个五大三粗，一个瘦骨伶仃。有人戏谑邹元祥，螳螂栖在蹄髈上。

看上去不起眼的一个汉子，一手活计却独绝。于他，不存在什么方木、圆木，只要是木器，瞄上几眼，做出来七不离八。

后辈人回忆，邹木匠疏眉淡眼，面无奇相。一双手却颀长，手指骨节奇特，像山间竹鞭，干活起来，那些关节，有时会嘎嘎作响，似武士发功。让人相信，手艺人的手，比命还大。

坊间还有一个说法：邹元祥的名气，是被一个叫惠亦凡的文人给托起来的。

有一个在器隐镇上流传的桥段，是这样说的：某一日，镇上的望族惠先生，派管家到百工巷招一个木匠，做什么呢？管家拿出一张古画《仕女图》，画面上一前一后，站着两个仕女，衣裾飘拂，体态丰腴。前面的仕女双手捧橪，共两层，外形为四曲海棠花型，有底有盖，小巧玲珑，整个器体光素无花纹，但极为雅致。

管家指着画上的橪，问凑上来的几个木匠，问他们是否见过这种叫橪的器物。

都摇头。

又问，会做吗？

没有人答话。直到一个面白无须的单薄男子走到跟前，自报山门：邹元祥。

对话简短。基本是你一句来我一句去。最后，邹元祥撂下一句话，拱手离去。

管家的意思是，既然你见过这个物件叫橪，那就跟我去惠府，跟老爷见一下，他会交代你的。

此时邹元祥或许会撂下一句话：待我做好了，再去见你家老爷。

槅，古代一种盛放食物的木匣，多层，内有格，也叫隔档。最早用于墓葬，后来被君王用来作为对下属赐死的器具，以空槅赠之，寓意"禄尽命绝"。然而斗转星移，到了唐代，槅作为便于携带的食匣，出现在皇室贵胄出行狩猎的野炊器具之中。文人士大夫亦纷纷效仿。好这一口的，无非风雅而已。

邹元祥只赶了几个夜工，就做出一件与仕女图上大致无异的槅，送到惠府，人就走了。他这是欲擒故纵吗？倒也不是。文人爱说自己惜时如金，邹元祥够不着，但他的时间至少也值些个铜板吧。吃茶唠嗑，他没那个闲工夫。干活挣钱养家，才是他的正经。话又说回来，他给人家做了一个槅，难道是白送？也不是的。可能邹元祥根本没有把这当成一件事，不就是一件叫槅的物件吗，其实就是一个带提梁的食匣。别人没做过，愣在那里，场面有点难看。他做了，已然是胜出，钱不钱的，另说。

一个故事的包袱，就这样被打开。我们先要知道，惠某人何许人也。惠家在古阳羡，也算是个书香世家。但是，惠氏家族最出名的两位祖先，并不是读书人。一个是明代天启年间的惠孟臣，继时大彬之后的紫砂名家。《阳羡名陶录》载其名，称其壶艺"大者浑朴、小者精妙"。其代表作梨形壶，于十七世纪末外销欧洲，迷倒太多国外壶客。还有一位清代雍乾年间的惠逸公，也是紫砂艺人，以工巧闻名于世。他的传世之作东坡提梁壶，至今还在中国台北故宫博物院里摆着呢。惠家树大根深，开枝散叶，门第古今光鲜，出的进士像走马灯，来来往往。官至大学士、庶吉士，知府、知县之类的，更是不胜枚举。惠亦凡早年也在外地为官，不知什么原因，突然卸甲还乡，反正有的人可以任性，实力在那里摆着。他府上在苏州，住腻了就想换个地方。器隐镇是祖居之地，也挨不上叶落归根，只是这地方待着舒坦。大人巷、学前巷没意思，一股酸儒气。镇郊水岸边上，买了一块地，独造一座宅邸，垒假山、造峭壁，其间小桥流水、曲涧掩映，前后修竹古梅、左右依莲傍松，又以奇石砌坛、柴根编门，富贵气中透出几分草泽野味，这才是惠某人想要的。

做橼，其实是惠亦凡闲着没事，突发奇想，随口让管家去办的一件小事。春日将至，拟邀三五好友，野炊郊游。除了幄帐、钓竿、酒器、茶盏，以及烙饼的陶鏊、烧烤的铜烤炉，再带上一件橼，里面盛放各种点心小吃，等于让赏心的风雅之事，平添了一个章回。

惠亦凡第一眼见到这件橼，很诧异，器隐镇竟有如此好工手，这件橼，用的是榉木，纹理清晰，做工精细，光润自如。四曲海棠花型，镂雕精细，转角过渡自然。榫卯结构，整体没用一根钉子。其形制与仕女图上对比，更具人间烟火气息。

唯一感觉不妥之处，乃是提梁上刻着一龙一凤，刀法倒是极精细，游龙威武，喜凤婀娜。若是一般人，肯定会喜欢的。但惠亦凡觉得，此件器具走的是光素路线。以龙凤点缀，不免蛇足，对整体简素无华的风格，是一种破坏，平添了俚俗之感。

惠亦凡想见一见这个木匠。吩咐管家去找他，却并不容易。邹元祥平时不怎么在自家的木匠铺子里干活，大都去邀约的东家，做上门定制家具活计，他究竟在哪里，只有他老婆知道。

他老婆扈三凤，自从老公入赘后，街坊们就叫她扈三娘。不知道为什么，这个女人对老公有点凶。邹元祥那么好的手艺，她好像并不待见。家里原先的小土杂店，自扈老爷子去世后，就改为木匠铺子了。也就是说，一家人的开销用度，都是靠邹元祥的一双手。但人们经常看到，邹元祥在老婆面前低眉顺眼、木讷拘谨。而扈三娘却老是当着众人面，随口对其训斥，甚至为了一点鸡毛小事，不惜大打出手。她的巴掌大，肉厚，打人想必是很疼的。可怜邹元祥，做木匠活儿心气那么高，那么逞能，偏偏在老婆面前，服帖如绵羊。有时他突然会"失踪"，人不见了，隔壁听墙的邻居，隐隐听到了邹元祥呜呜的哭号，这太不可思议，怎么可能？但事实就是这样，邹元祥挨了老婆的打，脸上有点难看，有时只能向雇他做活的东家告假，有时是一天，甚至还有两天。

如此，惠亦凡着人找邹元祥，一连找了好几天。

不过邹元祥最终还是走进了惠府。并且，在惠亦凡的礼遇之下，见到了几件他平生没有看到过的器物，据他自己后来对人讲，那一刻，突然有羞愧感，感觉自己以往做的东西，都不是个东西。

邹元祥在惠府，究竟见到了哪几件宝贝呢？

从惠家后人继承的那些老器物来看，以下的物件是少不了的。

其一，宋牧仲大画案。紫檀木。风格沉稳敦实、简洁明快。案足有变异回纹等纹饰，略似青铜器感，牙子走流畅线条，且左右伸展，具有化解一味刚硬之功用。什么叫大器天成、浑然一体，邹元祥在此有了领教。就像一个习武之人，觉得自己浑身本事，却被一根梢子棍击倒在地。

其二，黄花梨南官帽椅。通体以圆材做成。其帽檐状靠背，寓意"平步青云"。上端两侧向外延伸，似官帽之帽翅，中间则向内微凹，形成舒适之倚靠面。搭脑与扶手均不出头，以"挖烟袋窝榫"和后腿上截与前腿上截连接，一木做成。椅盘下的素牙子，采用微微下垂"洼堂肚"式。扶手后部略高，坐者肘部有所依托，腋下臂膀亦得到相应支承。庄重之中，亦见闲适与雅致。这种椅子，邹元祥也不是不会做，就是做不出那种雍容华贵的味道。

其三，铁力木高束腰五足香几。这件器物，邹元祥之前似在哪座寺庙里见过形似之物。以厚达二寸整板作面，束腰部分露出几腿上截，状如短柱。短柱两侧打槽，嵌装绦环板。束腰下的托腮宽且厚实，形成须弥座形状。鼓牙与鼓腿用插肩榫相交，形成香几肩部。此处用料堪称厚硕，为免堆砌之感，故在绦环板上开孔，使其略显疏透，足端收煞较多，并削出圆珠，以作装饰。但其主调，仍是厚重朴拙、端穆内敛。其手法功力，若行云流水、不事雕琢，无一处不令人叹服。

邹元祥那天应该出了一身大汗。天气并不热，莫非，是他内心震荡颇大？同样是一件木器家具，人家的造型做工，开合大度、平中见奇，或以一团清气引角走线，或以翩翩文韵统揽格局。相比之下，他应该有自愧不如之感。

一双高傲的手，竟然没地方放。

惠亦凡本来想说的话，竟然一句未说。或许，人与人交往，是有某种感应的。邹元祥的一双手，比他脸部的表情要丰富一些。手艺人的手，或许有更多的敏感神经？这一点，被惠亦凡注意到了。这是一双会呼吸、有感应的手，时而灵敏，时而专注，时而惭愧，时而感悟。惠亦凡或许从来不曾被一双手所吸引，从这双手上，他见到了一个手艺人的慧根与灵光。檩提梁上，画蛇添足的龙凤之雕，无非俚俗之念，无伤大雅。一个人站在让其叹服的器物面前，那种心有若悟、仿佛入定的样子，让人觉得蛮可爱的。

不过，彼时说邹元祥是个艺高心远的匠人，尚有欠缺。在惠亦凡眼里，这个匠人出入于底层，手艺或许娴熟，但是，一直端别人的饭碗，是要看东家的脸色的。为了养家糊口，长年于乡镇街巷游走卖艺，必得迎合定制者的俗趣，东家要葫芦，你总不能给瓢。如此，限制了一个艺人的天性。

说这是一次文人与匠人的交流与碰撞，有点牵强。不过，邹元祥在惠府确实见到了一些好东西，眼福足饱，用大快朵颐来形容也不为过。惠先生与他交谈时，随随便便坐在一张圈身的紫檀太师椅里，双足交叉，往一件紫檀嵌珐琅面脚踏上搁着，自带威仪。有那么一刻，邹元祥定睛盯着此物，双眼一眨不眨。此件脚踏，造型简洁，气度却极华贵，踏面与板足委角相交，板足垂直落地，足底内翻，呈拐子状，沿板足和面板里侧贴有花牙。邹元祥之前在某乡绅家里见过类似坐具前的容足之具，但与此件相比，繁琐而臃肿，俗气而花哨。现在明白，简洁方得空灵，器物才有品性。脚踏并不是一件仅仅承托双足的器物，更连接着坐者的尊威与仪态。

梳理一下邹元祥的日常生活，蛮辛苦的。

家里的木器铺子，经营一些现成的桌椅台凳、橱柜几案，生意清淡。偶尔，小门小户办喜事，添丁口，或有惠顾。但器隐镇上的考究人家，喜欢把木匠请到自己家里，用囤积多年的木材，现做一套的家具。东家请木匠，要的就是一个合意——他要什么，你得给出什么。娶媳妇的人家，一张雕花大床最要紧，然后是八仙桌、五斗橱、大衣柜，这些都是撑台面的大件。若是嫁女儿，也得有陪嫁的器物，一般是"三团圞（luán）"——吴语方言，团圞，一指家人团聚，二谓浑圆之器。脸盆、脚盆、马桶，这三件"团圞"，是女方陪嫁必带之物。殷实富户家的小姐出嫁，则有"五团圞"，前三种之外，还有拗斗（一种带长柄的圆木盆）、摇桶（一种椭圆形的深木盆，用作婴儿的摇篮）。此外，还有梳妆台、美人榻等器具。方木匠只做男家，圆木匠只做女家，这是共识。虽然邹元祥是那种方圆通吃的木匠，手艺再怎么厉害，一天也只有十二时辰。你不可能把别人的饭都吃了。

说到吃饭，木匠上门做工，东家要包三餐，这是待遇，也是东家为了延长木匠干活时间的招数。比如早餐，东家跟你说是早上卯时，也就是如今的早上五点之后。冬天的五点钟，天还没亮，东家的早餐已经端到饭桌上了，一大碗稀粥，一个烘山芋，一碟自家腌的萝卜干或雪里蕻。如果你晚到了，稀粥就凉了，东家的脸色也不会太好看。午餐和晚餐倒是都有荤菜，大抵是一碗肥肥的扣肉，看上去堆得山尖，其实一半以下，垫了腌菜或萝卜丝。匠人心里有数，轻易不会把筷子伸到这碗扣肉里。东家殷勤，会不断地说，吃啊吃啊，快吃肉啊。匠人此时必须说，东家客气，菜太多了，哪里还吃得下。东家又说，客气啥啊，又不是摆着看看的。其实，他说对了，这就是一碗看菜。从上工第一天到最后工期结束，这碗扣肉，就是个华丽的摆设。客气的东家有时会亲自动手，把一块肥嘟嘟的扣肉搛到匠人碗里，凭良心说，这碗扣肉天天放在饭锅上蒸，稻米的香味早就渗透到肉里，肉片变得透明锃亮，基本上到口即化。这个时候，匠人可以顺水推舟，把这块已经来到自己碗里的扣肉送进嘴里吗？要知道，匠人的劳作蛮辛苦，嘴里常常发淡，口水已经憋不住要流出来了。但是，不可。你吃了这一块，碗里的肉山，就缺了一只角，还露出了底下铺垫的腌菜，不那么好看了。再说，今天你吃了一块，明天怎么办？难道东家要天天搛肉给你吃吗？匠人此时会连声说饱了饱了，实在吃不下了。然后把那块扣肉退回到碗里。

到工期结束那一天，这碗天天值守的扣肉，香还是香的，但颜色早就变得黑乎乎的了，关键是，它已然变成了一碗黏糊糊的肉酱，用筷子根本就搛不起来，只能用一把调羹舀。也有大热的天气，虽然扣肉天天在饭锅上蒸，但屋内也像个蒸笼一样热。结果呢，美好的扣肉不好意思地变得有点馊了，它的使命还没有完成，必须继续值班。相信所有人都闻到了它散发出的不良气息，但没有人面持异议，它还是在乏善可陈的饭桌上扮演着一个主打的角色。到了工期结束，匠人总可以大快朵颐了吧，且慢，东家小孩多，天天用眼睛死盯着这碗看菜，馋不馋无所谓，本地有谚：馋嘴不馋肚。什么意思？就是说，你吃进嘴里时，感觉肉有馋味，但是进了肚子它就不馋了，毕竟是肉呢，它被你吃进肚子里了，肉就是油水，它比稀饭扛饿，这是不争的事实。万一，你肚子会有那么一会不舒服，那也是肉啊，这时大人会怪肚子疼的小孩是"素肚"，草料吃多了，吃肉的时候会不适应，谁让你那么金贵？

作为一个吃百家饭的木匠，邹元祥应该熟谙各种东家的路数，别说吃肉，就是吃饭，也只吃八成饱。做上门木匠，要看两样东西。一是看东家脸色，一户人家，大多是男人做主，爷们说了算；也有强势的娘子，无非娘家殷实，凡事插嘴，唠叨没完。邹元祥善于察言观色，左右逢源。二是要看木料的成色。清寒东家储备的木料，大抵良莠不齐，长长短短、杂七杂八。邹元祥有耐心，看木料像相面。每一种木材都有自己的脾性，或坚硬，或柔软；或易开裂，或易变形。他能根据木料纹理走向，判断木料的年份和性质，知道哪些木料适合做承重部位，哪些边角不能浪费，可以用作装饰。一般匠人选材，见到瘿瘤多的木料，便弃之一旁。邹元祥见到瘿瘤，居然双眼放光。瘿瘤，就是树木上打了结的疮疤，江南人叫节疤，也不一定是丑陋。譬如桦木，产自北方而多生瘿结，取之锯为横面，花纹竟若涟漪荡漾，奇丽自不必说，用制台面或柜面，有出奇制胜的效果。邹元祥曾经做过一张八仙桌，台心的纹理宛若一串紫葡萄。那是用一段有树瘤的瘿木锯板，根据纹理巧妙拼成。就像吃饭时不肯糟蹋一颗饭粒一样，邹元祥眼里的每一块木料，哪怕边边角角，都是宝贝。他挖空心思，要替东家节省木料。也就是说，同样的一堆木料，别的木匠做一只衣橱还嫌不够，到了邹元祥手里，还能省出料来，多做一只矮脚鞋柜。

邹元祥的绝活，还在于他能根据东家的意愿，在器物上雕刻龙凤呈祥、麒麟送子、花好月圆、喜鹊登梅、大舜耕田、寿星献桃、财神送宝等吉祥图案。东家讨的是吉利，口彩灵光。人物、花卉、山水、鱼虫、飞禽、走兽，哪一样都要。当然得栩栩如生、活灵活现。邹元祥不起草稿、直接雕刻，一把雕刻刀，在木器上游龙走凤、左右逢源，将浮雕、透雕、凹雕、圆雕、线刻……融于一体。反正，东家要什么，他就能给什么。有时东家要的太多，比如做一张床，恨不得把床柱、床框、床壁乃至所有的空间都用图案填满，他也会婉转提出建议，但他从来不好说俗气、繁琐、臃肿之类的话。万一东家坚持己见，他也只好勉力为之，因为饭碗在东家手里。

时间长了，邹元祥就有了一个概念，凡是家具上空白的地方，都要雕上东西，非龙即凤，非花即果。否则，东家就会说他偷懒。

果然，认识邹元祥的人，都说他是个好木匠。

不过，邹元祥也有一个东家不能容忍的毛病。

他有时会无缘无故地缺工。事先不打招呼，事后，他老婆扈三娘会来解释一通原因。在扈三娘唾沫飞溅的口中，邹元祥竟然是一个貌似忠厚的花心男人。他在外面勾三搭四，还对自己的老婆实施家暴——如果是大热的夏天，扈三娘会撩起衣裾的一角，向别人（当然仅止于女性）展示自己的累累伤痕。然后，她会宣称，邹元祥打不过她，真的打不过她。要不然，他怎么不能来上工呢，是她用一双愤怒的玉拳狠狠地教训了他，此时这只赤佬正趴在床上呢——明天他或许能来上工，对不起了，我下手是重了一些，不过，这样的花心赤佬不教训，以后女人还有什么日子好过？

雇木匠的东家无话可说。工期紧张，儿女婚事的大日子快要到了，紧要关头邹木匠怎么可以歇下来呢？也有好奇的东家女人问，邹木匠到底花心谁了，能说一说吗？下次我们遇到了，一起帮你骂那个臭女人。扈三娘难免尴尬，语焉不详，脸上浮起"莫须有"的表情，突然转身离去。听者终于回过神来，这女人拿自己男人捣糨糊，简直是十三点。

甚至，坊间还流传着扈三娘追到东家去打老公的桥段。

扈三娘有时喜欢上门探班，谁能拦得住她呢？邹元祥做上门木匠，早出晚归，蛮辛苦的。有时收工特别晚，是因为工期太紧，活儿来不及。扈三娘大大咧咧地来了，如入无人之境。起先，她好像在跟夫君热热络络说些什么，后来，扈三娘像是在骂人。突然，邹元祥一声惨叫，有人看到，是扈三娘打他的，也就那么一巴掌，邹元祥就像灯草一样倒下去了，身体蜷成一团，很可怕，竟然口吐白沫，双腿抽搐。扈三娘当然也慌张，她母牛一样的身板，背起邹元祥就走。嘴里连声对东家说着对不起，对不起。东家显然被吓得不轻，怎么可以这样？这个母夜叉，欺负自家男人，竟然敢到别人家来撒野。此事在坊间也颇有震动，简直是同仇敌忾。

但是，第二天清早，邹元祥没事人一样，出门上工去了。没有人好意思问他昨天的事。但也有人婉转地流露,你家娘子何故如此凶啊,好歹你也是养家糊口的人,就算你在外有偏房,那又怎么样?一个茶壶还配几个杯子呢!

邹元祥笑笑。他从来只是笑笑。天晓得,没有人听到他说过老婆一句坏话。

不知什么时候,本地有个唱春艺人沈小兔,编了一段顺口溜,可说可唱,很快就传开了:

器隐镇上一婆娘,
拳头巴掌名声响。
马吃谷来牛吃草,
婆娘只打枕边郎。
郎君是个好老公,
一门手艺呱呱响。
前世作孽怕老婆,
见到婆娘就心慌。
初一月半竹煨肉,
鼻青眼肿痛断肠。

这里说的"竹煨肉",并不是一道菜,而是彼时大人用毛竹片打孩子屁股的一种比喻。

虽然没有提名道姓,但街坊们都知道唱的是谁。

你想想，初一月半就要打一顿，有时还不止。这个开打的规律，已经被街坊邻居们掌握了。不过呢，一个爱打，一个愿挨，打完了，洗洗干净，第二天夫妻俩还一起上街。别人在背后点点戳戳，他们好像并不在乎。

疑虑也是有的。据说邹元祥挨打的主要原因，是在外找野女人。街坊们几乎一致地认为，邹元祥根本就没有这样的机会。他每天一早就出去做上门工，天黑了才回家。扈三娘把他看得多紧啊，稍晚回家，她就要去探班。邹元祥哪里还能出去消遣？坊间认为，一个男人真要在外花心，除了贼心贼胆，还要有贼力。这个贼力除了力气，还有财力的意思。邹元祥在外做工的工钱，都是扈三娘去结账的。说他终年囊中羞涩，焐混堂的五个铜板还要跟三娘讨，一点也不夸张。

惠家后人已经记不得邹元祥再次出现在惠府，是哪一年的什么季节了。只能大致地说出，可能是次年的春天吧。

上了年纪，有钱有闲的人，遇上什么大寿，总要热闹一番。请一帮朋友来雅聚，让邹元祥来做几件家具，也算是一种响动，增添一些风雅，多好。

事实上，惠先生早就让管家找过邹元祥了。他手头的活儿多，排不过来，你惠先生再怎么牛，插队是不行的。

添置的家具，都是书房里的摆设。也不是惠先生的独创，文人的书房里，大抵是长桌一，榻床一，床头小几二，书柜一，笋凳六，禅椅一，榻下滚脚凳一。

　　宁古勿时、宁朴勿巧、宁俭勿俗——这是惠先生对邹元祥做家具的要求。惠先生不喜欢那些招财进宝、麒麟送子、福乐寿喜之类的俗世图景。当然惠先生也要求不是全素，松竹梅兰、琴棋书画，他还是蛮受用。你能跟他讨论崇礼、忠义、恩荣的话题，或者谈谈中庸之道、诗教及第的理念，惠先生一定会对你礼如上宾。

　　一张清榻，对惠先生来说，是很向往的。苏州的宅邸里，有一张明代的黄花梨老榻，他嫌笨重，没带到器隐镇来。他希望邹元祥给他定制一张新榻，老榉木，料子是从徽州进来的老货。木框为架，中间贯穿湘妃竹，后面和两旁都有靠背，这样的榻，古雅，也舒适。惠先生提醒，榻下切忌用四只脚，可做成螳螂腿。兴之所至，他请书家写过一个条幅，当时就挂在书房的东墙上。是王勃《滕王阁序》的句子：物华天宝，龙光射牛斗之墟；人杰地灵，徐孺下陈蕃之榻。

　　这些，邹远祥能懂吗？

　　还有一种短榻，也是惠先生想要的。高尺许，长不过四尺。三面靠背，后背稍高如榜。置于书房南窗下，不必正襟危坐，尽可斜靠躺卧。于此静坐说禅、拂尘论道，岂不快哉。

　　此榻，又俗称"弥勒榻"。

　　至于几，貌似家具中最简单的一种。却也分方几、圆几、椭圆几、六角、八角、双搁、四搁等。在惠先生比比画画的描绘中，他要的几，风格须得简洁明快、劲挺中见柔婉，刚健中显婀娜。

　　在惠家后人的述说里，惠先生有一次回苏州，准备带邹元祥一起去。见多识广，对一个手艺人太重要了。惠家一些真正的好东西，都在苏州的宅邸里。然后，他还可以带邹元祥到朋友家去见见世面。一个匠人一直待在一个小地方，太多的俗器定制、重复劳作，会湮没一个匠人仅有的灵气。光有手艺，没有眼光，充其量一介碌碌俗匠而已。

可是，邹元祥突然不想干了。

分析一下，应该不外乎这么几个原因。

惠先生想要做的这些器物，并不是邹元祥不会做，他或许觉得，自己造化不够，缺那么一口气吧。

其次，惠先生待他太客气。惠家的餐桌上，是没有扣肉的。之前吃百家饭，他闻惯了扣肉出锅时的香味，他虽然不会去攥一块吃吃，但是那股香味，可以搭半碗干饭。

红烧狮子头、板栗煨鸡，有时会换花样，粉蒸肉、砂锅鱼头汤。就是一碗炒黑塔菜，也要用粉嫩的笋丝搭配着，油汪汪，好看又好吃。

哪一碗是看菜？没有。都是实实惠惠下饭的菜。尽管吃，必须吃。惠先生并不殷勤，也不会像有的东家那样，给匠人攥菜。但他撂下一句话，分量蛮重：谁知盘中餐，粒粒皆辛苦，浪费可是不行的。

也就是说，你必须得全部吃掉。

像邹元祥这样的草根手艺人，肯定会觉得受用不起。评估一下惠府日常的饭菜，邹元祥过年时可能会吃到。但是，节俭人家过年，也不会大吃大喝，其中也有看菜，也是一碗蒸来蒸去的扣肉。亲戚来拜年，吃饭的时候，没有人会去动那碗看菜的。

还有就是，邹元祥答应不了跟惠先生去苏州。为什么呢？这时我们还不太清楚。场面上的理由是，他突然没有那个心劲了。

由此还可以推算，笨拙，木讷，听不懂惠先生的某些话。

甚至，他不来上工了。事先也不打招呼，只是让老婆扈三娘来递个话。

街坊们应该不奇怪，邹元祥经常如此。

但是，手艺人不作兴这样的。按照惠先生脾气，他或许想换个木匠？不知道。这个春寒料峭的季节，记叙了一个文人与一个匠人之间有趣的相遇与碰撞。从后边的结果看，惠先生和邹元祥还是有缘分的。最终邹元祥还是来了。

接下来我们可以进入这样的推演：他自带了一罐腌菜、萝卜干。如此，给人一种错觉，这几天他萎靡不振，完全是因为吃得太好太饱。而腌菜萝卜干才是他的宝贝，精神头就在那只黑皮釉的罐子里。

没有人能够描述惠先生是如何把一个熟练的匠人带进他的精神天地的。我们只能说，邹元祥的手感被找回来了。惠先生用心良苦，带着不肯去苏州的邹元祥去了大人巷，在那些府门紧闭的大户人家，邹元祥并没有看到富丽堂皇的摆设，而是印证了惠先生讲的那三句话：宁古勿时、宁朴勿巧、宁俭勿俗。由此，他知道了器物上那些简素、静穆、厚拙、劲挺、柔婉、空灵的好处，也知道了繁琐、赘复、臃肿、滞郁、悖谬、俚俗……会把一个手艺人带向哪里。

给那些木料相面，对每一块木料给出最合适的安排，于邹元祥而言，是容易的。

如何将它们唤醒，让它们具有一颗有趣的灵魂，最终让器物有呼吸、有风骨、有个性，是不易的。

从邹元祥后来留下的器物看，他的木匠生涯走到这里，应该会有一个顿悟的转折。

邹元祥家里出大事了。

扈三娘突然暴死家中。

死因是中毒。最早，这是本镇许吉安郎中的判断。她吃了剧毒的河豚鱼——别人在鱼市码头扔下的，她捡回来了。她或许听说过"拼死吃河豚"这句本地的歇后语，但并不知道这就是河豚鱼，也不好意思跟街坊们问。坊间对此事的述说，存在着不同的路径和过程，但结果是一样的。大致的判断是：这个平时咋咋呼呼的女人，人缘不是太好。面子却还是爱的，怕别人说她占便宜。浓油赤酱地把河豚鱼烧熟，她先尝了几口，味道很鲜美。平时有点好吃的，总是先让邹元祥吃，然后再给两个孩子吃——恰巧，孩子去亲戚家串门玩了，她一时贪吃，就多吃了几块。出事的时候，她应该有很大的动静，这是许郎中的判断。恶心、呕吐、腹痛，然后神经麻痹，全身麻木，呼吸困难。但是家里没有人——最后扈三娘死于呼吸衰竭。

彼时邹元祥在惠府的家具活儿已经上手，进入状态的他有一种鹞子吃到天风的感觉。他得到噩耗的时候，扈三娘已然不省人事。路人称，回家的路上，邹元祥像一头野牛疯狂地奔跑。他看到了许吉安郎中，正在对他的厍三娘进行着某种抢救——手指压舌根催吐、然后洗胃、导泻。但是，回天乏力。最终，挥汗如雨的许郎中摇头叹气，说，"唉，人已经走了。"

邹元祥在现场顿时失态，样子有点可怕。一个男人在悲伤至极时嚎几句，是可以理解的。但在街坊们的述说里，邹元祥完全疯掉了，没有人能够用准确的语言形容他的样子，比如，眼睛哭得像出血，走路摇摇晃晃，等等。这不算稀奇，老婆死了，男人总要伤心一阵的。但是，在一个特定时刻，邹元祥突然跌倒在地，口吐白沫、四肢抽搐，眼球还不住地朝上翻滚，样子非常骇人。这样的情景，没有人能够解释清楚。幸亏，许吉安郎中还没有离开，他有诧异，但并不慌乱。最终，他给出的判断是，邹师傅有癫痫病，而且病症不轻，病史也是很久了。

癫痫，本地方言叫猪癫痫，又叫羊癫风。男人得了这种病，也就是个半残人了。

这个消息并没有不胫而走。许吉安郎中是个厚道人。在他看来，病症与病史，俱是病家隐私。倒是邹元祥，在给妻子灵柩守夜时，一边痛哭流涕，一边诉说着厍三娘的种种好，其间，并不忌讳地说出了自己的病情。

原来邹元祥年幼时得过一场重病，从此留下一个癫痫的病根。

走到哪里，人们背地里点点戳戳，叫他"猪癫痫"。成年之后，虽然有一手绝顶的木匠活儿，但时不时还会发病。一个匠人在东家干活，突然发这样的癫痫病，很多人是有忌讳的，特别是即将办喜事的人家，特别在意。由此，在老家一带，他很难抬得起头来。

无奈之下，只好异地入赘，做了上门女婿。

扈三娘是个独女。虽不是富贵人家，但因娘生她时难产死的，小土杂店主的父亲视其为掌上明珠。三娘性格也有点乖张。邹元祥进门后，她才知道他的身世。她并没有嫌弃夫君，生活上非常体贴他。为了不让他的病情外泄，她就扮演了一个杂搭的凶婆娘角色。编排一个夫君在外偷情的故事，成为她"家暴"他的理由。邹元祥发病，有一定的周期规律，每当他嘴唇青紫，双手哆嗦的时候，她就不让他出门上工了。一出苦肉计，重复上演，尽管也有破绽，但人家愿意相信，都是她这个凶婆娘的家暴，才导致邹元祥不能外出上工。

本地方言里的"杂搭"，涵盖着为人不靠谱、说话没分寸、交际讨人嫌等诸多意思。骂一个人"杂搭"，基本上这个人就上了坊间百姓的黑名单。扈三娘豁出去的考量是，只有辱没自己的形象，才能保住邹元祥的病情不被发现，她进入到"杂搭婆"的角色，内心应该有煎熬，哪个女人不爱自己的脸面啊？但是，邹元祥是这个家的顶梁柱，他很爷们，勤快，顾家，身上没有男人的坏毛病。虽然身子骨有点弱，但在床上也不偷懒，能让老婆开心。保住他，也就保住了这个家。

坊间唱春佬沈小兔编排的顺口溜，她自然也听到了。委屈地哭了一阵子，突然得意地笑开了。哪个女人有她这么委屈啊，但是，她成功了——"杂搭婆"成了她的一个道具，夜深人静她搂着邹元祥的时候，她觉得自己付出的代价很值得。只要没有人知道，她亲爱的夫君是个"猪癫痫",她怎么都可以。不过,她的每一个日子都过得提心吊胆。邹元祥在东家上工,起早贪黑,干活特别卖力。癫痫这个病,营养不良、劳累过度就会频繁发作。每天,若是天黑时分,邹元祥还没有回家,她就会心神不定,赶到东家去探班。遇到"紧急情况",她会立马进入"杂搭婆"的角色。久经历练的她,可以从容接住坊间泼向她的所有脏水,只要能保住邹元祥的正面形象。

前来吊唁的街坊们在邹元祥的述说中一个个黯然垂泪。多好的女人啊,承受了那么多的委屈。邻居们打开了邹家的锅盖,白米饭上蒸着一碗油汪汪的扣肉,邹家的两个孩子哭着证明,这碗扣肉,是妈妈留给爹爹吃的。经常的情形是,爹爹不肯吃,妈妈会骂他,声音很低,也很温柔。绝不像爹爹发病前,她演戏给别人看那样。她知道爹爹白天在东家干活,"看菜"是不能吃的。回家了,赶紧要补一补。妈妈还每天夜里给爹爹洗脚,给他捶背、按摩。夏天的时候,爹爹干活累,一回家就躺下了,妈妈就用一把蒲包扇,整夜整夜地替他扇风。家里只要有点好吃的,妈妈第一个就要留给爹爹,然后才是我们。妈妈吃捡来的鱼,已经不是第一次了,之前都没有事,没想到……

是的,扈三娘并不知道,这种之前没有见过的鱼,就是传说中的河豚鱼,跟别的鱼是不一样的。

百工巷里扈三娘,

一命呜呼好凄凉。
三娘原本好女子,
只为救夫扮恶相。
杂搭婆娘讨人嫌,
满肚委屈无处讲。
青天落泪洗清身,
元祥痛哭诉衷肠。
黄泉路上三回头,
三娘不舍邹元祥。
奈何桥头无归路,
我家邹郎谁来帮。
……

唱春艺人沈小兔,一路从器隐镇上走过去,敲着小锣,边走边唱。闻者或叹息,或落泪。小兔是个六十多岁的民间歌者,见到什么,他就能唱什么,一般只讲好话,恭喜发财、招财进宝。也会现身说法、臧否时弊。都是现编词儿,从来不露破绽。小锣敲罢,他手里举着一个钵,跟僧人化缘的那种有点像,不过僧人用的是木钵或漆钵,这里是铜钵。一锣一钵,是唱春佬的标配。钵,属于打击乐器,也可用来装零碎铜钱,圆形,口微内敛,口沿齐平,腰部凸出,底部浑圆如釜,像一只稍微扁平的大碗,是用手工一榔头一榔头敲出来的。小兔沿街走巷唱下来,每天钵满如小山。他把几日里唱春所得的铜钱,堆在邹元祥家门口,鞠个躬,揉揉眼睛离去。

那一堆铜钱里，应该有小兔的歉意与同情吧。人活着，都不易。

扈三娘出殡那天，送葬的队伍长长又长长。女人们哭着，男人们叹着。百工巷里，一时人满为患。扈三娘的帮夫故事，口口相传，已然渗透到器隐镇的每一个角落。

就像吃到天风的鹞子突然栽落在地，邹元祥还能起飞吗？

器隐镇上的木匠蛮多的。人们干吗要找一个"猪癫痫"上门做工呢？

邹元祥带着两个孩子从巷子里走过去，人们只能用一声叹息来伴送他们的背影。

下雨了，人们看到邹元祥身披蓑衣，夹着一把雨伞匆匆出门了，谁会相信，他居然去了镇郊扈三娘的坟上，将一把伞插在坟头上。

三娘怕雨。淋了雨，她鼻头会拉风箱。

两个孩子哭着把他拽回家了。

有一日，特别冷，天上飘起了雪花。邹元祥拿了一条棉被，又去了三娘坟上。他把棉被盖在坟上，还用石块压住被角，不让北风卷走。

他怕三娘冷。

扈三娘突然离去了，邹家还怎么过下去呢？

两个未成年的孩子，只能由扈三娘的姐姐帮着照顾。可是，三娘的姐姐也有自己的家呢。有时她把孩子接过去，可是，一到夜晚，两个孩子就跑回来了。邹元祥只能把老家的母亲接了来,老人家身板还凑合,能做一手好饭菜。一个家,暂且算是安稳下来。

可是,再也没有人请邹元祥去做上门工了。话说回来,就是有人来请,邹元祥也没有那样的心境了。

直到惠先生亲自上门那天。

惠先生这样有身份的人,去百工巷登一个木匠的门,规格和礼遇是有些偏高了。但是,据说他竟然被拒绝——邹元祥说,人已经残了,什么也做不了了。

后来惠先生转了一个弯,说家里有几件好东西,想请他一起看一看。

人们看到邹元祥跟着惠先生上了一辆簇新的黄包车。两人并肩坐在皮椅上。彼时器隐镇有身价的人出门,早已不坐轿子了。黄包车是从上海买回的新玩意,原来叫东洋车,钢丝橡皮轮,皮靠椅蛮舒服,上面有一个油毡布棚盖,遮雨又遮阳。拉车的车夫身穿马褂——一种对襟的短上衣,脖子上系着白毛巾,力飒飒的;头上戴顶蓝色斗笠,就是一种宽边帽子,蛮时尚。反正邹元祥上了惠先生家的黄包车后,顿时吸引了百工巷乃至器隐镇很多人的目光。

都说,不得了,邹元祥是器隐镇上第一个和文人大先生平起平坐的匠人呢。

或许,惠先生正是用这样的方法,来力挺邹元祥吧。

惠先生到底想干吗?一个隐藏了自己"猪癫痫"病的穷木匠,值得他如此兴师动众吗?

事实上惠先生早已把邹元祥当成朋友了。

他们一起看字画，看古董，没有东家与雇匠之分，更没有富人与穷人之别。惠先生喜欢邹元祥的憨厚老实，不猥琐，却有常人不具备的悟性与灵气。

至于癫痫病，惠先生视之泰然。不就是人的一种病嘛，他请来一个苏州的老中医朋友，给邹元祥方脉，开了一张药方。中医称，顽疾既深，根治亦难，理气稳脉，慢慢调理，则或可改善。

这段日子，我们并不知道，惠先生给邹元祥看了哪些好东西。不过，据惠先生后人回忆，当时他身边，有这样一些珍贵的藏画。

南宋马远的《寒江独钓图》。

夜晚静谧，月色清淡。江面疏阔，一叶小舟上，一钓翁把竿，身体略略前倾，凝神专注于平静水面。小舟尾部微微翘起，不经意时，泛起几丝柔痕，江面上一弯冷月，微起漾波。

如果我们以此推演，惠先生把这幅画的意境讲给邹元祥听了，那种夜深人静的孤高风月、冷寂小舟随波闲荡的超然意味，邹元祥能理解吗？

元代倪云林的《容膝斋图》。

这幅画的图片，我们现在还能从某些书画赏析读本里看到。画面起处，几块顽石横生，旁有老木枯槎数柱。中部为一湾河水，平静如镜。对岸以粗笔勾出淡淡山影。风不起，云不涌，水无流。岸边寂寞小亭，空对沉默远山。秋水似乎凝滞，环绕幽眇古木。如此寒山瘦水，色彩完全被画家抛弃。假如惠先生让邹元祥看这样一幅画，一定会告诉他，此画用的是"平远"构图方法，以此来突出那种平淡悠远的境界。寒山与瘦水，表达的是画家远离世俗的心境，枯木寒林中，有画家孤独飘逸的意志。

这样的作品，添一笔，便是蛇足；减一笔，则是缺憾。

清代八大山人的《孤鸟图轴》。

一根枯枝的尽头，栖息着一只小小鸟。仔细看去，此鸟只用一只细细的小爪，独立于枯枝最末梢之处。羽翼似展欲收，眼神沉着玲珑。孤枝上的孤鸟，独目冷观世界，独脚撑起自己的一片天地。看起来这是一片多么孤独的世界。八大山人正是用它来表达人的独立境界。

有一点我们可以确定，惠先生收藏的这些作品，至少表明着他一部分的精神谱系。他或许并不期待，邹元祥这样靠劳作谋生养家的匠人，能融入他的精神世界。但是，他需要的家具，必须成为他精神谱系的一部分，而不是与之相悖。在他看来，器与道，并不似鱼和熊掌那样不可兼得。

如果我们继续推演，那么，邹元祥在某一日终于主动开口，他想上工了。

鹞子终于重新开始起飞。

他首先交出的，居然是重做的一件樏。惠先生很意外，也很惊喜。这件樏，通体的线条似飞檐走壁的精灵，挺括而遒劲，一团仙气似在凝固的器物上游走。与原来的那件相比，一个是凡胎肉身，一个是天仙骨相。最重要的是，提梁上的龙凤呈祥图案不见了，一柄光素圆润，提握在手，手感轻盈适意。

惠先生颇有成就感。他从来没有在邹元祥面前提过榫上的龙凤图案。想必，邹元祥已然开悟了。

至此，他可以放心走开，邹元祥已经知道，他应该怎么去制作那几件呼之欲出的家具，而他，可以跟朋友们外出云游了。

邹元祥给惠先生制作的几件家具，可能是他木匠生涯中的绝唱。

他的身体后来每况愈下。我们不知道他究竟活了多少岁。邹家不是望族，没有留下族谱，其业绩也不见于任何官方或民间的文字记载。坊间的述说里，他只是一个令人叹息的匠人。

时光总是有不动声色的力量。邹元祥不是什么都没有留下，他手艺的灵光留在器物上了。不说别人，单是惠先生的那几件家具，寿命比它们的主人要长出很多很多，最后它们是怎么进入器隐镇民俗馆的？知情人透露，是以借展的方式。惠家有后人，身份并不低。但他们不愿意抛头露面，捐献不太合适，那就借展吧。家具背后的故事，或许枯燥，或许俗套，亦不排除隐藏着峰回路转的章节。

至于邹元祥和扈三娘的故事，幸亏当年唱春佬沈小兔编的那两段顺口溜。我们应该感谢口口相传的力量，人间那种凄美的民间歌哭，像草根与土地的关系一样紧密。它们会跨越时光，走到我们跟前，向我们诉说当年的情景，让我们相信，爱，是不会因为时光飞逝而泯灭的。

第十篇

扫地成僧

罗饭桶是一个人的名字吗？听起来，这更像是一个人的绰号。

前些年，器隐镇建造民俗馆，场面搞得颇大。其中部分展品，竟来自一个叫罗饭桶的故人——彼时他早已去世，其义子温小得，亦已耄耋之年，一个轮椅上的老者，多次往返民俗馆，以罗饭桶的名义，捐出了很多器物。

知情人透露，那些老物件，装在若干个麻袋里，鼓鼓囊囊，是雇了板车拉来的。光是各个年代的鞋帽手套、烟斗水杯，乃至胭脂口红、针箍耳环，就有几百件。诸如旧时提袋、钱包、烟盒、碗碟、饭盒、酒瓶、茶叶罐、麻将、扑克、骰子……更是数不胜数。有人对此颇不屑，民俗馆又不是收破烂的地方，以罗饭桶名义捐赠的那些器物，大多看上去脏兮兮的，更像陈年垃圾，还散发出阵阵不良气味。

碰巧，有一个在器隐镇拍年代剧的摄制组，无意中发现了这些宝贝。仿佛爱德蒙·邓蒂斯发现了基督山岛的宝藏，激动的导演把很多旧器物用到戏里，行家们看了，都说原汁原味。那部年代剧后来火了一阵子，让器隐镇的人们如梦初醒，原来罗饭桶的那些垃圾，都是稀罕珍宝。

这就惊动了一群本地的民俗学者，个个像打了鸡血，称那些器物里，隐藏并见证着几个朝代的缩影。

罗饭桶这个遥远的名字，一度成为器隐镇的一个话题。本地媒体颇费周章，称其为"资深垃圾处理者"，老街坊们说话直白，不就是坊间传说中的那个扫街佬吗。

无论古今，清扫街道都是一份辛劳的差事。器隐镇三百六十行，"扫街佬"应该能占得一席吧。

可是，《器隐镇志》明明白白写着，曾经，本地并没有类似"清洁卫生管理所"的机构。也就是说，即便有清扫街道的人，也没有给他管饭的"单位"。一个人活在世上，需要一些依据来支撑，文字记载一个人的行状，也得有相关的考量。太多的芸芸众生，常常遗憾地被文字忽略了——我们去哪里寻找一个叫罗饭桶的人呢？

彼时,温小得老人的口述，便显得特别重要。但这里有两个问题，其一，温小得年事甚高，据说中风过一次，记忆力明显衰退，面对一些老物件，常常会断片，有话说不出来。

再就是，罗饭桶的收藏史可能过于漫长。少有人确切知道他活了多少岁，即便是温小得，对义父前半生的行状，亦颇多语焉不详。同时代的人，只记住了两样东西，一是他的饭量，据说大得惊人；

二是他在城隍庙栖身的柴仓屋，通向一个幽深的地窖。最后，他从垃圾里留下的物件，把那个地窖差点给撑破了。

《器隐镇志》更是没法向我们提供罗饭桶的任何线索。但记载旧时"垃圾处理"的章节，却有这么一段文字：

民国时期，镇内街头巷尾随处可见垃圾堆、瓦砾墩、方便尿桶。巷道末梢的拐弯处，参差不齐地排列着各种露天粪缸，一到夏天，苍蝇飞舞、臭气熏天。镇内河埠边常见这样的情景，一头有人在洗菜、担水，另一头有人在洗刷尿布、马桶。街道与巷弄的卫生，基本由店家、住户自行处理门前垃圾，仅有极少的清道夫每天打扫街道。

语气颇不恭。与之前文人赞美器隐古镇的文字，反差太大。其中，"极少的清道夫"这个说法，依据是什么？彼时的清道夫，是指罗饭桶吗？除了他，还有哪些人？既然没有专门机构在给他们发薪俸，那么，他们靠什么来养活自己呢？

县志的说法是这样的：

新中国成立前，本县城乡工矿无任何卫生管理机构。民国三十五年，县府虽明令推行学校卫生，但缺乏实际措施。街道卫生、饮水管理、粪便管理以及食品卫生，都是1949年以后才逐步建立相应管理机构。

如此，我们可以推断，1949年之前，器隐镇没有专职的清道夫。曾经，罗饭桶打扫垃圾，只是个人行为，他没有吃过一天皇粮。

器隐镇志又记载，1955年，器隐镇成立了"清管所"。但是，当时的职工名册已荡然无存。所幸，人们在罗饭桶的收藏品里，找到一张1964年的选民证，上面赫然写着：罗饭桶，男，51岁，汉族，器隐镇清洁卫生管理所……

由此，罗饭桶绝不是什么绰号，而是一个人的大名。为什么取这样的一个名字？民俗学者们几次问及温小得，他说了这样一句话："你们哪里知道，一个人吃不饱饭是什么滋味？"

这话有点答非所问。而且，民俗学者们都知道，在本地方言里，说一个人是饭桶，并不是夸奖此人饭量大，那其实是一句骂人话——除了吃饭你还能干什么？对，就是这个意思。

所以，对那些饭量特别大的人，本地人轻易不会使用"饭桶"这个贬称，而是用"食仓蛮大"这样比较含蓄的说法。

民俗学者们决定，就从搞清罗饭桶的名字是怎么来的入手。

一餐能吃三海碗米饭，外加山芋、芋头等粗粮，如果有肉，有一碗吃一碗，碗底一定是朝天的；还有汤吗，有一锅吃一锅，临了，还能再吃一大碗捞面。

这就是罗饭桶早年的"食仓"当量。

传说中的罗饭桶饭量，一直有好几个版本。有人说他一顿能吃五碗饭，外加两只鸡。争议较大的是，他吃肉基本不吐骨头——在他看来那也是肉的一部分，一口锋利的牙齿，可以把它们嚼成烂渣，然后咽进肚子里。

见过罗饭桶的人这么比画，说他人并不高大魁梧，身高也就一根扁担那样吧。这样的尺寸放在今天，充其量是个中等身材。

出身贫寒。这个推断没有问题。最早，家住鸡笼巷。父亲好像是修伞的，母亲在一个大户人家帮佣。这个身份给罗饭桶的好吃带来一个空间——假若大户人家比较和善，会经常让家里的用人带回一些他们吃剩下的食物。按照这样的推断，罗饭桶从小就吃过一些其他贫苦孩子没吃过的好东西，如此，把一张嘴吃馋了。

由于罗饭桶生下来就特别会吃。他的父母为了填饱他那与年龄不相称的肚子，想尽了一切办法。据说，无济于事，罗饭桶还是天天喊吃不饱。他童年时，就无师自通地学会了独自外出觅食，其具体行状，已经没有人能够说得清楚。但罗家最早的邻居却还记得，第一声"饭桶"并不是外人骂的，他那入不敷出的伞匠父亲，因了老是喂不饱嗷嗷叫饿的儿子，忍不住火爆出口，一声饭桶，四邻皆知。

渐渐长大，罗饭桶倒是想继承父业，修伞养家。但他一个人抵三个人吃喝，就连自己也养不活。女人一听到罗饭桶的名字，撒腿就跑了。他后来想把自己的力气卖出去，给富裕人家打工。但是，雇一只"饭桶"的成本之高，会让所有的雇主望而却步。

如果我们继续推演，让一个饥肠辘辘的人，走在活色生香的街巷里，四处各种食物的香气不断地刺激他的味蕾，这等于是在变相地惩罚他了。特别饿的时候，就连与他擦肩而过的人，都能听到他肚子里发出的各种叫声。如果有人愿意收集这些声音，经过比较后会发现，稍稍有点饿的时候，罗饭桶肚子的叫声是温和的，咕噜咕噜，悄声细语，音量比较低沉，好像在向主人申请：该给我进食了；很饿的时候，肚子里会发出一种空旷而慌张的喧嚣，其叫声变得尖利而持久，让人心神不定；饿得撑不住时，身边的人会听到一种仿佛穿墙走壁的啸叫，一阵一阵，在相对的范围内低空回旋。

经受过饥饿的人都知道，当一个人饿到极点时，肚子反而不叫了。假如有灵性，它一定知道，光是嚎叫，根本无济于事。但它会把致命的信息传递给大脑，以致全身都瘫软下来，脸色发青、四肢无力，两个眼眶会深深地凹进去，眼神里会积聚起一种短暂的骇人光亮，然后，迅速地黯淡下去，变成两个黑黑的窟窿。

鲜香扑鼻的伙头巷、百果巷里，集中着器隐镇最多的酒店饭铺乃至各色吃食，但是跟罗饭桶基本没有关系。他不能去那里，因为强大的美食香气，会催发他肚子格外的牢骚。倒是大人巷与学前巷，这些大佬们的聚居之处，有时却能意外地让罗饭桶吃一顿几乎要撑死的饱饭。

大凡婚丧喜事、举子成名、添丁进宝、生日寿诞，大户人家免不了要操办一番。场面上的风光，自不必说。末了，留下一堆堆垃圾。虽然东家有佣工，但此时如果有人自动加入到搬运器物、清扫垃圾之列，会给东家一种"添喜"的好感——管饭是必须的，当然可以敞开吃。罗饭桶刻骨铭心的吃饱饭记忆，最早跟他手里的一把大扫帚息息相关。那是一种守株待兔式的出击，你必须及时掌握信息，谁家有什么喜事好事。然后，选择一个当口，自然而然地介入。这里，一种分寸感的拿捏，是有技术含量的。你以为扫垃圾就那么容易吗，宾客还没有散，你就抢着清扫垃圾，人家会戳着你的脊梁骨骂的；扫地更是技术活，你把人家门前扫得尘土飞扬，呛得大家睁不开眼睛，还指望人家给你管饭吗？

无师自通的事实是，一把大扫帚，打败了父亲教给他的修伞技术。只要罗饭桶的大扫帚舞动起来，他的肚子最终就会满足地保持沉默——甚至，喉间偶尔还会打出一两个奢侈的饱嗝。经过罗饭桶打扫后的地面，干净、整洁，一点尘土都不留。超大的饭量在器隐镇，已然是一个供人们逗乐的桥段，而罗饭桶扫地、搬垃圾时的那份巴结、勤勉，还是给人们留下了正面的印象。

器隐镇每天产生的大量垃圾，是日常烟火生活的必然。从垃圾里发现宝贝，却是罗饭桶与生俱来的一种造化。

可以想象，饥饿的人突然吃了一顿饱饭，就像下过地狱的人，不小心一步跨进天堂。

大户人家的垃圾，有着非常丰富的肌理。在罗饭桶的视角里，那些每天被倒掉的剩饭剩菜，基本都没有变质。多可惜啊。只有饿过肚子的人，才会百般珍惜来之不易的食物。罗饭桶最不能容忍的是，被李老爷家扔掉的一盘肉骨头上，剩余的肉还很多。鱼尾巴，是一条鱼上最好吃的活肉，也常常随着杯盘狼藉的筵席被一起倒掉了。还有豆腐、百页结、茨菇、素鸡等素菜，厨师把它们烹调得比肉还好吃，不知为什么，它们常常整盘整碗地被倒入垃圾桶。

鸡爪子、鸭脖子、鹅翅子，都是绝好的下酒菜。可是，它们往往得不到大户人家那些高贵的嘴巴们的垂青。只有罗饭桶把它们从垃圾桶里拯救出来时，它们才迫不及待地释放出被玷污后的鲜香。

大老爷们扔掉的空烟壳——老刀牌、大前门、哈德门、大重九，都是民国时期有名的香烟。它们从垃圾里被罗饭桶找出来，堂而皇之地进入他的精神世界。其中，老刀牌香烟的刀型滤嘴，让罗饭桶很着迷。谁能想到，欣赏一个香烟屁股的乐趣，或许超过了抽烟者本身。而三炮台牌香烟壳，才是罗饭桶的最爱，上面有三英战吕布的图画，蛮好看的。而有一种仙女牌香烟，烟壳上一个大美人，大波浪头发，双眼皮有韭菜边那么宽。这种香烟竟然是为女人设计的，罗饭桶在大人巷赵老爷家的垃圾里，发现了这种烟丝闻起来甜滋滋的烟屁股，上面还有一抹淡淡的口红。它跟赵老爷二姨太的旗袍、高跟鞋，应该是很搭配的。

还有小孩穿旧了的虎头鞋。罗饭桶有一次在垃圾里捡到一双，一下子五味杂陈。他或许想起了自己的儿时，母亲曾经给他做过这种鞋子。后来母亲生病死了，回忆的景深里，就是这样的虎头鞋，过年的时候，母亲给他穿在脚上。鞋头上，老虎眼睛骨碌碌，还有胡子一翘一翘，活灵活现。它能驱鬼辟邪，也象征着吉祥如意。看到这种鞋子，罗饭桶就会想起自己早逝的母亲。

口福与窥探欲，都在不同程度地得到满足。罗饭桶手里的大扫帚，正在把他引向一个旁人无法理喻的器物世界。

各种空酒瓶、空酒罐、空酒壶，被老爷们扔掉的亦颇不少。大人巷王老爷家宴客，扔了一堆空酒瓶，其中有一只酒罐，六方型，每一面都刻画着山水人物，酒罐底部刻着几个字：乾隆五十八年。乖乖，这酒的年纪，比罗饭桶爹爹还大。酒罐虽然是空的，但里面有一股钻鼻子的浓烈香味，闻着舒服。

还有几个酒瓶子，青花釉，葫芦型，是大人巷李老爷家垃圾堆里的，那一晚，不知道宴请的什么大人物，罗饭桶幼时，跟伞匠父亲认得几个字，酒瓶上面有一个大大的汾字，他却不知道是什么意思。

学前巷刘先生家，某夜扔出来一只空酒瓶，圆鼓鼓的瓷器，宝蓝色釉，看着养眼。瓶口处有三角形吊牌，上面写着"减酒 公兴糟坊"。虽然酒瓶是空的，但他闻到了一股醇厚的酒香，那种浓郁的气味，打成一个结，直往他心里钻，怎么也不肯走。

武陵酒、鹿邑大曲、渔阳酒、赊店老酒、竹叶青酒、伯温家酒、状元红酒……这些空空的酒瓶都混杂在百搭巷、伙头巷、乌衣巷、百果巷的垃圾堆里，被罗饭桶一只一只拣出来，他不想扔掉它们，并不需要太多的理由。这个世界，除了它们，还能有谁陪伴着他？原先以为，人最怕肚子饿，好不容易填饱了肚子，人还会有别的念想，有时跟饿肚子一样难受。罗饭桶对那些街巷旮旯里的垃圾情有独钟，冷不丁的灵光一现，常常让他从发出不良气味的垃圾里刨出一个好看的物件来，也让他觉得孤单的自己多了一个做伴的朋友。漫漫的长夜里，他试图跟这些物件建立某种对话关系，有时很愉悦，有时则迷茫。不管如何，它们陪伴着他，让他感到一种温煦与笃定。

器隐镇的茶生活是兴盛的。三街九巷，茶馆茶庄颇多。罗饭桶不吃茶，是因为茶水刮油脂，容易饿肚，但茶香味道他是爱闻的。有一次他在得义楼茶馆的垃圾里，发现了一个明代的茶盏，敞口小足，斜直壁，轻而薄的胎体，纹如兔毫。罗饭桶起先不太懂它的来路出处，有些识见，是后来补课的。当时只是怜惜，蛮清爽，看着舒服、养眼，茶盏的口子上，只破损了一点点，就被扔掉了，太可惜。

还有一把长柄的茶匙，舀茶叶用的。在学前巷拐弯处的垃圾堆里，罗饭桶捡到了它。匙柄好像是什么骨头做的，蛮精细，上面有隐隐的纹路。匙柄是象牙的。匙，是黄旺旺的金，赶紧拿去给百搭巷金货店的欧老板看了，说是鎏金，并不特别值钱，但匙柄是象牙的。这把茶匙，应该是明代的老物件，这样说起来，还是很稀罕。不知道主人家为什么要扔掉。欧老板判断，大户人家宴客，下人难免手忙脚乱，说不定是哪个用人收拾茶具时，不小心带进了垃圾里。

那，应该还回去啊，是吧？

这个就不必了吧。明明是垃圾里捡到的，你去还给他，他还以为是你偷的呢。

欧老板如是说。他给出的建议是，茶匙归他，他可以让罗饭桶吃三天饱饭。

罗饭桶犹豫了一下，没答应。把茶匙收回。走人。

"三天饱饭"对罗饭桶没有吸引力吗？不是的。不知为什么，他特别喜欢这个精巧的小物件。彼时，罗饭桶尚不知"收藏"为何物。

但是，当温饱成为一种并不遥远的可能，他已然可以对别人说一声不——为了留住自己喜爱的东西。

还有一个茶托子，瓷器，圆形。边沿上略有瑕疵。其中央有凸起之圈，可坐盏底。罗饭桶在大人巷於府附近的垃圾堆里发现了它。洗干净了，拿去给得义楼的钱老板看了半天，说唐朝时候，流行金银茶器，点茶沸汤入盏，必持托承盏，为使盏固定于托子，在凸起的圈内，必须深深凹入，以使盏底圈足嵌入，端起来不致摇晃。所以就有了这个茶托子。

钱老板有意收下它，提出，可以让罗饭桶来吃半个月茶，不收钱。罗饭桶说，他的肚子不答应。

大户人家女人用完了的香水瓶、花露水瓶、化妆纸匣、口红套子、香皂头子，都会随手扔进垃圾里。这就打开了罗饭桶的眼界。他是个光棍，也不是跟女人缘薄，而是他太穷，又太能吃，所以成不了家。器隐镇虽是个弹丸之地，却因离苏州、上海较近，大户人家的太太小姐，香水喜欢用民国初年最时髦的牌子"林文烟"，从香港进口的"双妹嚜"雪花膏，也颇受她们的青睐。罗饭桶在处理垃圾时与它们相遇，好奇于瓶子的精致、好看，闻一闻，香得醺人，连身体都有反应。一时舍不得扔掉，又怕别人看到，赶紧藏起来，感觉像做了贼一样。

罗饭桶的私人收藏史，正从那些垃圾堆里爬起来，踽踽独行。

民俗学者们持久而兴奋地沉浸在罗饭桶几乎包罗万象的收藏器

物里。他们认为，岂止是器隐镇，整个江南地区百余年来的缩影，都可以在罗饭桶的收藏品里找到出处。茶生活始于何时，酒文化如何交融，娱乐生活有哪些特征——他们希图根据某些有代表性的器物，来起底器隐古镇的文脉构成，同时也构建一张"罗氏收藏总体轮廓图"。

从罗饭桶收藏器物的驳杂、繁多程度来看，他扫地、搬运垃圾的区域，绝对不止在大人巷与学前巷之间，极有可能以他后来栖身的城隍庙为中心，扩大到车水巷、鸡笼巷、百搭巷。

甚至，有学者推断，他会走出器隐镇，去周边的蜀山镇、张渚镇、周铁镇一带游弋。

因为，单从罗饭桶收集的酒瓶看，有高档的茅台、西凤、汾酒，也有相对不那么有名的四川二峨大曲、陕西太白酒、云南铜锅酒、哈尔滨五加白酒，甚至还有内蒙古的乾尉兴烧锅酒。

本地白酒"白福珍"和"紫陶玉液"自然不在话下。这两种酒，最早是本地民间酒坊私酿，酒罐是用蜀山窑场烧制的陶罐装的，形如古鼎，上了土釉，看上去古气扑面。酒性很烈，燥口，窑汉子、船工铁匠最爱，但吃多了要挠头。它们最多出现在伙头巷和乌衣巷的苍蝇馆子里，罗饭桶并没有轻慢它们，用了几个大麻袋来装。

民俗学者们认为，这些恍若隔世的酒瓶至少体现着两个维度，一是器隐镇自开埠以来就不闭塞，从古至今地灵物华。所谓纳天下宾客，汇九州佳酿。人脉广大而物畅其流，百年古镇才得以兴盛。二是要重新评估罗饭桶的收藏地位，赋予他一个相应的称号，而不能再以"扫街佬"去称呼他。甚至，有专家提出，以后在媒体上，一律以"罗氏"的名义说事，再也不能出现"饭桶"之类的字眼。

有文字记载的一次规格不低的座谈会上，持久缄默的罗饭桶义子温小得，突然激动起来，虽然话语颇多含混不清，却也有举石扛鼎的力度。

其一，他不同意把罗饭桶改为罗氏。罗饭桶这个名字，他义父本人是认可的。罗饭桶生前不止一次说过，这个名字，是他修伞的父亲发狠时起的，很响亮，很男人。他活得那么久，同时代的人都走了，就他还在，当然是因为能吃。他九十岁时，一顿还能吃八个肉馅的大米粉团子。如果不是这个饭桶肚子，他早就见阎王去了。

其二，给罗饭桶一个所谓"称号"，他不反对。但是，千万别称他是什么"民间收藏家"。罗饭桶一生，没有得过任何荣誉。早年在清管所，因为种种原因，一直只是一个临时工。工资也只拿正式职工的七成，他从来没有抱怨过什么。扫地就是他的命，他的一把大扫帚，给了他一生的温饱和乐趣。他很知命。

一时静场。末了，有专家提问，罗饭桶原先住在鸡笼巷，为什么后来搬到城隍庙去了，莫非他在那个宗教场所，可以体验更丰富的生活？

温小得的回答，又颠覆了民俗学者们的认知。

日本人打进器隐镇的那一年，镇上的人几乎都躲进山里了。

罗饭桶没有走。他不是不怕死，而是逃难的路上，没有人会给他管饭。

　　他留下，难道有人给他饭吃吗？话不是这么说。事实上，器隐镇上一直有人。比如，跟日本人打仗的中国军队，一度驻扎在器隐镇上。罗饭桶给他们搬炮弹，扫垃圾。他们就给他吃的，管饱。有一个连长问他，这么会吃，想不想当兵？他摇摇头。后来，那个连长被一颗炮弹炸死了，他好年轻啊。罗饭桶哭了。他的尸体旁，有一些子弹壳，是毛瑟驳壳枪和汉阳造步枪打出来的。他把它们捡起来，藏进口袋里。后来，他还捡过日本人三八式步枪的子弹。他目睹了一群有血性的中国军人，在器隐古镇上，跟日本鬼子打了几天几夜。他帮着他们抬伤员、抬尸体，运炮弹，一点也不怕。后来，上峰要求部队撤退的命令来了。他们要走，往北边撤。一个军官过来，跟他握手，把一只军用水壶和最后一点军粮留给了他。

　　那几日，日军飞机扔炸弹，大街小巷的人都跑了。鸡笼巷里落了一颗炸弹，恰巧砸在他家隔壁。火势蔓延，他的家也被烧毁了。

　　最难忘的是，从太华山上下来的新四军游击队，跟日本兵激战了一天一夜。他们打巷战，熟门熟路，日本兵根本不是对手。他跟在后面，并不是看热闹，总想帮他们做点什么。一个背短枪的头儿叫他快走，他不肯。后来那个头儿发火了，却随手递给他一个手榴弹。木柄，像个酒瓶那么大。后来，新四军撤退了。他就把这颗手榴弹藏进了地窖里。

　　器隐镇鏖战中，留下了大量中国汉阳造步枪子弹壳，日本三八式步枪子弹壳，还有日军的九七式六番陆用爆弹壳，以及他们扔掉的九八式野战绑腿、破皮靴、铝饭盒、刀鞘等。罗饭桶胆子大,他把它们捡起来,装进几个麻袋。他并不知道此举有何意义,但是,他作为目击者,觉得必须留下它们。

家没了,住哪里去呢?

城隍庙很大,有享殿、正殿,还有戏楼,老辈人说,明代的时候就有城隍庙了,清代修过,屋子是破旧了点。有一间堆柴草和杂物的柴仓屋,还能搁一张铺。恰巧,这间屋子还通着一个幽深的地窖,很少有人知道。看庙的吴道士成全了他,条件是他必须每日帮着打扫庙宇,每逢庙会、社戏,他还得帮着做点杂活。

有了城隍庙做依托,罗饭桶的肚子,就不会咕咕乱叫了。

从进入腊月开始,罗饭桶的每一个日子,都是忙碌的。

要过年了,器隐镇广为流传的一首民谣是这么唱的:

噼里啪啦炮仗响,流星放,大家过年忙。
猪头鲤鱼大公鸡,请利市,蜡烛亮堂堂。
男女老少新衣裳,拜早年,开门喜洋洋。
瓜子乌菱长生果,口福好,来年像蜜糖。
……

仿佛穿行于一幅热气腾腾的杨柳青年画。彼时,我们在哪里能找到罗饭桶的身影呢?

按照当地旧俗，腊月十七、十八这两天，家家户户要掸檐尘、清垃圾，净庭户。"有钱无钱，干净过年"。器隐镇的人，都是这么说的。"十七十八，越掸越发"——每家每户，都会在腊月里的这两天，老少动手，除尘迎新。其标配，是在长竹竿上绑一把新扫帚，房梁上的蜘蛛网、四周墙壁上的旧尘，都要掸除干净。然后翻箱倒柜、搬坛移瓮，就连水缸底下、灶脚边上，也要清扫一遍。一些平时扔不了的破损物件，彼时便会以除旧之名，归之于垃圾。

太多的垃圾，去向何方？早先，三面环水的镇子，垃圾的出路，在西关桥南面，那里有一块开阔地，垃圾堆得像一座座小山，边上还有一个巨大的粪池。每年早春时节，南部山区的山民，会到这里来装垃圾和大粪——茶树和山芋的施肥之需——人们概念中的西关桥，就是一个藏污纳垢之地。有时惹急了骂人，这里的人会蹦出一句：滚到西关桥去！

罗饭桶每天要跑几趟西关桥，连他自己都记不清楚。给那些大户人家打扫垃圾，并不是扫完就了事，而是要把它们送到西关桥垃圾场去。年关将近之时，特别是腊月十七、十八这两日，通往西关桥的路上有些拥挤。罗饭桶自制的垃圾车，是用一辆拉货的板车改装的，有着高高的围栏，可以装更多的垃圾。人们看到他头上冒着热气，脚步飞快，嘴里还哼着小曲。于是人们知道，罗饭桶的肚子吃得很饱，他很开心。家家户户掸檐尘这两天，他的身价有些看涨。很多富户人家跟他约定，要他把清除的垃圾运到西关桥去。彼时，人们付给罗饭桶的报酬，不再是给他吃顿饱饭，而是给他多少个团子。

　　过年，家家都要蒸米粉团子。即便是小户人家，也要备下足够吃到正月十五元宵节的团子，寓意团团圆圆。团子的馅心，有萝卜丝肉馅、青菜肉馅、芝麻馅、细沙馅、甜油酥馅等，多多益善。大户人家蒸团子，会蒸一种特别大的团子，宝塔形，全肉馅。这不是给自己吃的，而是给上门讨饭的叫花子吃的，俗称"叫花团子"，这体现了"好人家"的乐善好施，也表明着富户的气派场面。罗饭桶给人家干活的报酬，认定了就是叫花团子，虽然难听一点，但毕竟扛饿、好吃。叫花团子有两个硬指标，一是必须比一般的团子大，二是全肉馅，油多，一咬一嘴卤。一笼团子十二个，他能一顿吃完，常常还意犹未尽。也就是说，时近年关，你要让罗饭桶打扫、运载垃圾，起码要给他一笼叫花团子。如果活儿重且多，罗饭桶咕咕直叫的肚子会告诉你，光是一笼团子，是不够的。吝啬的人，不怕罗饭桶，只怕他的肚子。如果你真想请罗饭桶干活，那就去准备几笼扎扎实实的叫花团子吧。

　　说罗饭桶贪吃，动不动就要吃肉馅的叫花团子，似不公平。鸡笼巷里的邻居，故旧孤老，罗饭桶是要去看望的，顺便呢，帮他们家前屋后打扫干净。罗饭桶手头，只有干活换来的团子，他会给他们留一些，那些长辈蛮感激，说饭桶是个好人。

　　各种被抛弃的生活器物，都会在年关的掸尘运动中呈现。大人巷和学前巷就不必说了，就连百工巷、百果巷、鸡笼巷、车水巷这样的烟火人家，人们的喜新厌旧心理，也会在过年的幌子下急剧膨胀。许多原本不该被扔弃的东西，比如：破损的蒸笼、行灶、板刷、调羹、饭碗、绞布，没了牙齿的石磨、缺了口的碾米石槽、腐朽的门枕、割芦苇时穿的木靴、蓑衣，供牛喝水的破牛石缸，破损的陶质火钵、火盆、汤婆子、尿壶等。

人们有弃旧的根性。旧物件在庸常的生活里，不但平添暮气，还碍眼。而新物件跟进的脚步，从来都是大步流星。

农具，按理是农民的命根子。过年了，旧的不去，新的不来。这样的理念，也会让车水巷里的农户，开开心心扔掉一些在他们看来碍手碍脚的破簸箕、旧稻箩、破雨帽，以及散了架的掼桶、耥子、掘耙等古老的稻作农具。

罗饭桶能都把它们捡回来吗？

未必。这是肯定的。他一直奔忙在填饱肚子的路途上。有时，他会停下脚步，以他有限的惜物之心，弯下他那并不高贵的腰，捡起那些被别人抛弃的废物。他自己也未必清楚，这些破破烂烂的物件有什么用。但是，他有怜惜。它们来到世上，也不容易。他如何与它们建立一种对话关系，还要用以后的时间来证明。

若是他知道，许多年后，一群满腹经纶的民俗学者，正围着他顺手捡来的那些垃圾，做一场持久且意义宏大的民俗研究，他会是什么态度？

这个问题，就连他后来的义子温小得，也无法回答。

元宵节的热闹，当然是以城隍庙为核心的。

率先登场的庙会，是元宵节的主打节目。烧香祈祷的善男信女们，一大清早在殿外等候，子时一过，吴道士烧过头香，大家便鱼贯而入，大殿上钟磬声声，香烟缭绕。

　　天还没有亮透，各路小商小贩就从四面八方朝这里汇聚，抢夺摊位，吆喝叫卖。各种吃食、衣帽、杂货、烟花、爆竹、气球、孩童玩具、花灯面具，纷纷登场。

　　吃喝玩乐，乃人之本心。这一日，善恶同心，贫富皆欢。天光熠熠，人人康宁。

　　结伴而行的男女老少，手里提着各种彩灯。有元宝灯、金钱灯、蝴蝶灯、鸳鸯灯、和合灯、鲤鱼灯、走马灯、莲花灯、兔子灯。挨挨挤挤，一路欢笑，都在往城隍庙赶。

　　元宵灯会在一片锣鼓声中拉开帷幕。车水巷的舞龙队、百果巷的青狮队、百搭巷的高跷队、鸡笼巷的马灯队、伙头巷的花船队……在人群里穿梭而行。这边厢打逗致意，那边厢拱手纳福。吆喝与喝彩的声浪此起彼伏，好不热闹。

　　城隍庙东侧的戏楼上，好戏正开张，滩簧调梅家班正在上演《珍珠塔》。喝彩声一浪高过一浪，天上人间，张灯结彩；鼓乐笙箫，琉璃光射。

　　万千灯盏中的最美景致，当是器隐镇上的女人们。

　　此时如果我们要寻找罗饭桶，他必定在那嘈杂的人群里。男人最爱看的，当然是女人。相信罗饭桶也不例外。元宵节晚上的女人，无论富贵还是贫寒，个个打扮得俏丽妖娆。大人巷的女子们矜持一些，走走看看、步履缓慢，举手投足，自是雍容华贵，衣着打扮，更是罗绮耀眼。学前巷的小姐们略显拘谨，似小鸟出笼、天姿初现，穿戴随意一些，却也如芙蓉出水、顾盼生辉。百果巷的姐妹们倒是疏放自如、谈笑风生，她们指指点点，叽叽喳喳。鸡笼巷的女人们大大咧咧、口吐莲花，穿大红大绿的棉袍，发髻上戴着用鲜花编织成的环形头饰，像一幅流动的年画。车水巷的婆娘们也难得地涂脂抹粉一番，感觉特别地山清水秀，仿佛云也开了，雨也过了，喜笑颜开地大着嗓门，招呼着孩子和老人。

如此良宵，抬眼皆是闪耀着华美的罗绮，到处飘浮着清馨的暗香。天上人间，今夕何夕——这像是文人的虚美之辞，不太像罗饭桶的感觉，他没有那么细腻。看各条巷子里走出来的女人，他当然开心，也就是看看而已，就像天上的明月，跟他没有一个铜板的关系。然后,灯火阑珊，人潮退去。天上的满月将大地浸染得如同白昼，偌大的空地上一片狼藉。人，却只有孤零零的一个——罗饭桶干吗还不回到他那城隍庙一隅的柴仓屋睡觉，他没有一点睡意吗？不知道。反正他拿着一把大扫帚，在如水的月光下，清扫那些人们狂欢后留下的垃圾，没有人指使他这么做，但他愿意——炮仗壳、烟花皮、香烟壳、甘蔗渣、糖纸、花生壳、乌菱壳……人们在扔下这些垃圾之余，还在看戏以及散场时相互拥挤、踩踏的有限空间里，遗落了一些他们随身携带的物件。

从婴儿的尿布、奶壶，到耄耋老人的水烟筒、眼镜；从时髦女子的发髻、头饰，到老太太的扎巾、佛珠；从三尺顽童的弹弓、陀螺，到窈窕淑女的香帕、口红；也有富户大佬丢落的老白铜烟盒打火机、阔太太落下的珍珠手链。最多的是在戏台附近，各种灯笼、篮子、提袋、香囊、凳子、手杖、手套、风帽……如果把它们拼接起来，完全可以还原一幅烟火暖意的俗世生活图卷。

此时罗饭桶的心情会很好吧？应该是吧。本地有谚：天落地捡。意思是，捡到的东西，就当是天上掉下来的，捡起来的人不需要担负什么愧疚。如果是贵重的器物，失主来认领，也是要给酬金的。一个元宵节，罗饭桶能从垃圾里捡到多少东西？不知道。反正他把那些垃圾一车一车拉到西关桥，天也应该快亮了。元宵之夜的器隐镇，跟大年夜一样，爆竹是要响一夜的。家家户户守着灯烛吃汤圆，元宵的汤圆寓意阖家团圆，也是过年的一个句号。过完这一天，年就结束了。而罗饭桶的元宵汤圆，是吴道士留给他的。罗饭桶的食仓大，又扫了一夜垃圾，吴道士给他留了一大锅。

温小得如何成为罗饭桶的义子，本来不属于民俗学者们的研究范畴。但是，面对罗饭桶过于庞杂的收藏器物，温某人是能够给出一些佐证的唯一人选。他不太连贯的口风，以及时断时续的记忆，甚至今天说过的话，明天又断然否定，其迂回往复，像是在用一根线，来穿起掉落在地上的一些珠子，穿了半天，却发现有的珠子根本并不匹配。

老街坊们的记忆，却常常跟温小得顶牛。他们认为，当时罗饭桶接纳温小得，非常不易。都知道他是一个养活自己都很艰难的人，怎么会去收留一个腿残且背景暧昧的人呢？彼时已是解放初期，天朗气清，人心所向。但"清管所"尚未成立，罗饭桶没有固定收入，纯粹靠帮人家清除垃圾，混口饭吃。而他的饭量，并没有随着年岁的增长而有所减少。他身边突然多了一张也特别会吃的嘴，其生活压力可想而知。

历史情景的推演，固然有其不可靠之处，不过，过来人的口述也未可完全当真。同一件事情让三个人说，差距之大，足以令人咋舌。

一次例行的垃圾清扫，罗饭桶在某个街角旮旯里，发现了一个被打断了腿骨的年轻人。他有恻隐之心，合着跟此人有缘，便将此人背到了城隍庙的柴仓屋里。

街坊们说，此人是外地人，在百搭巷的一家杂货店做伙计。不知道什么原因，被老板痛打了一顿，屎尿都在裤裆里，扔到了大街上。

店主沉默，伙计也不喊冤。一个愿打，一个愿挨，这事蹊跷，最终却不了了之。

罗饭桶除了一把大扫帚，并无其他生财之道，他也没法将自己的肚子变得小一些。城隍庙的柴仓屋里，日子是怎么过的，别人不太清楚。不过，关于罗饭桶，街坊们总有嚼不完的话题。没过几个月，那个叫温小得的原杂货店伙计，一瘸一拐地跟着罗饭桶，出现在器隐镇的大街小巷里了。

别人问起究竟，罗饭桶很豪气地说，是我干儿子。

坊间对于罗饭桶收留温小得的议论不一。容易被大家接受的说法是，彼时罗饭桶人到中年，身边确实需要一个人；还有一条更重要的，温小得认识很多字。罗饭桶喜欢收集垃圾里的物件，但他认识的字太少，这个瓶颈，一直影响着他对很多器物的判断。

温小得留下，也不是白吃饭。人们后来看到的情景是，罗饭桶拉着垃圾或大粪车从街巷里过去的时候，一瘸一拐的温小得，双手扶着车帮，拧着脖子，看上去劲头还蛮大的。

还有人这么替温小得说话——

罗饭桶的年岁慢慢大了。他一个人拉着垃圾车，上西关桥的坡，腿打颤，气喘得有点大，别人替他着急。自从温小得搭了一把手，罗饭桶的腿就不晃悠了。你别看温小得一瘸一拐，毕竟年轻，蛮力还是有几把的。

他不但识字，还能写一笔楷书。罗饭桶对此很敬畏。那些垃圾里拣出来的宝贝，温小得不怎么看得上眼。他还嫌它们散发出的气味，闻着难受。

城隍庙一隅的柴仓屋里，多搭了一张铺。到处堆着垃圾里翻出来的各种物件，臭烘烘的。

或许，实在待不住了吧，人突然走了，连招呼也不打。后来温小得说，也不是吃不了这份苦，关键是，又脏又臭，住得也差，当然也吃不饱，罗饭桶把自己的肚子打了个对折，硬挤出来一份给他吃。他半夜里经常被一种奇怪的鸣叫声吵醒，听了半天，才发现是罗饭桶的肚子在叫。

当然，他逃离，可能还有别的原因。好在罗饭桶从来不问他以前的事。那个肚子，不光食量大，也能容人容事。

出去漂了一阵子，谁要一个瘸子呢？温小得又回来了。罗饭桶也不骂他一句，只说，回来就好。

跟着罗饭桶干活，吃百家饭。热一顿，凉一顿。也有吃饱了撑着的时候，但更多的是饥肠辘辘。鸡叫出门，鬼叫回家。温小得跟罗饭桶学到了一招，饿的时候，就把肚子打个对折——用一根细麻绳，把肚子死命勒紧。

罗饭桶对他，也是有要求的。他要温小得教他认字。这个情节，应该可以推演出某种场景。柴仓屋里，没有那么多酸文假醋，也不须配上什么床前的月光，更没有什么梅兰竹菊。背景，就是垃圾堆里刨出来的各种物件，一捆一捆扎好，码齐。顺手从垃圾里翻出来被人家扔掉的旧报纸，比如上海的《申报》，比如本地的《品报》。罗饭桶有很多字不认识，他磕磕绊绊念不下去时，温小得就教他，蛮有耐心。这个画面带着时光的旧影，有着温暖的景深。直到若干年后，温小得回忆时，语气里，还能透出现场的质感。

温小得回忆里的一个特定年份，包藏着他们的一个大日子。有一天他们被告知，镇里要成立清洁卫生所了，他们有可能成为第一批正式的清洁工人，跟商店、粮油店、百货店、煤球店里的职工，都拥有一样的待遇：吃定量，拿工资，看病有医保，夏天还有高温补贴。

可是，罗饭桶却令人匪夷所思地提出，他只想当一个临时工。

坊间流传较广的说法是，解放了，劳动者的地位提高了，当一名清洁工很光荣，很多人争着报名。但是，名额有限，罗饭桶和温小得两人只能有一个进编制。罗饭桶就把名额让给温小得了。

在温小得的口述里，实情却不是这样。

罗饭桶在递交一份关键的入职表格时，突然提出一个奇怪的问题：假如他在垃圾里捡到一些别人扔下的物件，还能归自己吗？

其实，这原本就不是一个问题。可是，顶真的罗饭桶，偏偏逼着当时的领导给予答复。

领导没好气地说，你这个罗饭桶，一边拿着国家的工资，一边还想在垃圾里发洋财，什么思想啊？

罗饭桶老实地说，我不忍见那些不是垃圾的东西被扔掉。

领导说，那你应该拾金不昧啊，全部交公。

罗饭桶说，交给谁呢，之前也想交公的，没有人搭理我，都嫌臭。

领导有点烦，那你就看着办吧。

如此，罗饭桶这个器隐镇最资深的垃圾工，没有进入清管所正式职工的编制。

场面上的说辞是，罗饭桶超龄了。

很多人替他抱不平。也有人说他脑子坏了。难道垃圾里真的有黄金吗？

说罗饭桶无所谓，不太确切。临时工的工资少，粮油定量也一起受连累，但他没有去争辩。后来，人们看到他在城隍庙背后的一块荒地上种山芋、土豆。他受点委屈没事，肚子却不能老是打折。

温小得拿到了每月稳定的工资后，就不在城隍庙的柴仓屋住了。他在百搭巷租了一间朝南向阳的旧房子，据说并不贵。他还建议罗饭桶一起搬过去。

可是，罗饭桶到死，都没有离开那个柴仓屋。

那几年发生的事，有点特殊。大人巷、学前巷的后人们，半夜里起来往垃圾里倒东西。被罗饭桶捡回的物件有点多。

很多年后，它们终于见了天日，专家考证，有宋代的青花花浇，明代的黄花梨雕龙凤笔筒，清康熙的珐琅彩花瓶，晚清的天眼佛珠……

还有一些字画，有的烧得半残，有的品相完整，看上去古气扑面——彼时罗饭桶已然认识很多字了，恽寿平的《荷塘秋艳》、朱耷的《怪石鹁鸰图》、汪士慎的《松竹梅》，还有傅山的草书卷轴、王铎的行书对联等。他不知道它们是什么朝代的，但既然是大户人家收藏的，可能都是好东西，烧掉扔掉太可惜。他把它们塞进了通着柴仓屋的那个地窖里。

就像一只暗夜里无声飞翔的蝙蝠，他就守候在大人巷和学前巷一带的特定区域。夜半时分，物件被扔出来，他就悄悄收起，装进麻袋里——然后，一如既往地守口如瓶。

顺便提一句，自从温小得搬出柴仓屋后，他与罗饭桶似乎就疏远了一些。他年轻，应该有自己的生活，后来娶了一个泰州女人。逢年过节，夫妻二人会来看望罗饭桶。女人跟着老公，叫罗饭桶干爹。

老街坊们认为，罗饭桶在那个特定时期的夜间行动，温小得或许是知情者。不知谁走漏了风声，罗饭桶差点为此倒霉。据说是有人打小报告，说他专门在夜间收集各种被人们扔出来的旧物品，还说都藏在城隍庙柴仓屋里——罗饭桶当然拦不住一些人进去搜查，但最终，那些人悻悻然无功而返。

老街坊们认为，罗饭桶还是对温小得留了一手，那个隐藏的地窨，温小得根本就不知道。

让民俗学者们疑虑的是，温小得的口述里，始终没有提到这个桥段。在他的言辞中，他跟罗饭桶的关系，从来就没有出现过任何瑕疵。

但是，一些还在世的老街坊不买账，他们有证据，在那个特定的年代，温小得告发过罗饭桶，他一度想当清管所副所长，但不知什么原因，一直没有当上。

人们还翻出他的老账。当年他在百搭巷一家杂货店做伙计，一条腿是怎么被打断的？后来有消息传出，温某不但手脚不太干净，还跟老板娘有些牵扯。

有一阵，人们发现罗饭桶有点萎靡不振。所幸肠胃还坚挺，照吃不误。荒地上种的山芋、土豆，因有垃圾做肥料，长势很好，足够填饱罗饭桶的肚子。

有人悄悄告诉他，是温某人告发他的。

他笑笑，说，我还是念他的好，若不是他教我识字，至今我还是个睁眼瞎子。

罗饭桶活到九十岁那年，温小得有一天来看望，说他认识苏州一位喜欢搞民俗收藏的老板，那个老板想把罗饭桶的所有收藏打包，给他一大笔钱。

罗饭桶说，我都快见阎王了，要钱干什么？

又说，这样，我就可怜得只剩下钱了。

温小得劝他，钱还是好的。有了钱，可以过更有尊严、舒适的生活。比如，买一套好房子，还可以请保姆阿姨伺候，吃点好的，延年益寿，等等。

话似乎不错。但谁知道罗饭桶有没有听进去呢。

知情人证实，温小得私下里，跟罗饭桶要过一些东西。但凡能给的，罗饭桶都给了。

他从不说什么。有老街坊问，干吗他要什么，你就给什么？

他说，证明那些东西，不是垃圾啊。

老街坊们还愿意做证，其实罗饭桶晚年有心事。他常常自问，当他要离开这个世界的时候，他那大半生收的东西，带又带不走，到底该放到哪里去？

显然他对温小得不太放心。但是，温小得毕竟是唯一经常在他身边走动，并且口口声声叫他干爹的人，他不留给温，还能留给谁呢？

彼时，器隐镇上，各种私人艺术馆、收藏馆开始兴起，你方唱罢他登台，各领风骚三五日。一夜春雨，"馆长"与"会长"能冒出好几个。不过,罗饭桶从来不敢想象,他的那些从七十余年垃圾里拣出来的物件,有一天会堂而皇之地走进一个什么馆里。

那个幽深的地窖,直到他临终前三天,才告诉温小得。

可以想象,当时温小得的表情,一定是复杂的。

他进入了那个地窖。出来的时候,满头大汗,却一句话也说不出来。

说来奇怪,自从温小得接管了罗饭桶的收藏物品,他就整天病恹恹的,哪儿都不自在。特别是到了夜里,睡不着,吃药也没用。

彼时他也一大把年纪了。去看了医生,给了些药,说都是老年病,回去静养吧。

又去一个江湖上的高人那里求诊。倒是送了他一句话:有些东西,你扛不住,就得放下。

果然就中风了。

老街坊们有传言,温小得心思太重,他想把罗饭桶留下的东西变现,但是,转了一圈,没人接盘。收藏这一行,一看东西二看人,都知道是罗饭桶的命根子,都怕造孽。

传言终究是传言。面对着那些神态肃穆的民俗学者们,温小得却是这么说的:

干爹留下的东西,让我内心震撼,也有愧疚。干爹这一生,太不容易了。他晚年的时候,其实很多东西是可以变现的。可是,他说,这些东西陪了我大半辈子，都跟我十指连心了。等我走了，再树倒猢狲散吧。

又说：

干爹去了另外一个世界，常常托梦给我。说世上器物，生不带来，死不带走。要我好生掂量。我如果不把干爹这些收藏捐出去，活着也不会安生。现在，我都放下了，随时可以去见他了。

温小得特别提到了罗饭桶临终前的回光返照。

他还想扫一次街。让温小得陪着。在熟悉的街巷里，他慢慢地移动着扫帚，就像梳理自己的脸上的皱褶与纹路，步履并不踉跄。然后，他想去看看西关桥。在桥上，他默默站了一会，那是一个春风荡漾的日子，万物生长的季节。一个即将离去的老人，看着杨柳在风中起舞，很是开心。最后，他还想吃叫花团子。但是，团子来了，举在空中，他找不到自己的嘴了，筷子一滑，跌落下来。

罗饭桶死了。没有任何名分，就像城隍庙庭院里的那棵合抱粗的银杏树上，掉下的一片树叶。

温小得的口述到这里变得有些灼热。但他老泪纵横的样子，并没有让民俗学者们动容。

他们关心的是，罗饭桶收藏的物品，除了各个时代的水器、食器、酒器、茶器、祭器、玩器、文具，还有不同时代大量的衣服、鞋帽、饰品，各种匠作、农耕工具。除此，居然还有汉代的石磨、唐代的茶碾、明代的井栏圈、旗杆石、石臼，清代的门枕、织布土机、碾丝的元宝石等。

这就超出了民俗学者们的研究范畴。

可以肯定的是，他收藏的物品，并不全部来自生活垃圾，其足迹，也绝不限于一个小小的器隐镇，那么，他曾经去过哪些地方，用什么力量把它们搬到他的柴仓屋，又有谁会证明这一切呢？

这些，不光温小得，就连无所不知的那些老街坊们，也答不上来。

最后，民俗学者们在一份调研报告里这样写道：

罗饭桶以超过七十年的清扫垃圾生涯，默默无闻地收藏着江南民间几百年来的生活历史。其收藏物品之巨、范围之广，几乎涵盖了江南市井生活的全部领域。他以一个底层百姓的起码良知，珍爱并保护着我们民族的历史文化。他的清贫一生，见证着一种江南的民间精神，那就是隐忍、包容、守护、无怨。

温小得却说，调门这么高，干爹会被吓跑的。

民俗学者们最后建议，应该在器隐镇单独建立"罗饭桶民间收藏馆"。

据说，有关方面正在评估、研究之中……

跋篇 | 器物有灵光

我世居于江南一隅，一生无缘仗剑远行。平生偶尔也与命运作些有限的抗争，但从来不与自己的遗传基因做无谓的抵抗。

生在壶乡，喜欢吃茶，器物之类却并不收藏。爱写作，此生只缘文学。与紫砂有关的书我写了不少，写到后来，紫砂壶在我笔下，仿佛只是一个道具了，我关切的，是茶壶脚下的文化土壤，是茶壶背后的世道人心。如果将紫砂壶比作一株植物，那么，树种再好，也得水土优良。江南文化的沃土里，这样的植物太多——器物是人创造的，只消落地问世，它与人注定就是分分离离的关系。自从人们把稀罕的器物归类于财富，便有了尔虞我诈的争夺厮杀。更多的人，把它看成是念想，是见证天地的信物，这个世界便因此有了暖意。也有人在乎手艺人在它身上留下的灵光一现，由此接通了器物沉睡的灵性。

在庸常的日子里游弋，我发现器物是人们无声的忠实陪伴，它储存过往，冷观当今。假若有心观照，隐约的包浆里，有对人世恬淡的回馈，也有对人们过日子诚意的褒奖。您有过一器在手，胆气频生的片刻吗？您有过见物思人，心眺八荒的时光吗？

于是就有了一摞关于江南器物的书写。器物托志，古今皆然；地理绵密，凉热同心。我心仪此间古代读书人的朗朗风骨，感知月下针织与凿壁偷光之间的异曲同工，在温习稻饭羹渔里的古老用具之余，我更在意"器隐镇"上与器物相关的生老病死。史志记载以外的普通百姓，可以借助器物的还原，以文字的方式复活吗？我喜欢倾听他们的一声喟叹，在乎他们留在古物上的一枚指纹。就此而言，某间茶楼上一壶托付的生死契阔，也可以波澜不惊地荡气回肠。我可以用纸上的文字，为那位颠沛流离的苦行人煮一壶御寒的酽茶吗？纵然，沧海桑田，于今再也找不到风雪之夜的金沙寺庙了，但我想用温煦的文字，抚慰一下无家可归的夜行者。想来，托付一颗冥冥之中的定情珠子，讲述有着难言之隐的家族往事，或许春水东流；而追忆一生给众人扫街 70 年却不得哀荣的罗氏长辈，为他画一张面影模糊的肖像，也可替代扼腕难平的书生意气，供上一炷文字的香火。

一个小小的野心，起始于用文字搭建、还原一座烟火漫卷的江南古镇，以呈现它气象万千的日常肌理。科举、稼穑、节庆、风俗、嫁娶、庭院、舟车、服饰……都是中国文化语境里永不破败的肉身；俗世生活中的菜单、食谱、药方、茶道、风水、方术、古玩、字画，亦是中国古人精魂里不可磨灭的诸般星宿，乃至茶馆、酒楼、当铺、钱庄、塾馆、文庙、诊所、会馆、别院……都是人世间必不可少的驿站港湾。各种大小自在，俱是人间值得。这些景致都在本书的各个章节交替呈现。由此派生出诸多官吏、书生、师爷、农人、商贾、道士、郎中、艺人、民妇、工匠、讼师、洁夫……他们碌碌一生、各谋其所、各求其好。或纠缠于情义，或困扰于器物，在"器隐镇"这个道场上，以各自的阅历，述说着他们的过往人生。

谢谢《收获》杂志，为我开设"江南器物"专栏。然后，谢谢译林出版社一直以来的包容与厚爱，及时地出版《江南器物志》一书。

有读者问，器隐镇究竟在哪里？

答曰：就在我们的脚下。

请允许我这样来回答——按图索骥去寻找一个地理意义上的"器隐镇"，或许会让您的豪兴有所减弱。但我想告诉您的是，它肯定安静地待在江南——太湖西岸的一处烟火重地。苍生受哺，天地精华，大默如雷而地久天长。等待您用审美眼光去观照它、走进它——文学的写实绝不是依葫芦画瓢。地方志、历史掌故、宗族家谱、田野调查、江湖传说、坊间逸闻、人生经验、个性思辨……汇聚到文学的旗下，成为我写作的血肉根基。追根溯源，或许更有自己对这片土地和成长记忆的忠诚。我想用不那么中规中矩的"散文"文本，来完成我对"器隐镇"的百年书写。私下里一直认为，偏安一隅亦颇有益。构建一条神性通道，去汲取一隅之丰沛，与广袤的世界进行无处不在的对话。避开浮华与喧嚣，把写出自己所生活的地域的灵魂，作为一生的追求。如此，甚好。

此刻，我正站在"器隐镇"的长生桥畔。万籁俱寂，云淡风轻。我想记叙头顶的明月，我想探究脚下的厚土；我想追述祖辈们铭刻在器物上的恩德，我想解析时代差异留在器物上的胎记；我诅咒把器物沦为私欲的蜕变，我追踪器物成就生命个体的向死而生，我仰慕器物背后流淌的母乳般的中华文明，我痛惜民间精神的日渐衰落，让江南乡镇最有生命力的部分消弭殆尽，我在意为了一器之物在这尘世深处悲苦坚守的困顿生灵，我在乎小小器物里流溢出的满满慈悲。我向往那隐藏于江南广袤民间的风土情怀，也流连于那些古老传器中未被忘却的侠肝义胆，我珍藏起旧器物中先贤们被俗世湮没的宽厚仁爱，努力化作支撑我文字书写的拐杖和精神参照。

谢谢你们，亲爱的读者诸君。

2023年9月8日——2025年1月15日
写于江南宜兴·宽斋。
2025年2月7日，乙巳年大年初八，定稿。
于丁香·铭泽园。
2025年6月8日，最后定稿。

参考书目

《中国器物史》(上下册)吕少民主编 人民出版社2017年11月第一版

《饮食与中国文化》王仁湘著 人民出版社1993年12月第一版

《简明中国烹饪词典》该书编写组编 山西人民出版社1987年7月第一版

《明代社会生活史》陈宝良著 中国社会科学出版社2004年3月第一版

《清代社会生活史》林永匡著 中国社会科学出版社2016年11月第一版

《农政全书》(上下册)明·徐光启著 陈焕良罗文华校注 岳麓书社2002年10月第一版

《江南文化读本》刘士林、洪亮、姜晓云著 辽宁人民出版社

2008年8月第一版

《中国文化读本》叶朗、朱良志著　外语教学与研究出版社2010年3月第一版

《鉴宝》牛福忠主编　黑龙江美术出版社2011年3月第一版

《制器尚象——中国古代造物观念与传统研究》练春海主编　广西师范大学出版社2023年12月第一版

《美食美器宜帮菜》王忠东主编　中国商业出版社2016年10月第一版

《"和"解茶经》余亚梅著　上海文化出版社2023年8月第一版

《古人的雅致生活——园治》明·计成著　江西美术出版社2018年8月第一版

《东京梦华录》宋·孟元老、吴自牧著　王旭光校注　江苏文艺出版社2019年1月第一版

《琅嬛文集》明·张岱著　云告点校　岳麓书社2016年1月第一版

《长物志》明·文震亨著　李霞、王刚编著　江苏文艺出版社2015年7月第一版

《清人生活漫步》冯尔康著　中国社会出版社1999年1月第一版

《江南贡院》冯家红编著　江苏凤凰美术出版社2020年6月第一版

《南京中国科举博物馆概览》冯家红主编　远方出版社2019年3月第一版

《科举生活掠影》李世愉著　沈阳出版社2005年4月第一版

《中国典当史话》曲彦斌著　沈阳出版社2007年3月第一版

《中医医政史略》李灿东主编　中国中医出版社2015年11月第一版

《中医临床手册》上海中医学院方药教研组编　上海人民出版社1977年6月第一版

《美器——中国古代物质文化九讲》王川著　生活·读书·新知三联书店2024年8月第一版

《增修宜兴县旧志》宜兴市史志办公室整理　方志出版社2017年5月第一版

《溪隐村志》宜兴市宜城街道溪隐股份经济合作社编　江苏人民出版社2021年4月第一版

《中国古代器物大辞典》（器皿）陆锡兴主编　河北教育出版社2001年12月第一版

《宜兴民俗》宜兴市政协学习文史委员会编　2014年12月印刷　内部资料

《宜兴家谱提要》宗伟方主编　中国文史出版社2017年1月第一版

《宜城镇志》杨晓方主编　上海人民出版社1991年7月第一版

《锦灰堆》壹卷　王世襄著　生活·读书·新知三联书店 1999年8月第一版

《中国传统木雕艺术欣赏》李飞著　浙江大学出版社 2006年1月出版